人はなぜフィールドに行くのか

フィールドワークへの誘い

床呂郁哉 編

Why Do Researchers Go into the Field? :
An Invitation to Fieldwork

東京外国語大学出版会

人はなぜフィールドに行くのか
Why Do Researchers Go into the Field?

—フィールドワークへの誘い—
An Invitation to Fieldwork

床呂　郁哉 編

湖中　真哉
渡辺　己
栗原　浩英
飯田　卓
吉田　ゆか子
黒田　末寿
川田　牧人
菅原　和孝
菅　豊
佐久間　寛
西井　凉子
大村　敬一
床呂　郁哉

目次

第3部　つきあい続けること

装丁者：小田マサノリ

本文デザイン・イラスト・DTP：sowhat.Inc.（小林こうじ）

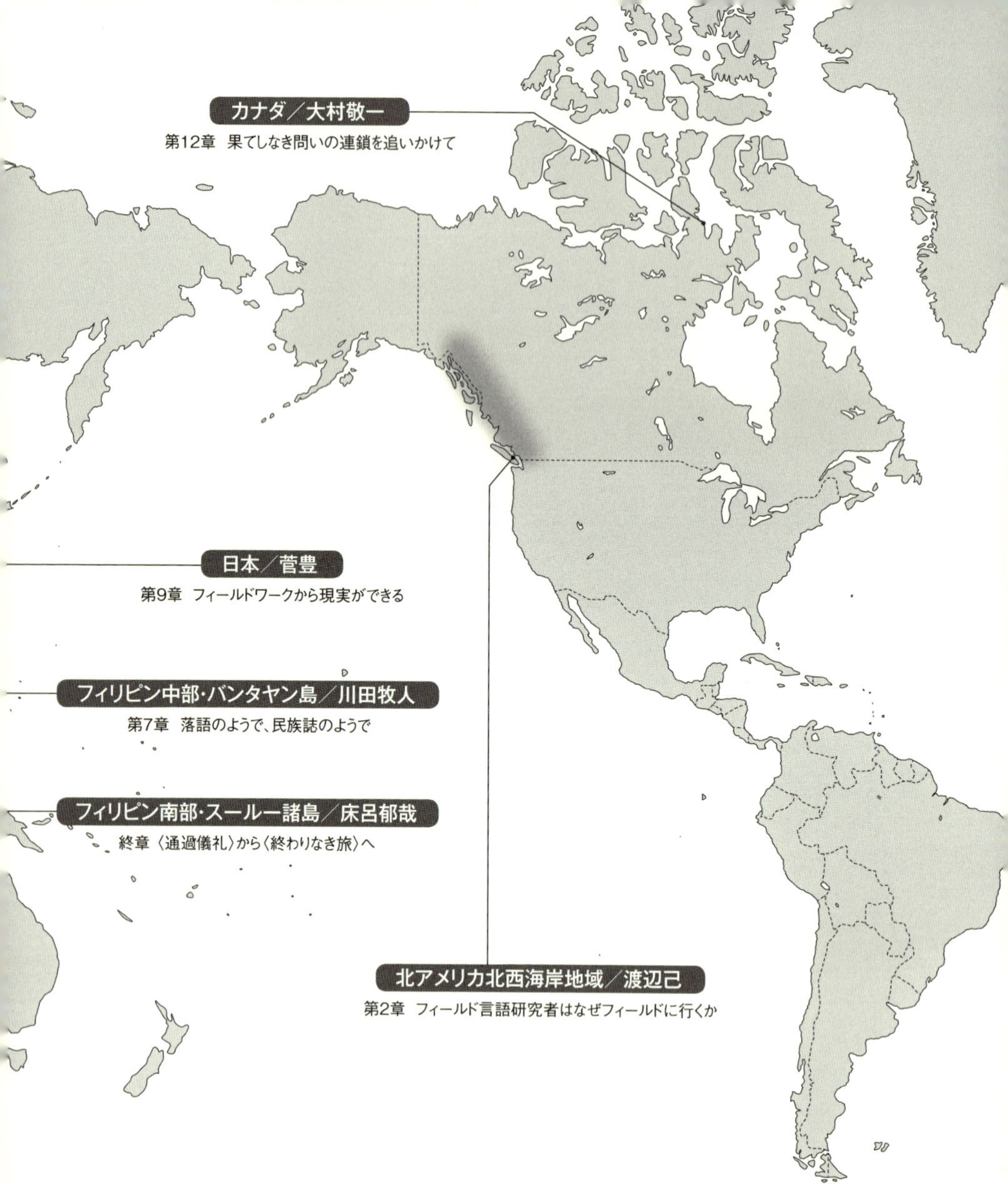
カナダ／大村敬一
第12章　果てしなき問いの連鎖を追いかけて
日本／菅豊
第9章　フィールドワークから現実ができる
フィリピン中部・バンタヤン島／川田牧人
第7章　落語のようで、民族誌のようで
フィリピン南部・スールー諸島／床呂郁哉
終章〈通過儀礼〉から〈終わりなき旅〉へ
北アメリカ北西海岸地域／渡辺己
第2章　フィールド言語研究者はなぜフィールドに行くか

執筆者たちのフィールド

エチオピア・ボツワナ／菅原和孝
第8章　フィールドワークの感応と異化作用
タイ／西井涼子
第11章　ある女性の生によりそって
ベトナム・中国／栗原浩英
第3章　国境地帯をウォッチする
マダガスカル／飯田卓
第4章　人類学者はなぜ遊んでいるようにみえてしまうのか
東アフリカ／湖中真哉
第1章　やるせない紛争調査
インドネシア／吉田ゆか子
第5章　フィールドでの芸能修行
コンゴ民主共和国／黒田末寿
第6章　霊長類を観察する
ニジェール／佐久間 寛
第10章　彼我の狭間というフィールド

序章

研究者はなぜフィールドワークへ行くのか?

床呂郁哉

Ikuya Tokoro

本書の問い

「なぜ研究者はフィールドワークに行くの?」「フィールドワークにはどんな意味があるの?」「フィールドワークって何の役に立つの?」本書はこうした一連の素朴な、しかしある意味では根源的な問いから生まれた。

ここでいうフィールドワークとは、(例外もあるが)典型的には大学の実験室、研究室、図書館・文書館、書斎など総じて屋内(インドア)での研究環境から離れて(あるいはそれと並行して)、ときには自国から遠く離れた海外を含む調査地(フィールド)へ出かけていき、その現場のなかに研究者自身が身を置いて調査研究に従事する方法を指すことが一般的である。

そこで冒頭の問いを少し言い直せば「なぜ私を含む一部の研究者は、フィールドワークなどという、時間や労力やコストのかかる面倒な作業に従事している(してきた)のだろうか?」という問いかけになるだろう。そしてこの素朴な疑問自体は必ずしも謂《いわ》れのない、根拠なき言いがかりとは言えないようにも思える。

フィールドワークを勧める本を書いておきながらこんなことを言うのは何だと思われるかもしれないが、フィールドワークは、確かに決して楽な作業だとはいえない。まず何より、フィールドワークには少なくない時間と労力、そして経済的コストがかかる。特に海外などでの調査の場合、とても「気軽に」実施できるとはいいがたい。

自分自身の過去のフィールドワークを振り返っても、長期（少なくとも一年以上）にわたる現地調査の場合には調査費用の工面は言うに及ばず、渡航ヴィザや調査許可の取得から、現地の狂犬病やら破傷風やら風土病への予防接種だとか医薬品の準備など、まずフィールドに入るまでの段階ですでに煩雑で気の滅入る準備作業を余儀なくされてきた。

フィールドに入ってからも苦労は尽きない。フィールドでの住処の確保から始まり、現地での（ときに金銭のやりとりなども含む）人間関係（現地の人々とのつきあい方）の問題なども避けて通れない。国やフィールドによっては治安の問題も大きい。本書の湖中の章だとか私の最終章でも扱うように、ときにフィールドで大規模な紛争などを含めなんらかの暴力現象に遭遇する事態も想定しなくてはいけない。もちろん治安だけではなく、現地での病気や事故といったリスクも無視できない。たとえば一九八〇年代だけで少なくとも六〇人のフィールドワーカー（狭義の人類学者以外も含む）が調査中に死亡している（Sulka 2007: 218）。

こうした状況を考えれば、なぜ研究者はわざわざ多大な労力や苦労や危険を冒してまでフィールドワークをするのか、という問いは一層、簡単に答えるのが難しくなってくるようにも思える。

他方、翻って考えてみれば私たちの周囲には効率的に大量の情報を収集するための手段やツールに溢れている。図書館に行けば書籍や雑誌、新聞をはじめとする大量の文献資料が溢れているし、インターネットなど電子メディアを活用すれば、本日のアメリカの株価から中東の紛争、アマゾンの熱帯雨林の減少の実態に至るまで、瞬く間に世界中の出来事をリアルタイムで把握できるかのように思えてくる。ネットの検索エンジン一つあれば、たいていの情報は把握できてしまうかのようだ。

しかし、だとすれば、そうした文献や電子メディアなどの手段以外に、あるいはそれに加えて、なぜわざわざ時間と労力をかけて、ときには危険を冒してまでフィールドワークを実施しなくてはいけないのだろうか?

本書は何よりもまず、この素朴な、しかし見過ごすことができない問いかけをめぐって、各分野で活躍中の研究者たちがそれぞれの仕方で答えようとする試みから生まれたものだ。本書が主題とするフィールドワークは、たとえば本書で黒田が取り上げる霊長類学をはじめとする理系の複数の分野はもちろん、人文社会系でも文化(社会)人類学や社会学、民俗学、地理学などの分野で以前から広く行われてきた。近年ではフィールドワークを中心的な実践の一つとして採用する研究分野をフィールドサイエンスと称することも多く、本書でもこの慣例に従う(人文社会系の各分野におけるフィールドワークの概要に関しては[西井 二〇一四]などを参照)。

ただし本書では一部を除いてフィールドサイエンスのなかでも人間を対象とする主として人文社会系の分野に話を限るが、その範囲内だけでもフィールドワークはいまや歴史学や政治学など従来はフィールドワークとは縁遠いとみなされがちだった分野でも試みられるようになっている(たとえば本書の栗原による章を参照)。

本書は人類学を中心に言語学、歴史学、地域研究、霊長類学、民俗学など、おもに人文・社会系の異なる分野でフィールドサイエンスに関わる研究者たちが、みずからの経験に基づいて、それぞれが現場で実践してきたフィールドワークについて語ったものである。

しかしながら、あらかじめ誤解のなきように言えば、本書はフィールドワークの技法や方法に関する解説書(いわゆるマニュアル本、ハウツー本)の類ではない。フィールドワークをいかに実践するかの具体的な方法論やノウハウに関しては、日本語で読めるものだけでも近年多くの書物が出版されており、詳しくはそうした書物を参照してほしい（たとえば［佐藤二〇〇二、小田二〇一〇、鏡味・関根・橋本・森山編二〇一一］など）。

たしかに、具体論やノウハウは重要である。じつは本書の各章でも直接、間接にフィールドワークの方法論や技術論の側面に触れている箇所は少なくない。しかしながら、フィールドワークをいかに行うのかという技法の問題に先立って、より重要で切実な問いがあると私たちは考えている。

それが冒頭に掲げた一群の問い、「いかに」ではなく「なぜ」や「何」の問いである。言い換えれば、なぜそもそも各分野の研究者にとってフィールドワークが必要なのか、あるいは彼ら／彼女らがフィールドに行く動機や背景、意味・意義とはいったい何なのかといったフィールドワークのそもそもの大前提に関する問いこそが、本書の主題である。

データ収集の方法としてのフィールドワーク

現代社会はグローバル化や情報化社会といった常套句で語られることが多い。先に述べた通りインターネットで少し検索するだけで、わたしたちは世界中のあらゆる情報についてリアルタイムでアクセスすることができる。その気になればニュースの裏を取るために各国政府や関係機関などの公表する一次データをネット上で収集したり、はては各分野の専門家による詳細な解説記事や学術論文データをダウンロードするようなことも可能になった。

こうした状況を鑑みれば、実際に調査者本人が出来事の生起している現場に出かけて行って、比較的長期にわたってその場に滞在しながら調査研究するというフィールドワークは、いかにも効率の悪い手法のようにも思える。クリックひとつで地球の裏側の情報にさえ瞬時にアクセスできるような時代において、なぜ一部の研究者はわざわざこんな「アナログ」で「時代遅れ」にみえる方法にいまだに固執しているのだろうか?

実際、フィールドワークには、それにかかるコストや労力はもちろん、本書の何人かの執筆者が触れている通り、場合によっては文字通り生命の危険を含めた各種のリスクを伴うこともある(たとえば二度にわたる死を意識した体験を述べている菅原の章だとか湖中、床呂による紛争や暴力に関するフィールドワークを扱う章などを参照)。

だとすれば、そうした危険や苦労、あるいはそうでなくても多大な時間やコストをかけてまで、なぜ一部の研究者はフィールドワークに行くのだろうか、という疑問はますます大きくなるかもしれない。

もちろん一口にフィールドワークといっても、分野や研究テーマ、対象とする地域や対象などによってその内実には大きな違いがあるので、この問いにここで答えることは容易ではない。というより、むしろ、本書の全体こそが、上記の問いへの答えとなっているといえるだろう。そしてその回答は決して単一ではなく、本書を通読すれば分かるように、各章の執筆者ごとに応じて少なからぬ違いや多様性をもっている。というわけで上記の問いへの詳しい回答に関しては本書をぜひ最後まで読み通してほしい。

しかし、本書全体への導入を兼ねて、ここでは取りあえず、まず一般的・通念的な回答からはじめて、読者にとってはやや意外に思えるかもしれないものまで、本書を通じてなんどか繰り返し登場したり、いくつかの章で期せずして共振するような答えやテーマに関してあらかじめ簡単に触れておきたい。

まずもっとも一般的なことから始めると、なぜフィールドワークへ行くのか、という問いへの比較的分かりやすいであろう回答は、なぜならフィールドワークをしないと得られない知識や情報・データがあるからだ、というものだろう。

これは出発点として分かりやすく、またフィールドサイエンスの多くの分野で多かれ少なかれ当て嵌まる答えだといえるだろう。以下にもう少し補足してみたい。

先に述べたように、グローバル化や情報化が進んだ現代社会では、一見するとインターネットだとか文献資料などによって地球上のあらゆる事象のことを比較的簡単に知ることができるように思えなくもない。しかしながら、改めていうまでもなく、どんな文献でも載っていない情報や、一日中ネットで検索しても出てこないような類のデータはいくらでもある。

そうした文献やネットなど他の手段では知り得ないデータを集めるためには、実際に現地に出かけていって自分の目と足を使って調べるしかない。すなわち、テーマや対象によってはフィールドワークする以外に有効な手立てはないという事態に往々にして行きあたる。

これは裏を返せば、もしフィールドワークをしなくても、たとえば、文献調査やインターネットあるいは実験室での実験だとかの屋内（インドア）での研究手法によって知りたい対象のことを十分に理解できるなら、わざわざ苦労して野外（アウトドア）の現場へ出かけて行ってコストや時間のかかるフィールドワークへ行く必然性は無いという考え方にも通じる。これはこれで、もちろん（必ずしも）間違ってはいない。

またフィールドワークと、文献調査など他の手段は必ずしも互いに排他的で両立しないというものでもない。実際、フィールドワーカーを自認する研究者の多くも、フィールドに出かけるとき以外は、むしろかなりの時間を文献調査だとかネットでのデータ収集の手法などを併用して研究していることが多い。

ともあれ、まずは文献調査やネットでの情報収集など他の手段では得られない場合に、いわば代替的に（ある意味では「必要悪」としてやむを得ず）データ収集の手段としてフィールドワークを実施するという側面を、「なぜフィールドワークに行くのか？」という問いへのひとつの分かりやすい（通念的な）出発点として挙げることができるだろう。

問い自体を生成するフィールドワーク

しかしながら、フィールドワークにはデータ収集の一手法という意味だけには留まらない複数の意義や効用があるようにも思える。その意義ないし効用のひとつは、他ならぬフィールドワークを通じた「問い」そのものの生成という側面である。

この点に関しては、じつは筆者は本書の前編ともいえる論集のなかで既に述べたので詳しくはそちらに譲ることにするが、要はフィールドワークにはあらかじめ存在する問題への回答のためのデータを探す手段という側面だけではなく、むしろ「問い」そのものを生成させるような契機としての側面ももっているということだ（［床呂 二〇一四］を参照）。

たとえばフィールドワークを通じた研究が、いわゆる通念的な言い方における仮説検証型の研究と異なるような展開を辿る場合に、この側面が典型的に明らかになってくる。ここでいう仮説検証型の調査では、調査現場や対象に実際に接する前の段階で既に問うべき問題や仮説が定まっている。その場合の調査とは、あらかじめ固定され立てられた問題が実際に正しいか否かを問う、いわばジグゾーパズル解きのような作業である。もちろん、たとえば人類学的なフィールドワークにおいても、あらかじめ各種の作業仮説を立てて現場に向かう事はあるし、それも重要な過程であることはいうまでもない。私自身もこうした仮説検証的な手法自体を実践してきたし、その意義を否定するつもりはない。

しかしながら、もし個人的な感想を述べることを許してもらえるならば、フィールドワークをしていて私が真に興奮を覚えるのは、あらかじめ机上で想定した仮説を検証するというよりは、むしろ現場に飛び込んだ際に、フィールドワークを通じて「何が本当に問題なのか」「何を問うべきなのか」自体がフィールドで浮かび上がってくる瞬間である。

より一般化して言えば、フィールドワークには狭義のデータや情報を現場で収集に行くという側面が出発点にあることはいうまでもないが、しかしそれだけには留まらず、現場に自分自身を投げ込むことを通じて、そこで「いったい何が問うべき問題なのか」という「問い」それ自体を生成させる装置である側面を少なからず伴っているのである。

世界を変え、自分を変えるフィールドワーク

「なぜフィールドワークに行くのか?」という問いに対する、ここまで述べてきた答えと一部重なりつつ、しかしまた表現上は大きく異なった答え方として、さらに次のように主張してみたい。

「なぜならフィールドワークは世界を変え、自分を変えるからだ」と。

この回答は控えめに言っても突飛で奇妙な、下手をすると何か怪しげな洗脳セミナーの宣伝文句のように聞こえるかもしれない。しかし、ここで私が言おうとしていることは、その第一印象ほど奇矯でも怪しいものでもない(と思う)。

まず、ここでは話をおもに人間(ないしヒトに極めて近い霊長類などを含む)社会を対象とするフィールドワークを念頭に置いていることを最初に確認しておきたい。

そのうえで、ここでいう「世界を変える」ということには、少なくとも次の二つの意味が込められていることを述べておきたい。

一つ目は、フィールドワークは、少なくともそれを実践する者にとって、これまで自分に見えていた世界の見え姿が大きく変わる契機になりうる、という点である。

二つ目は、どちらかと言えばより日常的な意味に近いのだが、フィールドワークが文字通り社会や世界の変革、そういうと大袈裟であれば、少なくとも調査者とその周囲の人や社会などとの関係性の変化やその（再）構築のきっかけとなりうるという意味である。

この二つの意味は一見するとズレを孕みつつも、しかしときに重なりあう。たとえば後者の、自分と社会や周囲との関係の変化や変革のためには、何よりもまず現状の世界や社会のリアリティがいかなるものであり、それをどうやって変えていくのかに関する理解が欠かせない。それは一番目の意味における、フィールドワークを通じた世界の細部への目配りを通じた繊細な把握なくしてはありえないだろう。

本書ではどちらかと言えば、第一の意味における「世界を変える」こと、すなわちフィールドワークを通じて世界に関する通念的で粗雑な理解を超えて、その新たな（より繊細な）見え姿を把握していく可能性に関わる論考が多い。しかし、いくつかの論考では、第二の意味における「世界を変える」こと、具体的にはフィールドワークの過程を通じて自分と調査対象の人々や周囲との社会的な関係性が変化したり、あるいは再構築されていく側面をも少なからず扱っている。

そもそも人類学や社会学、民俗学などおよそ人間を対象とするフィールドワークの場合には、対象となるリアリティ自体を調査者から完全に切り離された独立した存在として想定することに無理がある。そしてフィールドワークを、そうした調査者と無縁に存在するリアリティを「客観的」に認識するための手段とする見方はかならずしも適当ではない。

むしろその調査者は、フィールドワークの過程で否応なく対象となる社会の複雑な関係性や脈絡のなかに投げ込まれ、周囲の調査対象とのあいだにさまざまな関係性を取り結び、調査の過程自体が当該の社会のリアリティに影響を及ぼし、ないし現在進行形で作り上げていくという側面を無視することができない。

言い換えれば、人類学をはじめ、およそ人間社会を対象とするフィールドワークの場合には、フィールドワークは単に「世界を知る」ための無色透明なツールという訳にはいかず、現場の人間関係を含めた社会的状況自体に多かれ少なかれ影響を及ぼし、それを（再）構築していくような側面、大袈裟に表現すれば「世界を変える」側面を何ほどか持っている。

そして、さらに言えば「世界を変える」ことは調査者にとっては「自分自身を変える」ことと裏表の関係にある。言い換えれば「世界を見る際の自分自身の枠組みを変える」ことに通じる。すなわち、単なるデータ収集の一つの技法としてのフィールドワークという段階を超えて、「世界の見方」つまり自分自身の認識のモードそれ自体がフィールドワークを通じて変わりうるのだ。

たとえば本書で吉田は、この点を「私の『内部』においておきる感じ方や世界の見え方の変化」という表現で明快に語っている。この言葉は芸能の調査について語られた言葉ではあるが、じつは人類学的なフィールドワークが対象とする他の多くの対象でも同様のことがいえるだろう。そもそも世界のリアリティは、仮に人間社会に限ってみてもただ単に言語的な秩序だけで構成されているのではなく、五感や情動などを含む豊かで感覚的なディティールやニュアンスに満ちている。そうした側面まで含めて現地の人々の実践を模倣し、学んでいく過程で、自分自身のものの見方や感じ方も微細に変容していく。

もちろん、職業的な研究者が民族誌や論文などを書く際には、フィールドワークで接した世界の豊饒さや、そこに接することで起きる自分自身の変化をそのまま全て提示するということは稀である。むしろ調査対象の社会のリアリティの複雑さをどうにか既存の学問の枠組みや理論と整合性があるように縮約し、調査の過程で現場で感得したであろう細部の豊饒さをぎりぎりまで削ぎ落とすことによってはじめて学術的な論文などは成立しうる。

しかし、そうやって削ぎ落とされた部分は長い目でみた場合には決して無駄ではないだろう。なぜなら、身体を否応なく現場におき、そこでの感覚や感情・情動を含めた身体的経験で把握した理解を通じて、何がそもそも問うべき問題であるかを発見し、あるいは変化させることへの材料になりうるのだから。

とりわけ長期にわたるフィールドワークを通じて、何がしか今までの自分自身の世界を理解する仕方がどうしようもなく大雑把であり、先入見に囚われていたことを思い知らされる。自分が思い込んでいたのとは（ときに驚愕するほど）異なった世界の見え姿が出現することがある。まさしく「世界が変わる」ような瞬間である。

罠と落とし穴への自戒

読者のなかには、ここまでの議論を読んできて、私がフィールドワークでの主観的な体験を特権化した、あまりにナイーブな体験至上主義を展開しているのではないか、と疑問を感じた方もいるかもしれない。フィールドに行って、そこに身を置き、仮に現地で住民と深い信頼関係を築きあげて調査ができたとしても、そこで得られた知見が果たして正しいとなぜ無条件にいえるのだろうか。そこでは単に調査者の素朴な実感や主観的な経験を特権化しているだけなのではないか、と。

これはまったく正当な疑問である。フィールドワークの意義や効用を主張するのが本書の目的ではあるが、だからこそ他方で無邪気なフィールドワーク礼賛やフィールドでの体験至上主義がもたらす弊害や落とし穴にも、十分に自覚的でなければいけないだろう。

実際、本書で湖中も言うように、フィールドワークをすれば何でもわかる、現地で長年暮らしたら何でもわかるというのはかなり傲慢な思い込みであり、テーマや対象によっては文献やインターネットや質問紙の方がよっぽど役に立つ場合だって少なくない。フィールドワークの効用を説く本書であるが、だからこそ他方で「その場、そのときのフィールドでの経験だけでは分からないこと」がいくらでも存在するという当然の事実への想像力が必要なことは強調しておきたい。

反省を込めて、自分自身の経験も記しておきたい。最初のフィールドでの体験は何もかもが新鮮であることが多いが、私自身の場合も、最初のフィールドでは、ときにまさしく眼から鱗が落ちるように「分かった」と感じることもあった。しかしこうした最初のフィールド体験で得られた知見や理解のなかには、その後、継続的に現地調査を続けるうちに必ずしも正確ではないことが分かってきたり、勘違いや、あるいは単にガセネタを信じ込んでいただけのことも一度や二度の話ではなかった。たとえば私の場合は終章で述べるように現地での暴力現象や事件に関して調査を行うことも多いが、ある事件に関して当初語られた「真相」の内実が、時が経つとともに変化し、極端な場合には誰が被害者で誰が加害者なのかといった基本的な情報さえ事件当初とその後で食い違うといったことさえあった。

この例に限らず、フィールドワークを通じて「これが真相だ」とある時点では確信したことが、その後の補足調査などを通じて、単なる勘違いだったり、あるいは理解が不十分だったことを思い知らされる経験は、長期に渡るフィールド調査を継続している研究者にとって珍しい出来事ではない。本書でも、フィールドワークの過程でのそうした自分自身の誤解や一方的な思い込みなどの経験を含めた「失敗」に関しても語られている通りである（たとえば本書の佐久間による章を参照）。

また、フィールドワークにつきまとう負の側面についても無視することはできないだろう。先ほど、フィールドワークには「世界を変える」作用があると述べた。しかし、その変革の影響や結果は必ずしもポジティブで賞賛されるべきものばかりだとは限らない。むしろ、ときにはそれがフィールドの社会や人々のあいだに少なくないマイナスの影響を与えるというリスクにも、十分に注意し、配慮しなくてはいけない。

まずそもそも何の権利があって研究者は対象とする「フィールド」に入り込み、「研究」などするのか、という批判もありうるだろう。もちろん、そうした「研究」が、その対象とする人々自身にとって役に立ったり有意義であると歓迎されたり感謝される場合も少なくないのだが、しかし必ずしもそうした理想的なケースばかりではないことも厳然とした事実だ。

たとえば私が専門とする人類学の分野を例にとれば、これまでになされてきた人類学的なフィールドワークに基づく調査研究が、ときに西欧や日本などの植民地主義や帝国主義的支配と間接的に結託し、そうした支配を正当化したり補強したりする側面を伴いながら展開されてきたのではないかという批判が、人類学内部の自己批判を含めて盛んに問題提起されるようにもなってきている。

また権力との共謀といったマクロな次元ではないにせよ、研究者のフィールドでのときに無配慮な振る舞いなどによって現地の人々に多かれ少なかれ迷惑をかけるといったようなケースも決して稀有な事態ではない。

このようにフィールドワークを通じた理解は、先に述べたようにときに誤解や事実誤認などを引き起こすこともあるし、また場合によってはその「世界を変える」作用は必ずしもプラスの側面だけではなく、ときにフィールドの人々や社会に各種の迷惑や「調査地被害」さえ引き起しうるという負の側面にも、十分に注意し、配慮しておくべきだろう。

「すぐには分からない」ことの効用

しかし、だからと言って、前節で述べてきたことは、フィールドワークを通じた理解にはともすると誤解や事実誤認が多く、またときには倫理的にマイナスの側面もあるのでやるべきではない、ということを示唆するものでは決してない。

本書での湖中の言葉を借りれば、フィールドに行けば、少なくとも、「われわれは世界について何も知らない」ということが身に染みてわかるのだ。いささか逆説的な表現に聞こえるかもしれないが、むしろ現場で「私たちは何も知らない」ことに気づかせてくれる点こそが、フィールドワークの意義や効用とさえいえるかもしれない。これはフィールドワークが「たとえフィールドに行ってもすぐには理解できない」むしろ「ゆっくり考えさせる」ことを強いるという点があるためである。

別の言い方をすれば、本書の私の章でも指摘したように、フィールドワークは単にネットや文献にないデータを集めるために仕方なく実施する言わば「必要悪」というよりも、むしろ効率的で安易な理解のあり方をいったん止めて、「すぐには分からない」ことをむしろ肯定的に受け入れたうえで「ゆっくりと考える」ための実践という側面があるのではないだろうか（この点に関しては［小田 二〇一〇：一五〇］も参照）。

フィールドで研究者が遭遇する現実は一筋縄でいかない複雑さを秘めており、また安易な解釈や理解や価値判断などを許さないようなものであることも少なくない。研究者がフィールドに入る前に想定した仮説や思い込みは、実際に現場に身を置いてみると、そこで遭遇する状況の複雑さ、不条理さなどによって粉々に打ち砕かれてしまうことも多い。

先に述べた通り、調査を進めるうちに、ある時点では妥当だと思っていたことが、じつはそれ自体が先入観に過ぎなかったことを思い知らされることもある。だからこそ「すぐには分からない」こと、「すぐに答えがでない」ことに、逆説的な効用や意義があるのではないだろうか。

この点に関連するのだが、本書の執筆者の論考に多かれ少なかれ共通しているのは、ともすると効率的で手際の良いデータ収集というベクトルに向かいがちな研究スタイルへの暗黙の留保と批判の態度である。

それは、いわば「知のファストフード化」とでも形容すべき知的生産における効率至上主義的な風潮へのアンチテーゼと、それに代わって地に足を付けてゆっくりと時間をかけて理解していく態度、すなわち世界を理解することにおける「遅さ」の肯定である（この点について詳しくは本書の終章も参照）。

たとえば本書の栗原は「結論を急ぐことなかれ」という言い方でこの点を強調している。また湖中は先に触れたように「自分が世界について何も知らない」ということを思い知らされた経験を語り、吉田は「やってみても分からない」経験を述べ、佐久間はフィールドでの懐疑や失敗を通じた逆説的な理解の可能性に触れ、西井は二〇数年間のフィールドとの往復の中ではじめてひとつの疑問が氷解した経験を語る。

これ以外の執筆者も、多かれ少なかれ、現代社会を席巻し、いまや学問の世界をも浸食しつつある生に対する効率優先主義的な潮流（社会学者リッツアの説く「世界のマクドナルド化」［リッツア 二〇〇一］、ないし本書での菅原の表現を借りれば「生のハリウッド化」、筆者の言う「知のファストフード化」）に対する疑問と、そうした支配的なモードには囚われない知のあり方としての新たなフィールドサイエンスの可能性を提唱しているといえるだろう。

本書の構成と各章の概要

ここで本書の構成と各章の概要に関して簡単に触れておきたい。

第1部では、現代世界のアクチュアルな現実と格闘しながら海外のフィールドで調査研究を続ける四人の研究者による論考を収めている。これらの章はいずれも、グローバル化や情報化が進んだと言われる現代において、どうして今もわざわざ研究者が（ときに遠く離れた異邦の）現場にまで出かけて行って苦心してフィールドワークをしなければいけないのか、という本書全体の問いを正面から扱ったものばかりである。

まず、東アフリカの遊牧民を対象に調査をしてきた人類学者の湖中による冒頭の章は、東アフリカの紛争現場での調査経験を題材に、紛争をフィールドワークすることのもつ意味や課題はもとより、なぜそもそも研究者はフィールドワークをするのか、という本書全体の問いと正面から格闘している。この問いに対する「それは、インターネットや書物で世界のすべてを知ることができる、われわれは何でも知っている、というわれわれ自身の傲慢を粉砕するためだ」という湖中のメッセージは力強く明快であり、生々しい紛争現場の経験に裏打ちされた彼の考察は、本書の冒頭を飾るにふさわしい。

次の章は言語学におけるフィールドワークを扱う。執筆者の渡辺が専門とするフィールド言語学では、研究者が、研究対象言語の話されている地域にみずから赴き、その言語の母語話者から直接データを採録し、それを分析することを通じて研究を進める。渡辺の章は、言語を研究する言語学者が、なぜフィールドへ行くのかという問いに正面から答えようとする論考である。北アメリカ北西海岸地域の先住民諸語を対象としたフィールド調査の事例を紹介しながら、渡辺は言語の現地調査とはどういうものか、何をするのか、そしてなぜわざわざ現地へ行くのか、という点について具体的に分かりやすく紹介する。渡辺の章を通じて読者は、言語の研究におけるフィールドワークの意味や効用について多く学ぶことができるだろう。また渡辺は、今日のフィールド言語学が、消滅の危機に瀕した少数言語（危機言語）を対象としていることが多いことを紹介し、言語に関するフィールドワークのもつ現代における社会的意義についても多くを教えてくれる。

続く章は、ベトナムと中国の国境地帯で調査研究を続けてきた歴史学者である栗原によって書かれたものである。栗原自身も言うように、一般的には過去の事件を史料を通じて研究する学問とされる歴史学は、およそフィールドワークとは無縁だと考えている人も少なくないかもしれない。しかし、栗原の章を読めば、そうした先入観は良い意味で裏切られ、歴史学におけるフィールドワークのもつ効用や可能性について読者は多くのことを教えられる。また「短期集中」型のフィールドワークの手法の可能性とその課題だとか、先にも触れた「結論を急がないこと」というメッセージなど、栗原の章はフィールドワークの方法をめぐっても示唆に富んでおり、その考察は歴史学以外の分野の研究者（やその志望者）にとってもヒントとなりうる点を多く含んでいる。

マダガスカルで現地の漁業に関してフィールドワークをしてきた飯田による章は、「なぜ、マダガスカルの漁業なんかを研究しているんですか?」という問いに答えるべく書かれたものだ。それはまた同時に「人類学者はなぜ遊んでいるようにみえてしまうのか?」というユニークな問いかけへ答えていく作業でもある。これらの問いへの答をここで種明かしするのは控えるが、この章を読んだ読者は、マダガスカルという、一見するとあまり現代の日本社会とさほど関係がなさそうにもみえる異国の事情を調査研究するということが、意外にも私たちの社会を逆照射するという発見につながるだろう。

次の第2部ではフィールドワークにおける広義の共感・感覚・情動などの問題に関わる人類学者や霊長類学者による考察を収めている。こうした側面はともすると客観性や厳密性を要求される通念的な学問分野では軽視され、あるいはむしろ積極的に排除すべき要素として見做されることさえ稀ではなかった。

しかしながら、人類学や社会学、民俗学など人間社会を対象とするフィールドサイエンスの文脈では、調査者自身がフィールドで感じたり経験する感覚や情動の問題などは、必ずしも調査の過程に伴う「主観的」なノイズとして排除すべき対象ではなく、場合によってはそれ自体が調査研究の潜在的に重要な「データ」でもありうるのだ。

第2部の冒頭の章は、吉田によるバリ島の芸能を対象としたフィールドワークを題材としたものである。バリ島でトペンと呼ばれる伝統的な仮面芸能を調査研究する過程で、吉田は、音や動きや身体的な感覚が重要であり、言語化されにくい事柄があまりに多く、その中でインタビューだけに頼っていては、限界を感じてしまうことに気がつき、その限界を超えるため自分自身も仮面劇の踊り手として弟子入りする。吉田の章は、フィールドワークを通じてみえてくる世界が変わり、それは裏を返せば自分自身も変わるという先に述べたテーマを具体的に語っており、その考察は芸能だけでなく人類学的なフィールドワーク一般にも多くの示唆を与える。

次の黒田の章は、本書で唯一、狭義のヒト（ホモ・サピエンス）以外を対象とする霊長類学の分野におけるフィールドワークを扱ったものである。「遠くに行きたい」という素朴な思いからはじまった研究者を志す以前からはじまり、やがて大学院時代を経て一人前の霊長類研究者になるまでの歩みを黒田は自伝的に辿りながら紹介していく。それは日本国内でのニホンザルの調査における個体識別の技法から、アフリカのボノボを対象とする「生態的参与観察」と黒田がいう方法の簡潔にして生き生きとした解説にもなっている。とりわけ彼の言う生態的参与観察の過程で「ある日、夕闇が迫る森のなかでボノボをみつけようと耳を澄ませていたときのこと、木々のざわめきに不意に子どものときに歩いた山を思い出し、辺りが急に懐かしい風景に転換したのだ」という黒田の体験は、フィールドワークを通じて、まさしく世界の見え方、感じ方が変わるという、先に述べた「世界を変え、自分を変える」というフィールドワークの側面と強く共振するものだろう。

続く章は、フィリピンのビサヤ地方で現地の民間信仰に関して宗教人類学的な調査を続けている川田によるものである。「落語のようで、民族誌のようで」という題名に示唆されているように、川田の章はみずからのフィールドで遭遇した非日常的な出来事に関する現地の人々の語りを、「夢がうつつか、うつつが夢か」と虚実皮膜の境界を往還する落語を参照しながら論じている。最終的に川田の章は、人類学的フィールドワークがエキゾチックな異郷に分け入っていく特殊技法やディレッタンティズム（道楽学問）ではなく、現代世界を生きる現実的な術であることを明らかにしていく。

第2部の最後を締めくくる章の執筆者である菅原は、南部アフリカのカラハリ砂漠のグイ・ブッシュマンについて三二年間にわたって研究してきた人類学者だ。とりわけ菅原は、会話分析などの手法をはじめ言語を含む相互作用の人類学的研究における第一人者として知られる。しかし本書の菅原の章は、単なる自身のフィールドワークの紹介やその技術論を遥かに超えたものだ。ほとんど詩的ともいえる断片から構成された彼の章は、フィールドワークのもつ根源的な意味を深い次元から内省したものとなっている。「私は効率よく商品を造る道具としてのフィールドワークには関心がない。フィールドワークとは、一生を懸けた実存の根源的な選択である」というメッセージをはじめとして、彼の章には筆者のフィールドワークや人生への態度が鮮明に示されている。

本書の最後の部を構成する第3部は「つきあい続けること」と題して、フィールドワーカーとフィールドやフィールドで出会う人々などとの関係を扱う論考を収めている。またこの部は先に述べたようにフィールドワークを通じた理解の特徴の一つである「すぐには分からない」こと、すなわち何度も繰り返しフィールドに通い、現地の人々とつきあい続けることを通じて、ゆっくりと理解を深めていく、というフィールドワークにおける長いスパンでの時間軸の問題とも深く関係している。

まず第3部の最初の章を執筆する菅は、新潟県小千谷市東山で二〇〇年以上の歴史をもつ闘牛（「越後の牛の角突き」）について現地調査を重ねてきた気鋭の民俗学者である。当初菅は通常の民俗学的資料収集の一対象として、言わばありふれた「フィールド」の一つとして小千谷を訪問して調査していただけだった。しかし二〇〇四年にこの地を襲った新潟中越地震を契機として、彼は現地の人々やその闘牛との関わり方に関して決定的ともいえるような変化を経験することになった。菅は、この一連の経験を通じて、単にフィールドの現実を理解し、「客観的」に記述するという通念的なフィールドワーカーの立場を超えて、むしろフィールドの人々と協働して現実を「創る」という実践の可能性に思い至り、それを積極的に提唱していく。「私は、むしろこのような実践を含むこの側面にこそ、フィールドワークをやる意義や、その方法としての独自性があるのだと思う」と主張する菅の章は、先に述べた「世界を変えるフィールドワーク」というテーマに深く共振する。

これに続く章は西アフリカのニジェール共和国西部の農村でフィールドワークをおこなっている若手の人類学者である佐久間による。この章では、あまり多く語られることが少ないフィールドにおける「失敗」の経験を率直に扱っている。まだ大学院生だった頃、佐久間はニジェール西部の村に二年半住み込んでフィールドワークを実施した。しかし、その調査生活を通じてそれなりに親密な関係を築いてきたはずの村人に、自分はずっと「欺かれて」いたのではないかという懐疑から佐久間は最後まで解かれることはなかった。具体的に言えば、佐久間のフィールドである行政村の分裂をめぐる真相が自分には語られず、村人によって自分に対して隠されていたのではないかという懐疑である。しかし佐久間の章は、単なるフィールドでの個人的な失敗や懐疑の告白談といった次元に終わらず、一見して「失敗」した経験からも、フィールドワーカーは場合によっては極めて有意義な知見を引きだしうることを逆説的に浮かび上がらせた事例となっている。

西井の章は、フィールドワークにおける比較的長い時間軸を通じた理解というテーマに触れた自伝的な省察となっている。大学院時代の偶然ともいえるきっかけを契機にタイ南部をフィールドに選んだ西井は、その後、実に二〇年にわたって現地と往復し、現地の人々とのつきあいを重ねていった。こうした過程で常に自分自身のフィールドワークの意味を探し求めていたという西井は、特に現地の村のナー・チュアという年上の女性との関係を通じて、その意味を理解するに至る。「フィールドワークにおいては、二〇年の歳月を経てはじめて氷解する問いがある」という西井の言葉は、単に彼女個人の特異な経験というだけに留まらず、「すぐには分からない」

ことの大切さや、「遅い」理解のもつ可能性という本書全体に通底するテーマと深く共振している。

続く大村の章は、彼が長年調査をしてきたカナダのイヌイット社会を対象とするフィールドワークの経験を土台にしながら、フィールドワークを基盤とする文化人類学の可能性と限界を見極めようとする野心的な考察である。大村は「私がフィールドで経験することができる部分的で個人的な主観的な現実から、『人類とは何か』なとどいう壮大な問いに取り組むことなどできるのか。私は誇大妄想しているにすぎないのではないだろうか」という率直な疑問を抱えながら考察を進める。カナダ極北圏に暮らすイヌイットの家族との彼自身の関係を顧みながら、大村はそうした疑問への回答を丹念に模索していく。大村の考察は、人類学的フィールドワークが抱えざるをえない限界や困難と、限界を抱えながらも実践しつづけることのもつ意味と可能性を示唆している。

本書の最後を締めくくる床呂の章は、研究者はなぜフィールドへ行くのだろうか、という本書の中心的な問いかけに再度立ち戻ることから始める。この問いかけは、なぜわざわざフィールドワークなどという時間や労力やコストのかかる面倒な作業に従事している（してきた）のだろうか、と言い換えることができる。この問いに対して筆者は、フィリピン南部の国境地帯に位置するスールー諸島でのフィールドワークでの経験、とりわけ「海賊」をはじめとする暴力現象との遭遇の経験を一つの手がかりとして試論的に考察していく。こうした考察を通じて筆者は、人類学的フィールドワークに対する従来の「通過儀礼」という比喩に代えて、むしろそれを「終わりなき旅」を通じた「遅い知」（ゆっくりと知ること）の営みとして想像してみることを提唱する。すなわち、人類学的フィールドワークを一回切りで終了の「通過儀礼」というよりは、むしろゆっくりと歩み、どこが最終目的地とも知れない「終わりなき旅」のような営みとして想像してみることだ。

以上、駆け足で本書の各章について簡単に紹介してきた。しかし、いずれの章もこうした短い概略ではとても要約することができない豊かなニュアンスや、各執筆者のそれぞれのフィールドでの経験に裏打ちされた細部の描写が醸し出す魅力に満ちている。ぜひ読者自身で実際に各章を最後まで読み進めてほしい。

最後になるが、本書は既にフィールドサイエンスに関わる各分野に携わる研究者や研究者志望の方はもちろんだが、そもそもフィールドワークやフィールドサイエンスのことをあまり知らない読者の方にもぜひ読んでいただきたい。本書はそうした読者に宛てた、世界を変え、自分自身を変えるフィールドワークへの招待状である。

【参考文献】

小田博志『エスノグラフィー入門——〈現場〉を質的研究する』春秋社、二〇一〇年。

鏡味治也・関根康正・橋本和也・森山工編『フィールドワーカーズ・ハンドブック』世界思想社、二〇一一年。

佐藤郁哉『フィールドワークの技法——問いを育てる、仮説をきたえる』新曜社、二〇〇二年。

菅原和孝『フィールドワークへの挑戦——〈実践〉人類学入門』世界思想社、二〇〇六年。

床呂郁哉「旅するフィールドワーク——真珠をめぐる複数のフィールドの調査からみえてくるもの」西井凉子編『人はみなフィールドワーカーである—人文学のフィールドワークのすすめ』東京外国語大学出版会、二〇一四年、一〇八〜一二七頁。

西井凉子編『人はみなフィールドワーカーである——人文学のフィールドワークのすすめ』東京外国語大学出版会、二〇一四年。

藤田結子・北村文編『現代エスノグラフィー——新しいフィールドワークの理論と実践』新曜社、二〇一三年。

リッツア、ジョージ『マクドナルド化の世界——そのテーマは何か?』正岡寛司監訳、早稲田大学出版部、二〇〇一年。

Sluka, Jeffrey A. "Introduction: Fieldwork Conflicts, Hazards and Dangers," in Antonius C.G.M. & Jeffrey A. Sluka (eds.) *Ethnographic Fieldwork: An Anthropological Reader*, MA & Oxford: Blackwell Publishing. 2007, pp.217-221.

第1部

同時代に生きる

Why Do Researchers Go into the Field? : An Invitation to Fieldwork

第1章

やるせない紛争調査

——なぜアフリカの紛争と国内避難民をフィールドワークするのか——

湖中真哉

Shinya Konaka

なぜアフリカの紛争をフィールドワークするのか

人はなぜフィールドワークをするのだろうか。近年、フィールドワークに対する関心や注目が高まっているという。しかし、その多くは、フィールドワークをいかに行うか、という技術をおもに問題にしている。フィールドワーク経験のない人がフィールドワークの技術を身につけること自体はよいことだと思うし、わたしもまた勤務校のフィールドワークの授業ではもっぱらそれを教えている。しかし、その授業である学生が質問した。「フィールドワークは何の役に立つのでしょうか」。その通り。フィールドワークをいかに行うのか、という問いよりももっと大切な問いがある。それは、なぜフィールドワークをするのかという問いである。このより根源的な問いを棚上げしたままで、技術ばかり論じるのは、不毛なフィールドワークを量産する結果にしかならない気がする。最近の大学生は忙しい。初学者の皆さんも、フィールドワークにどういう意味があり、何の役に立つのかもわからないままにやってみようという気にはならないかもしれない。

人はなぜフィールドワークをするのか。もちろんその答えは人によって異なるだろう。卒論やレポートを書くため。好奇心を満たすため。実地に学ぶため。ニーズをくみ取るため。社会を良くするため。何かの役に立てるため。多くの同業者もそうだと思うが、わたしは他の研究者がなぜフィールドワークをするのかについてよく知らない。だから、この小論では、わたしが唯一よく知っているフィールドワーカー、つまり、わたしがなぜフィールドワークをするのか、について考えてみたい。ここで「考えてみたい」というのは、じつは、わたし自身無我夢中でフィールドワークをしてきただけで、なぜフィールドワークをしてきたのか、すぐにうまく説明できるわけではないからだ。

わたしは、現在、東アフリカ遊牧社会を対象として、ある一連の紛争と紛争によって発生した国内避難民のフィールドワークを行っている。調査対象者は深刻な人権侵害を受けてきた人々であり、国名、民族名、個人名などを明かすことができないため、この小論では、「東アフリカ遊牧社会」とだけ述べておく。なぜ、わたしは、アフリカの紛争をフィールドワークしているのだろうか。そして、それにはどのような意味があるのだろうか。

最近の学生や研究者志望者のなかには、最初からアフリカの紛争や難民に関心を持っている人が多い。しかし、わたしは、もとから紛争や難民に興味関心があったわけでは全くない。わたしにとって紛争は、今でもそうだが、紛争地で逃げ惑う避難民と同様、嫌なもの、避けるべきもの、そこから逃げるべきもの、考えたくないものである。じつを言うと、この原稿もとても気が進まないままに書いている。あまり思い出したくないことばかりなのだ。

それなら、なぜ、今、アフリカの紛争をフィールドワークしているのか。それは、現在の調査地の人々が、たまたま紛争に巻き込まれてその被害者となってしまったからに過ぎない。紛争と出遭ったのは、偶然であり、なりゆきであり、不意の出来事だった。紛争被害者がそうであるのと同じように。

このように、われわれ人類学や地域研究の研究者の研究テーマは、現地の人々が置かれている状況に大きく左

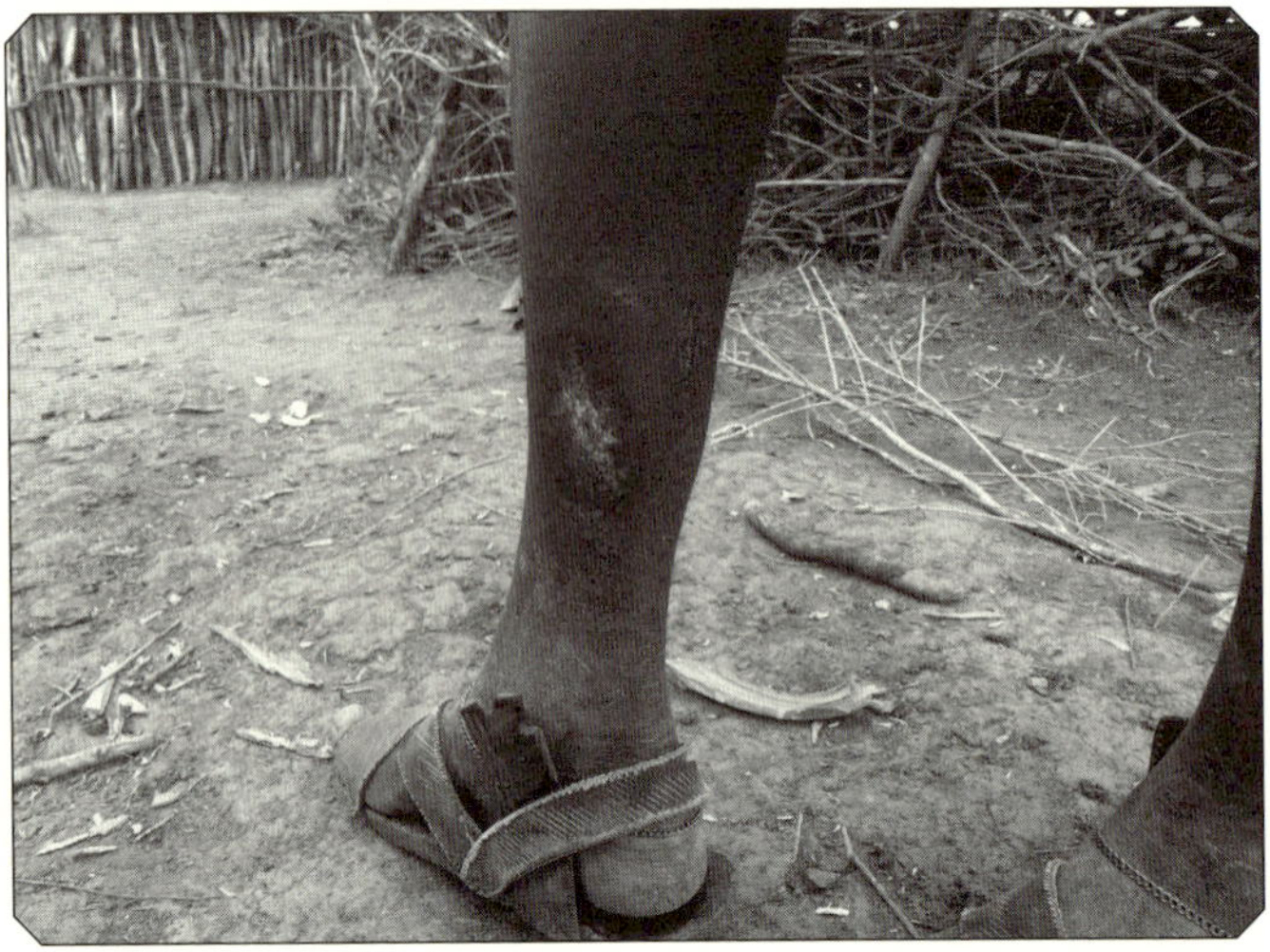

少年の脚に残る銃弾の跡

右される。そもそもフィールドワークは、現地の人々の実状を知るために行うのだから、自分に関心があろうがなかろうが、もともとの研究テーマとかかわりがあろうがなかろうが、現地で問題になっていることや地域住民が関心をもっていることを研究テーマに選ばざるを得ないのである。

それでは、すぐさま紛争のフィールドワークを始めることになったのか？　決してそうではない。二〇〇四年の八月に当地を訪れた際に、この紛争について耳にしていたが、この時点では、これまでにもこの地域でよくみられた遊牧民同士の家畜略奪だと高をくくっていた。

その後、久しぶりに、二〇〇七年の二月に調査地を訪れた時、集落の人々は紛争についてただならぬ様子で語った。わたしがいる集落の裏山で大規模な銃撃戦があり、集落の人々もかけつけて応戦したという。集落の周辺には、紛争で居住地を追われた国内避難民が、国際機関による人道支援で得たテントを屋根にかけて暮らしていた。紛争の原因も、全体的被害状況も、何もわからないし、地域住民も十分にはわからないという。当時、わ

集落囲い

たしは紛争についてもある程度は調べたが断片的な情報しか得られず、何よりも危険な状況はまだ続いていて、紛争地には入れない状況にあると判断した。特に冒険心にとんでいるわけでも、危険を恐れないわけでもないわたしは、この時、あっさりと調査はあきらめた。

紛争地へ向かう

その後、二〇〇九年の八月に現地を訪れた際、集落の人々に紛争はもう終わったと聞いた。そこで、いよいよ、紛争がもっとも激しかった場所に移動して、調査を開始することにした。なんだかわからないけれど、地域の人々にとって重要なことだというのは理解していたので、とにかく現場に行ってみるしかないと思ったのである。調査地の人々はよくぞこんな危ない場所に来てくれたと言って歓迎してくれた。それもそのはずで、そこでは、紛争は終わっていなかったのである。

国内避難民の集落がある場所の北には平原が、南には藪が広がっている。わたしは四輪駆動車を平原側に停めていたが、夜間にわたしが車を停めた場所の偵察に敵兵がやってきたらしく、夜中に威嚇射撃の空砲が鳴るのが聞こえた。幸い敵兵はその空砲で退却したが、通常、身を隠すことのできない平原側から無理に侵入することはないので、わざわざそちらから来たのは、わたしの偵察だった可能性が高い。

ここではまだ日常的に銃撃戦が続いており、集落は臨戦態勢であった。集落の周囲には樹木で囲いが張りめぐらされ、夜間、用を足しに行くと、敵兵と間違われて銃撃されるため、夜通し小便を我慢する羽目になった。ある人は険しい面持ちで言った。「紛争が終わったなんて、どこのどいつが言ったんだ」。事実、わたしが去ってから三カ月の間に、この集落ではさらに六人が殺された。同じ地域に住む同じ民族集団の間でも情報が十分に伝わっていなかったのである。

この土地のある住民は紛争の被害について熱心に説明してくれた。しかし、後に調査が進む過程で判明したが、この時にある人から聞いた死者数や焼き討ち家屋数等の情報はすべてでたらめだった。後から思えば、彼の話しぶりは大げさで、政府や援助機関が何もしてくれないことを詰《なじ》りつつも、外部から危険を冒して調査に来たわたしを大いに持ち上げてくれた。つまり、彼は、被害を過大に報告することにより、外部からの支援を受けることを期待したのだと思われる。それも仕方がない。真実を伝えることより、生き延びることのほうが誰だって大切だ。

いずれにせよ、わたしは最前線で戦火をかいくぐって調査をしてきたわけではない。この時も危険を察知して、不様に退却したのである。ただ、わたし自身が意図せず紛争に巻き込まれたに過ぎない。

実際に開始してはじめてわかったが、紛争の調査はどうしようもなくやるせない。当然のことだが、調査をしたからと言って、紛争が停められるわけではない。もちろん、紛争の原因も被害の実状も何もわからない状態で紛争を停めるのは不可能だ。わたしも各所で数万円程度の個人的な支援は行った。また、文部科学省の大学教育推進プログラムの一環として、わたしの勤務校である静岡県立大学の学生が、国内避難民の居住地で「潜在能力コンテスト」を実施し、国内避難民の人々から好評を博したし、国際協力機構（ＪＩＣＡ）のグローバル教育コンクールでセンター長賞も受賞した。ただし、もちろん、国内避難民が生活を再建できるような規模の支援ではない。そして、なによりも、紛争の調査をしたからと言って、死者を蘇らせることができるわけではない。

わたしにできることと言えば、せいぜい「墓標づくり」に過ぎない。つまり、各被災地を巡回して、死者数等、紛争に関する情報を集める作業である。総死者数五六七人。どこにも死者数の総計がないので、一人一人調べ上げていって二つの民族の紛争による死者数を合計した数である。先に述べたように、被害者は支援を期待して被害状況を過大に報告するし、後で述べるように、加害者は罪を逃れるために被害状況を過小に報告する。このように情報が錯綜していたため、複数箇所でクロスチェックを実施することで正確を期した。

調べ始めてみると、当地では死は身近にあった。「お前、お母さんに挨拶してトイレ貸してもらっただろう。さっきお前に話した殺された人っていうのは、そのお母さんの息子だよ」。たくさんの身近な死のなかに生き残った生があった。

「絵」がみえる

もちろん、わたしなどよりはるかにやるせない思いをしてきたのは地域住民だ。地域住民の紛争についての語りは驚くほど淡々としている。彼らは、放牧に行ったり、町に買い物に行ったりするのと同じように紛争について語る。紛争は、彼らの日常の一部だったのだ。話をうかがっていると、ときおり紛争時の記憶が甦り、怒りや悲しみが顔をのぞかせることもあるが、それは苦虫をかみつぶしたような一瞬の表情としてすぐにかき消される。

ある昼下がり、わたしはいつものように集落の老人数名に協力してもらって、木陰で敵の襲撃方法について聞いていた。既に指にペンだこができていた。ある老人は淡々と次のように語った。

「未明五時、敵の笛の音があたりに鳴り響く。襲撃者がみずからを勇気づけるために歌う戦闘歌が低く響く。辺りに悪臭が漂う。われわれの民族はシマウマの臭いを嫌うが、敵兵は、防寒のために、シマウマの脂を体に塗りつけているからだ。敵兵は、防寒のために、ジャンパーやプルオーバーを着ているが、われわれにみせかけるために、同じような腕輪、耳飾り、頭巾を身に纏っている。

敵の侵入を防ぐために集落を囲っている棘のある樹木がミシミシと破られていく。囲いには銃を持って寝ずの番をしているわれわれの警備がいる。襲撃を知った警備は空砲を撃って知らせる。「早く外に出ろ！」。最初に、家屋の外に出ている人間がつぎつぎに銃殺されていく。そして銃を持った敵兵が家の入り口に一人一人張り付き、威嚇のために空砲を撃つ。もし、家屋から人が出てくると、そのまま即座に銃殺される。家の中を無差別に銃撃する襲撃者もいる。たまたま弾丸が当たれば子どもも老婆も死ぬ。その間に、別の一団が集落の牛群すべてを略奪して、逃走する」。

彼がこのように語った瞬間、わたしの目の前にある集落の光景がまったく違う光景に見えたことをはっきりと覚えている。まるで亡霊のように殺戮の当時の「絵」がふっとそこに見えたのである。この日を境として、紛争の状況について聞いていると、ふっといくつかの「絵」が見えるようになった。その「絵」は調査が進むとますます鮮明になっていく。言葉ではうまく説明できないが、「絵」が見えるようになってから、紛争の調査は、とても重苦しい何かをわたしの精神の奥深くに残すようになっていった。

なぜ紛争がおこったのか

当該国の新聞、テレビ報道、国際機関の報告書では、この紛争は、伝統的な家畜略奪であるとか、民族間の諍いであるとか、旱魃によって稀少化した資源をめぐる争いであると報じられてきた。しかし、紛争地を訪れ、地域住民に焼け落ちた住居の跡に案内された時、何か腑に落ちないものを強く感じた。通常、遊牧民同士の紛争の

焼き討ちされた家屋

焼き討ちされた家屋の内部

決戦が行われた丘

場合、襲撃の対象となるのはあくまで家畜であり、住居を焼くという襲撃方法が採られることはないからだ。

フィールドワークで地域住民に尋ねてみると、両民族は、この紛争がおこる以前には良好な関係を維持していたことが明らかになった。両民族の間では、通婚や贈り物も行われていた。また、フィールドワークの結果、牧草地や水場もうまい具合に両民族の間で融通し合っていたことも明らかになった。つまり、紛争の主因は、どうやら、伝統的な家畜略奪でも、民族間の諍いでも、旱魃によって稀少化した資源をめぐる争いでもないことが徐々に明らかになってきた。フィールドワークが進むにつれて、メディアや国際機関は、一度も現地に足を運ばずに、たんなる憶測でシナリオをつくりあげ、そのシナリオに当て嵌まるように現実を説明していたことが次第に明らかになっていったのである。

それでは一体なぜ紛争が発生したのだろうか？　紛争のフィールドワークは難航を極めた。紛争に関することは、そもそも違法行為だらけなので誰もが話したがらないのは当然だ。当初、被害者達は、突然二〇〇四年四月に大規模な襲撃が開始されたことに驚愕していたが、その理由がよくわかっていなかった。しかし、ある時、彼らはあるチャンスでその答えを手に入れた。

二〇〇五年の五月には、ある丘で大規模な決戦が行われた。双方三〇〇人規模の兵力が集結して、銃撃戦が繰り広げられ、二六人が戦死した。襲撃を受けてすぐに警察を呼んだが、現場に到着したのは紛争の翌日のお昼だった。紛争後、戦死者の遺体から携帯電話が発見された。その携帯電話の連絡先には、国会議員、県議会議員、末端行政首長、警察署の電話番号が登録されていた。略奪者は携帯電話で議員や警察らと連絡をとりあっていたとみられ、警察の到着が遅れたのは、警察が略奪者によって買収されていたからだと思われる。この時、ある負傷者が捕虜となった。襲撃された人々は、紛争の主因を知るために、彼を拷問した。真相を吐けば、病院に連れて行ってやると偽りながら、捕虜を殴り続けたのである。

捕虜の口は堅かったが、殴り続けると、ある国会議員が彼ら若い兵士に襲撃に行くように指示したと告白した。二〇〇八年一〇月の紛争でも同様に捕虜を拷問した。「ある国会議員が金と銃を与えてわれわれを殺しに行けと言っているというが本当か?」「本当だ」。「略奪した家畜の分け前は、その国会議員にあげるのか?」「そうだ」。「土地と家畜のどちらを求めて襲撃しているのか?」「両方だ」。

真相はこうして判明したが、それを知った方法が拷問だったので、公にはされなかった。捕虜は両者とも殺害された。拷問して殺害したので真相が明らかになったと警察に届け出れば、当然のことながら、彼らも罪に問われることになる（警察は敵側に買収されているので、そもそも正常に機能するかどうかは、はなはだ疑問ではあるが）。もちろん、調査の当初から彼らが全てを語ってくれたわけではない。紛争の主因を究明する過程で疑問に思ったことを尋ねていたある時、ある人が重い口を開いてくれたのである。なぜ彼が話す気になったのかはわたしにもわからない。いずれにせよ、こうして、真相は闇に葬られることとなった。

それでは、なぜその国会議員は、紛争を扇動したのだろうか? それを知るためには、襲撃側からフィールドワークを行う必要があるとわたしは考え、彼らの居住地を訪れた。意気込んで調査地に向かったものの、調査結果は、惨憺たるものであった。話を聞いたものわかりのよさそうな行政首長が、じつは、悪名高い殺し屋で、若者に攻撃方法を指南していたことや、テントの前で酔っ払いが歌っていた歌が、敵に対する威嚇の歌であり、訪れたわたし自身にも危機が迫っていたことは後で知った。予想されたことながら、彼らの口は堅く、おそらく組織的な箝口令が敷かれていると思われた。内情については何一つ話してくれなかったばかりか、見え透いた嘘ばかり聞かされた。

襲撃側の人々に、どこから銃を入手したのかを尋ねると、昔、襲撃を受けた側の人々から銃を購入したことがあり、その銃を使用しているという。大量の銃をそうやって入手できたはずはなく、組織的な密輸を隠すための見え透いた嘘である。被害者側のある人物は、紛争以前には、襲撃側と同じ場所に居住しており民族を超えた親友もいた。彼は、紛争が激化する前に、その親友から携帯電話で密告情報を得ていた。その情報によると、ある国会議員が、二〇〇四年の四月に、紛争が続いていた隣国から自動小銃五〇〇丁を密輸して、貨物トラックで運び込み、若者に分配したという。

二〇〇四年四月に、組織的な襲撃が開始された。四箇所がたてつづけに襲撃され、うち二箇所で合計二五〇軒以上の家屋が焼かれた。この襲撃について、襲撃側の人々に尋ねると、彼らは、「家屋の放火などしていない。銃弾が引火して燃えたんじゃないのか」と答えた。銃弾が引火して燃えることなどあり得ない。わたしはこの目で全焼した家屋をみてきただけに、これが嘘であることはすぐにわかった。

ある被害者側の民族出身の女性がいる。彼女は、他民族出身の夫に嫁いで、学校給食の調理師をしながら、襲撃側の民族の居住地で暮らしていた。彼女は、襲撃側の民族の言語を習得しており、戦時もその居住地に留まった。しかし、襲撃側の人々は、長年暮らしている彼女にすら、肝心なことについては、嘘しか言わないのだという。襲撃側を対象としたフィールドワークにより、この紛争を解明することは、あきらめざるを得なかった。

しかし、襲撃側の人々と紛争以前に共住していたある人物から、紛争が始まる前の様子を聞くことができた。二〇〇〇年のある日、当時、まだ国会議員の立候補者であったある人物が選挙運動のためその町を訪れた。彼は、町中の有権者を集めた。立候補者は、その後、襲撃を受けることになる側の民族の出身者にお札を握らせてここを立ち去れと言ったのである。夜になってから、襲撃する側の民族のある男が、酔っ払って彼の家に上がり込んできて、「俺様に晩飯を食わせろ」、と言った。彼は、「晩飯を食わせて欲しければ、われわれを立ち去らせた後、立候補者が何を言ったのか話せ」と答えた。すると、酔っ払った男は話した。「お前らは皆殺しにしてやる」。「立候補者が当選したら、お前らは今の土地をすべて俺らに譲って出て行くんだ」。「そして、俺らがお前らの土地に移住するってわけさ」。「立候補者万歳！」。

つまり、侵略攻撃が、立候補者の「選挙公約」だったのである。家屋が焼かれたことは土地からの立ち退きを意図しての攻撃だったのである。そして、二〇〇二年末の選挙でこの立候補者は国会議員に当選した。外国人や余所者への敵対心を煽って、大衆の人気を得る政治手法は、アフリカだけに限ったことではなく、冷戦終結後、世界各地でみられるようになった。そして、二〇〇四年四月、この国会議員は、いよいよ彼の「選挙公約」を実行に移したのである。

わたしは、この国会議員が、略奪した家畜を貨物トラックで、両民族の居住地から離れた町外れにある屠殺場に運んで、そこで屠殺しているという情報を得た。そこで、その屠殺場を訪れることにした。その屠殺場の近くにいた人と話すと、紛争で略奪した家畜がこの工場に運ばれてきたことがあるという。この地域の遊牧民は、家畜の耳切によってある程度家畜の所有者を判断することができ、これによって、盗まれた家畜がこの屠殺場に持ち込まれたことが判ったという。屠殺場の長は、盗難家畜発見後、一時的に警察に勾留されたが、なぜか、短い期間で釈放された。おそらく、警察に賄賂が支払われたものと思われる。

屠殺場の長は、その国会議員の友人であり、この工場では、国会議員が所有している貨物トラックが目撃されていた（目撃者によるとナンバープレートも一致したという）。彼は、わたしが工場の周囲で、紛争について調べていることを知ると、「ここに来る家畜は全て検査済だから盗品が来ることはない」と言い、工場での写真撮影も拒絶された。

この国会議員は、略奪によって得た家畜の四割を取り分としているという。それを食肉として売却して得た現金を、私腹を肥やすほか、武器の購入や警察の買収に充てているものと思われる。このフィールドワークではじめてわかったので、地域住民も驚いていたが、被害住民を保護する目的で派遣された政府の武装特殊部隊（日本の特殊急襲部隊（ＳＡＴ）やアメリカの特殊火器戦術部隊（ＳＷＡＴ）のような組織）ですら買収されていた。「パトロール」にみせかけながら、収賄金の受け渡しをするのだという。警察から、被害者側の集落に電話がかかってきたこともあった。「襲撃側よりもうちょっとはずんでくれたら、お前らを助けてやってもいいんだぜ」。調査が進むにつれて、この紛争の背景には、こうした劣悪な国家統治の問題があることが明らかになっていった。

警察も特殊部隊も政治家も役人も、つまりその国の政府自体が全く当てにならない状況の中で、それらすべてから見捨てられながら、国内避難民は、なんとか生き延びようとしてきた。ここではそれを詳しく述べる紙数がないが、つぎに、彼らが、こうした限界に近い状況の中で、どうやって生き延びてきたのかを探求することが新しい調査テーマになった。それについては別稿で詳しく論じる予定である。

なぜ紛争を追いかけてフィールドワークするのか

最初の問いに戻ろう。わたしは、最初から紛争の調査を意図していたわけではない。また、紛争のフィールドワークは、やるせない結果しか生み出せない。しかし、それにもかかわらず、なぜ、その紛争を追いかけてフィールドワークするのだろうか。それは、この紛争が世界中から全く顧みられず、無視されてきたからだ。また、わたしはこの紛争を追いかけることで、いかにこれまで調査をしてきた東アフリカの遊牧民が世界から見捨てられてきた人々であるのかを思い知らされることになった。

この紛争は、世界中の研究者からも、国際機関の職員からも、もちろん、その国の役人や政治家からも無視されてきた。ある国際機関がひとつだけまともな報告書を発行しているが、そこにも、この紛争と紛争によって発生した国内避難民が無視されてきたことが特筆されている。紛争の履歴を記録した資料の内容を地域住民に伝えると、よくそこまで調べあげたと誰もが驚嘆した。紛争被害者は安全の確保と日々の生活に精一杯で、紛争について知る余裕がないので、地域住民自身すらその全体像を把握できていないのである。ここではそうした紛争についての詳細な事実関係は省略しており、調査成果のごく一部を示したに過ぎない。

ただし、わたしが辿り着いた地点が正しいものであるという確証はどこにもない。また、フィールドワークが必ずしも客観的な真理を明らかにするわけではないことは既に多くの研究者によって指摘されている。この紛争がどのようなものであったのかは、その直中《ただなか》を生きてきたそれぞれの生とそれを取り巻く無数の事実のみが知り得ることであり、わたしがここで描いた紛争の世界は、あくまで片言の現地語を操るひとりの外国人旅行者が辿り着いた断片的な真実に過ぎない。

しかし、だからといって、わたしが調べたり、こうして調べた結果を書いたりすることをやめてしまえば、この紛争はなかったことにされてしまうかもしれない。だからこそ、わたしはこうして考えるのも嫌な紛争のことを書いている。わたしがこうして何かを書かなければ、五六七人もの人間が死んだ理由もわからないままになってしまうかもしれない、あるいは、さらに大きな無理解や誤解や偏見の中にかき消されてしまうかもしれない。そう思うと、書かずにはいられないのである。そして、その調査成果は、アフリカの現在について、紛争について、国内避難民について、多くのことを考える手がかりを提供してくれるはずだ。

もし、フィールドワークをしなくても、たとえば、文献調査や質問紙調査やインターネットによる情報収集によって、無視されてきた紛争を明らかにできるのであればそれで全く構わないと思う。しかし、何の情報もないアフリカのとある片田舎の紛争と国内避難民のことを知るには、どうしたらよいのだろうか。文献にも記されておらず、インターネットの情報も憶測ばかりで、質問紙の文言も読めない人々のことを知るにはどうしたらよいのだろうか。それを知るには、現地に赴いて、そこに暮らす人々から直接学ぶフィールドワークしか方法がない。

なぜ日本人が、わざわざアフリカの紛争をフィールドワークするのか

東日本大震災、原発事故、少子高齢化、巨額の財政赤字等、日本にも多くの問題や困難があることぐらい不勉強なわたしだって知っている。それなのに、日本人であるお前が、なぜわざわざアフリカの紛争をフィールドワークするのかという疑問もあるだろう。それに対してはこう答えたい。日本人であるわたしがこうしてアフリカの紛争地に身を置いてものごとを考えること自体が、「人類」としてものごとを考えるひとつの「実験」であるからだ、と。そして、「サイエンス」には、本来国境はないからだ、と。

確かに、アフリカで紛争と国内避難民のフィールドワークをすることは、やるせない。それでは、なぜ、やるせないフィールドワークを続けるのだろうか。それは、いかにやるせなくとも、「世界の現実から目を背けない」、ということ自体に価値があるからだ。この意味で、やるせなさは、放逐すべきものではなく、共有すべきものなのである。この調査においては、紛争を生きる生を「絵」としてイメージするようになったことについては既に述べたが、この意味において、イメージすることとは生を共有することである。人がフィールドワークを通じて経験するのは、客観的な真理ではなく、誰かによって生きられた現実であり、同じ人間としてそれを共有することがその出発点となるはずだ。

先進国の一部の勝者の利益にしかならない現在のいびつな「サイエンス」など、本来の意味の「サイエンス」ではない。誰からも顧みられない世界の現実を、その一端でも明らかにし、共有し、そこから、少しでも世界を見直すことは、今までとは異なる人類の新しい可能性を生みだすためには、必要な作業のはずだ。もし、われわ

れが「人類」という時、たとえば、アフリカの国内避難民も、そこに含めるというのならば。

わたしは、この紛争と国内避難民のフィールドワークを行ってから、以前と同じようにものごとを考えられなくなってしまった。それは日本にいるときも同じである。わたしは、いわば、国内避難民のキャンプから世界をみようと試み続けている。

学問の世界は、政治の世界と同じく綺麗事に終始しがちだ。「グローバリゼーション」、「貧困」、「市民権」、「人権」、「ガバナンス」。綺麗事に終始しがちなこうした学問の世界の諸概念や諸前提を、わたしは、今、ひとつひとつ国内避難民キャンプという地点から考え直そうとしている。それは、人類としてものごとを考えるひとつの実験だと考えている。それは、実験である以上、失敗するかもしれない。わたしの紛争のフィールドワークが失敗だらけだったように。

しかし、もし、グローバリゼーションがこれからもどんどん進行して地球が一体化し、それにつれて地球規模の問題が山積するようになれば、わたしたちは、今後ますます、「人類」として生きていくことを真剣に考えなければならなくなってくるだろう。たとえ困難の末、無残な失敗に終わろうとも、人類としての新しい意味や価値を切り拓いていくためには、そうした「フィールド・サイエンス」による実験は、積み重ねられる必要があるとわたしは考えている。

フィールドワークは何の役に立つのか

フィールドワークをすれば何でもわかる、現地で長年暮らしたら何でもわかるというのは、確かに傲慢であり、わたしは経験派、肉体派を自称するこの手の人々の「権威主義」を決して好まない。文献やインターネットや質問紙の方がよっぽど役に立つ場合だって多い。しかし、フィールドに行けば、少なくとも、「われわれは世界について何も知らない」ということがわかる。事実、わたしはそのようにしてフィールドで何度もうちのめされてきた。

なぜフィールドワークをするのか。それは、インターネットや書物で世界のすべてを知ることができる、われわれは何でも知っている、というわれわれ自身の傲慢を粉砕するためだ。フィールドに行って少しでも何か調べてみればわかる。じつは、世界は、書物でもインターネットでもわからないことだらけなのだ。これだけ情報が世界中に溢れていても、いや、溢れているからこそ、巨大で複雑になりすぎた世界の実状は、ますます誰にも把握できなくなりつつある。わたしはこのことを、紛争のフィールドワークが進むにつれ、思いもよらない世界が姿を現したことから学んだ。

フィールドワークの成果は、これまでに言われていたことや書かれてきたこと、そしてそれによってつくりあげられた世界に対する現実破壊力を持っている。その一端をこの小論は示した。わたしたちの世界には、わたしたちがつくりだした大小さまざまなメディアがあり、わたしたちはそのメディアの世界にどっぷり浸かって生きている。しかし、それは、メディアと高度消費社会によってつくり上げられた、いわば、虚構の生に過ぎない。それが虚構であることは、フィールドワークを通じてもうひとつの世界と触れることによって、はじめてわかる。フィールドワークを通じて向こう側に突き抜ければ、わたしたちが知らないざらざらとした手触りやひりひりとした痛みを持ったもうひとつの世界が姿を現す。その世界は、この小論が示したように、決して美しいものでも、心躍るものでもなく、やるせないものかもしれない。しかし、それもまた——いやそれこそが——今の世界の現実なのだ。

この本を手にしたあなたは、「サイエンス」の最前線と言えば、再生医療やロボット工学をイメージするかもしれない。しかし、フィールドワークを通じて、誰も知らないこと、誰からも見捨てられてきたことに、無力な情けない姿をさらしつつも立ち向かうこともまたサイエンスの最前線であるはずだ。アフリカの片田舎の誰も知らないような紛争の研究には、再生医療やロボット工学ほどには、お金も世間の注目も集まらない。しかし、だからこそ「フィールド・サイエンス」が立ち向かう意義がある。「サイエンス」とは、本来、いまだ知られていない何かを調べて新しい現実を明らかにすることのはずだからだ。そして、新しい現実を学ぶことを通じて、われわれの知の世界を再創造することのはずだからだ。そこには、本来、お金も注目も関係ない。

この意味で、フィールドワークには意味がないのではないか、役に立たないのではないか、という冒頭の学生の疑問は完全に正しい疑問である。フィールドワークに、あなたに馴染み深い世界における「既存の」意味や価値を求めても、そこには何もみつからないだろう。そうではなく、これまで「意味がない」、「役立たない」、と思われてきたことにあえて注目し、それを現地で調べてみることによって、意味や価値を新しく創り出していくことこそがフィールドワークの意義なのだ。そうした試みを、従来の価値や意味の側から眺めれば、確かに役立たないようにみえるだろう。あなたやわたしが埋没している現代日本の生活は、少なくとも、既存の意味や価値に満たされていて、それゆえに便利・快適であったり、「リア充」であったりするかもしれない。しかし、あえてそれに背を向け、その殻を打ち破ってもうひとつの世界へと飛び出してみようという気になったとき、フィールドワークは、あなたが世界にアプローチする素晴らしい方法となるだろう。

【参考文献】

湖中真哉「劣悪な国家ガヴァナンス状況下でのフード・セキュリティとセキュリティ——東アフリカ牧畜社会の事例」松野明久・中川理編『フード・セキュリティと紛争（GLOCOLブックレット〇七）』大阪大学グローバルコラボレーションセンター、

二〇一二年a、三九〜五二頁。

――「アフリカ牧畜社会における携帯電話利用――ケニアの牧畜社会の事例」杉本星子編『情報化時代のローカル・コミュニティ――ICTを活用した地域ネットワークの構築（国立民族学博物館調査報告一〇六）』二〇一二年b、二〇七〜二二六頁。

――「紛争と平和をもたらすケータイ――東アフリカ牧畜社会の事例」羽渕一代・内藤直樹・岩佐光広編『メディアのフィールドワーク――アフリカとケータイの未来』北樹出版、二〇一二年c、一三六〜一五〇頁。

――「ポスト・グローバリゼーション期への人類学的射程――東アフリカ牧畜社会における紛争の事例」三尾裕子・床呂郁哉編『グローバリゼーションズ――人類学、歴史学、地域研究の立場から』弘文堂、二〇一二年d、二五七〜二八四頁。

【インターネット資料】

湖中真哉「絶望の果てに希望は見出せるか――アフリカ遊牧民の紛争のフィールドワークから」(http://synodos.jp/international/6651) SYNODOS、二〇一四年一月一四日閲覧。

――「アフリカの紛争と国内避難民」『日本アフリカ学会創立五〇周年記念事業「アフリカ・トーク」』(http://www.youtube.com/watch?v=kmpNPDNp8d4&feature=share) 二〇一四年六月九日閲覧。

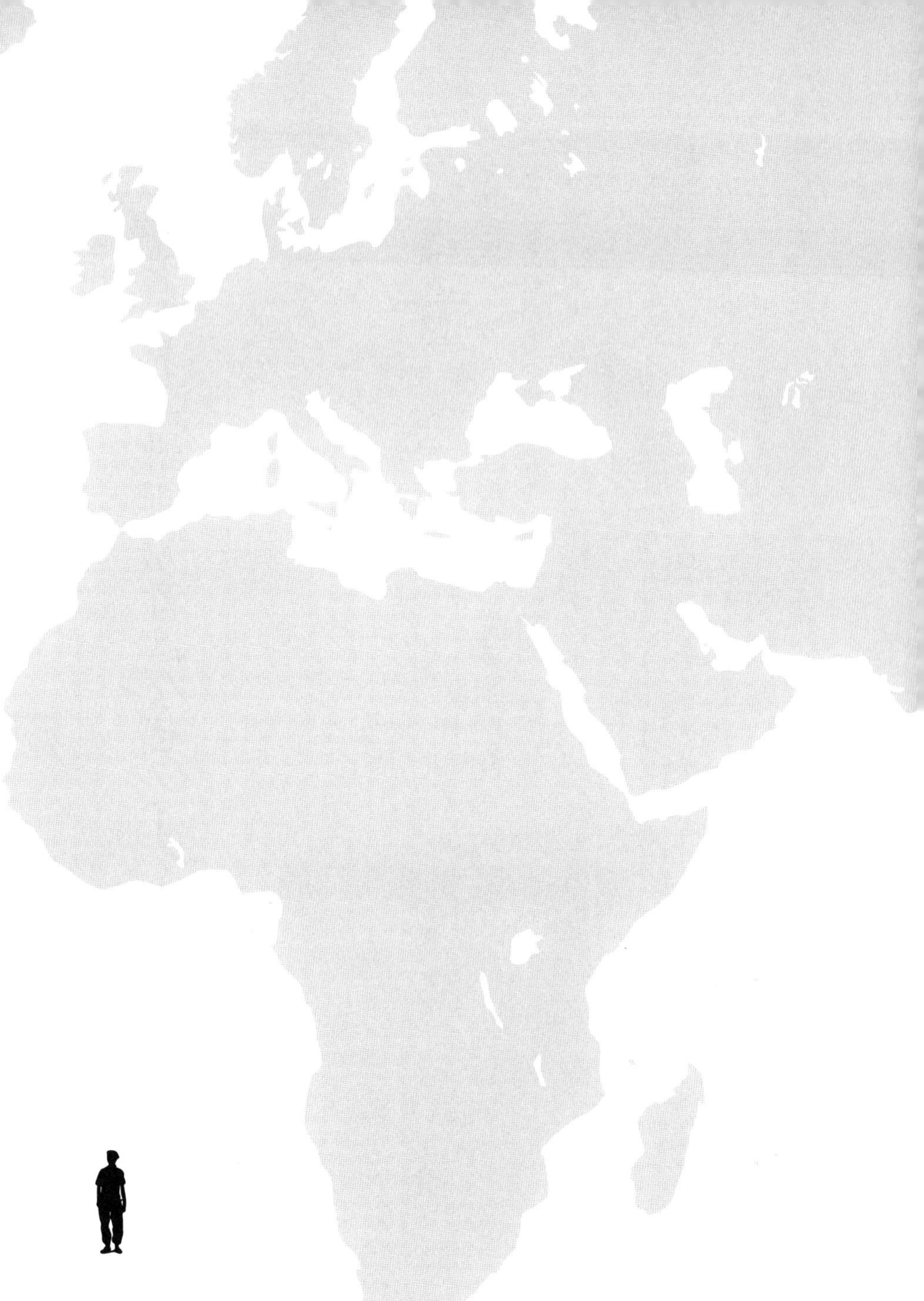

第2章

フィールド言語研究者はなぜフィールドに行くか

渡辺己
Honoré Watanabe

フィールド言語学

本稿では、フィールドワーク（現地調査・臨地調査）のなかでも、言語の研究者が、研究の対象とする言語の話されている場所に赴き、直接、話者とやりとりをしながらその言語のしくみ、すなわち文法を解き明かしていく様子を描く。そのような調査・研究は「フィールド言語学」と呼ばれる。ここでは特に私が続けてきた、北アメリカ北西海岸地域の先住民諸語を対象とした調査を具体例に、言語の現地調査とはどういうものか、何をするのか、そしてなぜわざわざ現地へ行くのか、という点について論じたい。

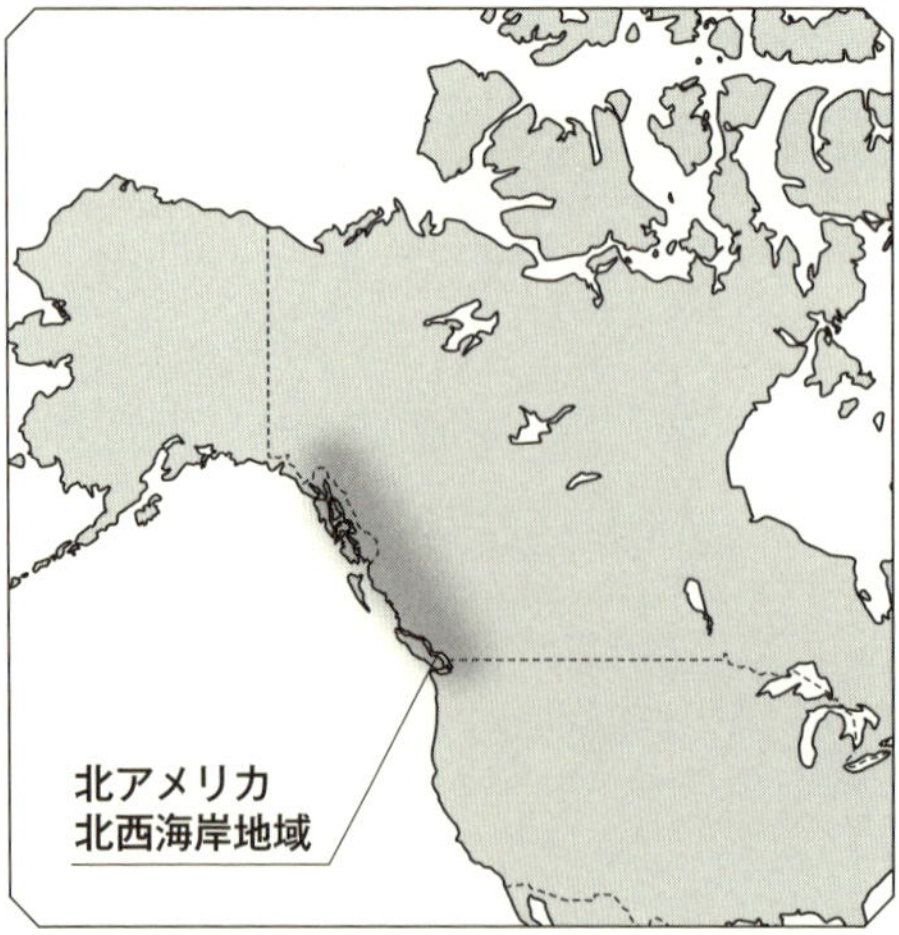

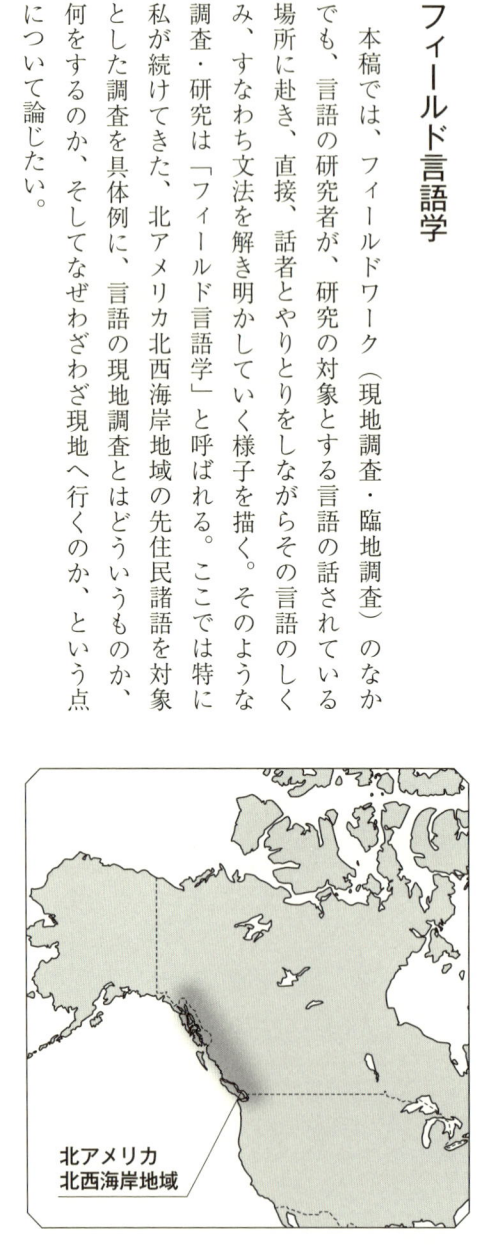

研究者ではないひとや、研究者でも他分野のひとにしばしば問われることは、言語の現地調査では、話者が話したことをただ録音し、それをあとで（帰国後に）書き起こし、分析すれば良いのではないかということである。特に今日の録音技術であれば、研究者がみずから現地に足を運ばずとも、調査対象の言語を話す話者に自分で録音をしてもらい、それを（日本へ）送ってもらうことすらも可能である。しかし実際は、フィールド言語研究者がみずから現地に足を運び、話者と向かい合い、細かいやりとりを通してのみ分かることばかりなのである。

はじめに、ここで「フィールド言語学」と呼ぶ学問分野について説明が必要であろう。言語学と呼ばれる学問は大きく捉えれば、およそ言語に関することはすべてその研究領域に含むため大変に幅が広い。広義の言語学は、社会言語学、心理言語学など、「○○言語学」という名で呼ばれる分野も含む。狭義の言語学には、個別の言語の音と文法を研究すること、それから複数の言語を対象として、言語が変化していく様を対象としたり（歴史言語学・比較言語学）、世界の言語のタイプを研究するもの（言語類型論）などがある。

フィールド言語学では、研究者が、研究対象言語の話されている地域にみずから赴き、その言語の母語話者から直接データを採録し、それを分析し、その分析から文法を書き、辞書を編纂し、原語資料（原語テキスト）を収集・整備する。対象となる言語は、英語、フランス語、スペイン語などの「大言語」ではなく、自ずと、まだ研究が進んでいない言語になる。大言語は多くの場合すでに大部な文法書と辞書がある。もちろんそれでも言語はいずれも複雑であり、常に変化もしているので、研究すべきことは尽きない。一方、研究が進んでいない言語は、文法書も辞書もない方が多く、研究者はまずそれらを作る。

そのような言語は、それを話す話者の数が比較的少ない。数万人単位で話者がいるとすれば、それは比較的大規模な言語である。それよりもたいていは、話者が数百、数千人程度の言語が多い。少数の話者に話されることを指し、「少数言語」と呼ぶことがある。ここでもこの呼び方を使う。

今日の世界的状況から容易に察せられるように、少数言語は大言語に囲まれている。少数言語のみを話す話者は数少なく、大言語との二言語併用が一般的である。若い世代が自分の民族固有の言語を話せる例は減少していき、その地域の大言語のみを話す場合が少なくない。そのような民族では、高齢者の世代のみが民族語を話せる。すなわちその世代がその民族語を話す最後の世代であり、その民族語はその世代とともに消えゆく運命にある。このような言語は消滅の危機に瀕しており、これを「危機言語」と呼ぶ。今日のフィールド言語学は、多くの場合、危機言語を対象とする（危機言語については、たとえば、［エヴァンズ二〇一三］を参照されたい）。

危機言語がなぜ消滅の危機に瀕しているのか、すなわち、若い世代に継承されていないかは、単純な問題ではない。ほとんどの場合、危機言語は少数民族の民族語であり、多くの場合、そのような少数民族は、異なる言語を話す強大な民族により侵略され、征服され、虐げられてきた歴史がある。征服者による同化政策のため、少数民族は自分たちの民族語を話すことを禁じられ、征服者の言語を話すことを強要されるという悲劇が世界各地で起きた。そして少数民族の文化は破壊され、伝統的な暮らしは営めなくなり、強要されることがなくなっても、みずから大言語を話し、同化されていかなくては社会的、政治的、経済的に生きてゆけなくなった。

そのような危機言語を話す話者がまだいる地域に、現地調査に入ること、そしてそのひとたちと付き合い、根気の必要な調査に付き合ってもらい、言語を教えてもらうことは、調査者側にも根気を要求する。少数民族側の部外者に対する警戒心が強いことは少なくない。

しかしその一方で、まだ記述されていない言語、しかも緊急に調査しなければ消滅してしまう言語を、調査し、記録に残すことの意義は大きい。世界の言語は驚くほど多様であり、その多様性は、人間が世界を表現する可能性や、世界を理解する認知能力と深く関係しているはずだと考えられる。消滅してしまいそうなある言語にしか表れない文法現象があるかもしれない。その言語が研究者に知られる前に消えてしまえば、その文法現象は人間言語には存在しない・ありえないということになってしまう。たとえば、パプア・ニューギニアの少数言語には、数詞が六進法からなるものを持つ言語があるが、世界の他の地域ではみつかっていなかった数詞体系であり、これらいくつかの言語が調査され、報告されることがなければ、人間の言語に六進法の体系はないということになっていたであろう（六進法の数詞体系を持つ言語については［Donohue 2008, Evans 2009］参照）。

北アメリカ北西海岸地域

私が調査に入る北アメリカの特に北西海岸地域は、文法的に複雑で多様性に富む先住民言語が数多く密集している。そこは、アメリカ人類学の父とも呼ばれるフランツ・ボアズ（Franz Boas）、そしてその弟子にあたり、言語学に多大な功績を残したエドワード・サピア（Edward Sapir）らが、一九世紀末から二〇世紀初頭にかけて現地調査をおこなった地域である。彼らは、卓越したフィールドワーカーであり、現地調査を通して、言語学の方法論、そしてそれぞれの言語感を養っていった。二〇世紀前半に発展したアメリカ構造主義言語学と呼ばれる言語研究の方法論は、北アメリカ先住民諸語というフィールドによって育まれたと言っても過言ではない。

サピアは最初からアメリカ先住民諸語を研究していたわけではなく、もともとはいわゆるゲルマニストであり、ゲルマン系の言語の歴史を研究していた。その分野で培った厳密な方法論を、文字を持たないアメリカ先住民諸語にも適用した。そこでサピアは、言語の意味の側面ではなく、形式（音形）の側面に強いこだわりを持って、実証的に研究を進めることによって、一〇〇年後の現在でもその価値が薄れない数々の論考を残した。言語研究において、およそ「意味」ほど掴み所のないやっかいなものはない。分析をする者の都合で、いくらでも説明をこじつけられてしまうからである。まずは形式から分析をするというのは今も言語研究の基本である。しかし興味深いことに、サピアは著書『言語』(Sapir 1921) のなかで、しきりと「形(言語形式)への(話者の)感覚」("form-feeling") へも言及している。話者の感覚という掴みどころのないものは、言語の調査・研究ではなるべく避けなければ、分析において何でもありになりかねない。しかし、フィールドワークを通して接するのは言語であるが、それは話者でもある。その話者の言葉の端々に感じられる「感覚」には、後述するように、ときに重要なヒントがある。「感覚」という言葉を出すところに、サピアがフィールドワークを通して、すなわち、話者と対峙して、研究者としての洞察力を鋭敏にしていったことが感じられる。

言語の無意識性

話者は自分の母語に関して、基本的に無意識である。言語以外の文化については、意識に上ることが少なからずある。日本文化に生まれ育ったひとを想定してみると、たとえば、相撲、弓道、茶道、百人一首などについて、外国のひとに説明することはできるであろう。具体的に言えば、相撲の基本的なルールを説明するというのであれば、土俵の外に押し出されるか、身体の足の裏以外の部分が地面についたら負けだというくらいは、特段、相撲に興味がなくとも説明できるであろう。ところが、こと言語となるとそうはいかない。日本語はどんな言語ですか? と訊ねられて答えられるのは、よほどの専門家でなければできないだろう。「○○は」と「○○が」の使い分けの規則を説明することも容易ではない。しかし、話者は母語に関して直感を持っており、「は」と「が」を使い分けられないということはない。これが言語の無意識性と呼ばれる特性であり、文化とひとくちに言っても、しばしば言語と言語以外に分けて考える必要がある理由のひとつである。もちろん言語以外の文化でも、慣習的なものなどは無意識的だと言えよう。しかし、一言語は何万もの要素(たとえば、単語)が絡み合った複雑な体系をなしており、ひとはそれを無意識だが自由に操るという点で、言語には文化の他の側面とは異質な無意識性があると考えられる。

話者は自分の母語に関して無意識なので、フィールド言語学の調査の場において、話者に文法の説明をしてもらうことはできない。説明を求めたとしても、その説明も、その言語を媒介言語に直した訳も、いくらでもこじつけができてしまうので、やはりそれに頼ることはできない。そこで調査者がさまざまな質問をしたり、話者に自由に語ってもらい、それを採録することによって、その言語の資料を集め、そこに現われた語、句、文を分析して、その背後にある規則を探っていくことが必要になる。

話者が母語に関して無意識なのは、文法規則だけではなく、音（発音）の側面についてもいえる。私たち日本語母語話者は、たとえば「ら行」を発音する時、舌がどのように動くかを意識することはない。実際、日本語の細かな観察をおこなってみると、じつは英語のｒとｌのどちらの音も発していることがある。しかし日本語話者はｒとｌのどちらも「ら行」の音と認識する。その一方で、この「ら行」の音が、たとえば「た行」の音と異なることは話者全員の認識が一致する。これは日本語において、ｒとｌの違いは、意味の違いを生み出す音の区別ではなく、その一方で、「ら行」と「た行」の子音の違いは、意味の違いを生みだすためである。すなわち、「ら行」の子音と「た行」の子音は、異なる単語を区別する点において「対立」している。このような音の分析は、言語学の中でも「音韻論」と呼ばれる分野になる。研究のされていない言語を調査する際に、最初におこなわなくてはならないのが、どのような音の対立があるかを分析によって確定していくことである。

サピアは訓練された耳で、話者が発する細かな発音の違いを聞き分け、それを音声記号で書き分けていった。録音機器もなかった時代だったが、私たちが今でもサピアの残した資料を利用して研究できるのは、その表記が正確なものだからである。一方で、サピアは、調査に協力してくれた話者に、その無文字の言語を記号で書くことを教えることを通して、あることに気がつく。それは、その話者が、明らかに異なる音を、同じ音として書くことであった。すなわち、教えられたわけではないにもかかわらず、話者は意味を区別しない（日本語におけるrとlのような）音は同じものとして認識していることに気がついたのである。これが、およそ言語学の初学者であれば、今でも必ず読むべきサピアの論考「音素の心理的実在」（"The psychological reality of phonemes," 1933）になった。これもまさにサピアが現地調査を通して到達した成果のひとつだといえる。

スライアモン語調査

私が研究対象としているのは、スライアモン語と呼ばれる、カナダのバンクーバーから北へ四〇〇キロ程行った先住民の村で話されている言語である。系統的にはセイリッシュ語族に属する二三言語のうちのひとつである。残念ながらこの言語を母語として流暢に話せる話者は、すでにごく数名の高齢者に限られる。私はこの地に毎年通い、話者の方々からスライアモン語を教えてもらってきた。文字がなく、口承で世代から世代へと受け継がれてきた言語である。先行研究は非常に限られたものしかなく、ほぼゼロの状態からの調査であった。

しかし、調査とは名ばかりで、フィールド言語学の初期段階はとても「研究」や「調査」などといえるようなものではない。幼児が言葉を覚えるように、協力してくれる話者に単語をひとつずつ教えてもらい、それをその協力者が認めてくれるまで、こちらから何度も発音する。そしてそれを音声記号で書き留めていく。自分の耳と、書き留めた表記が正確であることを祈りながら、溜まってきた単語を分析し、意味のある音の違いを割り出していく。

そして、ひとつの単語を聞いては、それに関連した単語や文を聞いていく。たとえば、「犬」「猫」「熊」と聞いたら、次にそれぞれがたくさんいたら何と言うか、小さい場合はどう言うかなどと聞いていく。あるいは「歩く」に対し、「私は歩く」「私たちは歩く」「彼は歩いている」「彼は歩いていた」などはそれぞれどう言うかを聞き、話者が返す言葉に、規則性・パターンをみつけていく。

記述のない少数言語の調査で、もうひとつ大切なのは原語テキストの収集である。それは、話者にその言語で自由に語ってもらったものを採録したものである。内容は、神話、民話、宗教的なものなど、その民族の伝統的なものは特に貴重であるが、それに限らず、料理の仕方、日々のこと、何かの作り方、日常会話など、なるべく多岐にわたるものを集めることが重要である。ボアズは一民族を調査する際に、その民族の言語を重視し、その言語の文法書、辞書、テキスト集の三点を整備することが必須だと考えた。アメリカ先住民諸語の研究を中心に発展してきたアメリカの言語学では、この三点セットを揃えることを今でも「ボアズ的伝統」と呼ぶ。テキスト収集が重要なのは、そこに現われる言語こそが、自然なものであるからである。さらに、調査者が媒介言語を通して質問していく方法では、その調査者が思いつくことしか聞き出せないのに対し、テキストには、調査者が予期できない単語や表現、構文などが現われうるためである。

話者とのやりとり

ここで実際に、あるテキストの書き起こしをした調査の様子を再現してみたい。話者との共同作業を通したやりとりがなくては、決して気がつかないことがある点を伝えられるかと思う。

書き起こしをしていたテキストは、すでに他界されたメアリー・ジョージさんが語ってくれた、彼女が幼い頃の思い出話である。彼女は私に二〇年ほどスライアモンの言葉を教えてくださった恩人である。書き起こしは、メアリーさんよりは下の世代だがやはり流暢な話し手であるマリオン・ハリーさんという方とおこなった。

ここでメアリーさんが語ったのは、いかにして寄宿学校を逃れたかという話である。白人社会は、先住民の同化を進めるため、政府とキリスト教宣教師の権力のもと、先住民の幼い子供たちを強制的に親元から引き離し、全寮制の寄宿学校に入れた。そこでは英語の習得と使用が強要され、民族語の使用は一切禁止された。ひと言でも民族語を口にした時には、椅子に縛られて鞭で打たれるなど厳しい体罰が与えられた。この制度は二〇世紀初頭には北アメリカ各地でおこなわれており、地域によっては一九七〇年くらいまで続いた。スライアモンでも現在の最高齢者から五〇代のひとはこの制度の犠牲になっており、民族語が継承されていかなかった最大の理由だと言ってよいだろう。

メアリーさんも寄宿学校に入れられていたはずの世代だった。しかし、スライアモンの村では、寄宿学校で何が起きていたか察した親たちが子供たちをこの学校に取られないようにしたのである。政府の役人が村に子供たちを集めに来る時期になると、村中の子供を集め、小さなボート数隻に乗せて海に出て、カナダ本土近くに点在する小さな島から島へと追っ手があきらめるまで逃げてまわったのである（メアリーさんの世代が民族語を失わなかったのは、この逃走によるものであり、私がスライアモン語を調査できたのも、勇気ある彼女の祖父母、両親や親戚のお陰である）。船に積める食料はごく限られたものだったので、彼らは逃げ回る数カ月の間の多くは、海で魚介類を捕り、陸では鹿などを捕って暮らした。以下のテキストはその時のことを語ってもらったものの断片である。

以下、例（1a〜d）は便宜的に四行としているが、ひと続きのものである。まず、メアリーさんが語るのを録音したものを少しずつ再生してマリオンさんに聞いてもらい、その断片を一音ももらさないように発音してもらう。メアリーさんが自分のペースで自由に語ったテキストは、ときに発音が速すぎて私には聞き取れなかった

（1a）k'ʷuk'ʷuyukʷəm《ククィユクム》　št《シト》
流し釣りしている　私たちが
「私たちは流し釣りしていた。」

（1b）θəθt'ᶿəm　št《シト》
（ジグで）釣りしていた　私たちが
「私たちは（ジグで）釣りしていた。」

（1c）payaʔ《パイイェ》 ʔut《オット》　qəx̣《カハ》　tə《タ》　ms《ムス》　ʔiɬtən《エヒュタン》
いつも　たくさん　その　私たちの　食べ物
「私たちにはいつもたくさん食べ物があった。」

（1d）xʷaʔ-s《ホワス》　saysaǰ'-as《サイサジェス》　tᶿ《ツ》　kʷukʷpaʔ-uɬ《ククパオヒュ》
否定 - 彼の　恐れる - 彼が　私の　祖父 - 過去
「私の亡くなった祖父は恐れていなかった。」
（食べ物がなくて飢えてしまうことを恐れていなかった。）

り、不明瞭であったり、音と音がくっついて違う音のように聞こえることがある。それを、母語話者であるマリオンさんに、ときには同じ箇所を何度も繰り返し再生し、聞き取ってもらい、ゆっくりと発音してもらう。それを私も発音して、私がメアリーさんとマリオンさん両者の発音を正しく聞き取れているかマリオンさんと確認してから、音声記号（発音記号）でノートに書き取っていく。そして、一行ずつ、マリオンさんに英語に訳してもらい、私もその英訳を自分のスライアモン語の知識と照らし合わせながらマリオンさんと確認してノートに書き取っていく。録音時間にして、わずか一分のテキストをこのように丹念に書き起こす作業は、ときに一時間程かかることもある。地味で単調な作業であり、調査する側もそうであるが、調査に付き合う話者もたいへんな根気のいる作業である。よほどの忍耐力のある話者でなければ、この作業には向いていない。

　しかし、フィールド言語学に従事する者にとっては、これこそがもっとも楽しく、知的興奮を感じられる時である。

　さて、そのように作業を進めていたある日、次の箇所を書き起こした。ちなみに、言語学では、原語テキストを提

（2）　xʷaʔ《ホワ》　saysaǰ'-as　tᶿ　kʷukʷpaʔ-uɬ
否定　恐れる-彼が　私の　祖父-過去
「私の（亡くなった）祖父は恐れていなかった。」

示するとき、三行一セットの一行目にその対象言語を構成要素に分析したもの、二行目に一行目の語やそれよりも小さい要素がそれぞれどのような意味や機能を持っているか示したもの（グロスと呼ぶ）、そして三行目に訳（ここでは日本語）を書く（ただしここでは直接関係ない要素に関しては簡略した表記にしてある。音声記号で表わした一行目のスライアモン語には、読者の便を図ってカナでルビを振ったが、もちろん便宜的なものにすぎない）。

この四行目（1d）に来た時、私は手が止まった。というのも、マリオンさんが繰り返してくれた発音では冒頭のxʷaʔ-s《ホワス》という部分に確かにsが聞こえたのだが、まず、これが次の語のsaysaǰ'-as《サイサジエス》の最初のsがくっついて聞こえているだけなのかどうか私には自信がなかった。小さい子供に向かって話しているのでもない限り、一語ずつ区切って発音することはない。一語ずつ休止をおきながら発音してもらい、確認しなければならない。もし私が自分ひとりで録音から書き起こしていたら、間違いなくこのsには気づかずに聞き落としていたことであろう。母語話者とともに、細心の注意を払いながらひとつずつ確認していく必要がここにある。

私がこのsに気がつかなかったであろう原因は、もうひとつある。それは、この構文から考えて、それまでの私の知識では、ここにsという要素はこないはずだったからだ。もしsが付いているとすれば、考えられるのはここのグロスに付けた「彼の」を意味する三人称所有者の接尾辞しかないのだが、この位置には付かないはずなのである。もしここに-sという接尾辞が付いているとしたら、私には説明ができないものであった。この文は

（3）　hi《ヘ》　ga《ガ》　ʔə《ア》　x^{w}《フ》　x^{w}aʔ-s《ホワス》　saysa ǰ'-as《サイサジェス》
それが　弱め　分裂構文　名詞節化　否定 - 彼の　恐れる - 彼が

$t^{θ}$《ツ》　$k^{w}uk^{w}$paʔ-uɬ《クックパオヒュ》
私の　祖父 - 過去
「それが私の（亡くなった）祖父が恐れていなかった理由だ」

（2）のように問題のｓが最初の語についていないのが「正しい」はずであった。

実際にマリオンさんにｓなしのこの文を確認してみると、こちらも良いとの返事。でも物語のなかでメアリーさんはx^{w}aʔ-s《ホワス》と言っている。何故だろう。何度も何度も繰り返しマリオンさんに確認したが、返事は同じであった。x^{w}aʔ《ホワ》でもよいが、ここではx^{w}aʔ-s《ホワス》と言っている。私にはいくら考えても謎であった。考え込んでしまった私は、ほとんど無意識に「何故ここではx^{w}aʔ-s《ホワス》と言っているのだろう…」と聞くとはなしにつぶやいていた。それに対してマリオンさんはすぐに、「それはメアリーさんはあなたに物語を語っていたからよ」と反応した。普通はx^{w}aʔ《ホワ》なのに、物語のなかではｓが付いてx^{w}aʔ-s《ホワス》となる。私はますます混乱した。当時すでに二〇年近くこの言語を調査していたのに、このｓは、私がはじめて遭遇する知らない接尾辞なのだろうか？　それも正直言って信じがたかった。

マリオンさんとの押し問答が三〇分程も続いたあとだろうか、何のあてもなかったが、この文のx^{w}aʔ-s《ホワス》の前に何か付くべきものがないか聞いてみた。すると間髪入れず、「そうね、こういうふうにも言えるわね」と、（3）の文を言ってくれた。

文の構造が入り組んでいるようにみえるかと思うが、これはいわゆる分裂構文の一種である。英語では、"That is why my grandfather was not afraid." と訳せる。若干単純化すると、最初のhiが「〇〇が××である」の意味、gaは表現を和らげる小詞、

ʔəが、この文が分裂構文であることを示す。x^wはその後ろの文（節）を名詞とする。つまりこのx^wがあることによって、その後ろの節は、「私の亡くなった祖父が恐れていなかったこと・いなかったの（は）」となる。後ろの文はこれで名詞として扱われるので、否定を表わす最初の語x^waʔに付く主語を表わす標識は所有者接尾辞（「彼の」）となる。字義通りに訳すと、「私の亡くなった祖父が、彼の恐れていなかったのは、それである」となるが、実際は「それが理由である」を意味する、理由を表わす構文である。文法上は、łi:が主節にあたり、「私の亡くなった祖父が恐れていなかったこと」は従属節にあたる。

文法的には「完全」なこの文（３）を、テキストで実際に現われた文（１d）と比べてみると、後者では、前者の前半部分がごっそり無くなっていることが分かる。しかし、問題の-sは付いたままである。分かってきたような気もしたが、何か釈然としない。例（３）の文ではなく、それをかなり削った例（１d）にしているが、それではなぜいっそ-sも付いていない例（２）の文を言わなかったのであろうか。マリオンさんは相変わらず、「物語を語っているからメアリーさんは-sを付けたのよ」と繰り返していた。

ここで、分かりやすくするために、日本語訳で考えてみる。実際に使われた例（１d）の替わりに例（２）の文を入れてみる。そうすると、「私たちは流し釣りしていた。私たちは（ジグ）釣りをしていた。私たちにはいつもたくさん食べ物があった。私の亡くなった祖父は恐れていなかった。」となる。四つの文から構成されているが、全体がぶつぶつと切れている感じで、つながりが感じられない。一方で、例（１d）の替わりに例（３）を入れてみると、「私たちは流し釣りしていた。私たちは（ジグ）釣りをしていた。私たちにはいつもたくさん食べ物があった。それが私の祖父が恐れていなかった理由だ。」となる。最後の文はこの話の流れの中では重要な内容ではなく、付け足された情報であるが、その割に（３）を使うと、文が長く、重たいのかもしれない。そう考えていくと、例（１d）の文だと、例（３）の「それが私の祖父が恐れていなかった理由だ」に比べて短くなっているが、-sが付いていることから、例（3）の文を含意しているのではないだろうかということに気がついた。それは、この文を聞いたマリオンさんが、-sがあることを聞いただけで、容易に例（3）の文へと、言わば「再構築」できたことから言えそうである。それを踏まえて訳してみると、「私たちは流し釣りしていた。私たちは（ジグ）釣りをしていた。私たちにはいつもたくさん食べ物があった。なので、私の亡くなった祖父は恐れていなかった。」とでもなろうか。確かに、スライアモン語は、「なので」とか「だから」などの接続詞に乏しい（あるのはʔiy《イー》「〜と〜、そして〜」くらいである）。それが、この-sを付けるだけで、文と文につながりが生まれるのではないだろうか。ここで語り手のメアリーさんは、孤立した文をひとつずつ言っていたのではない。物語のなかで文がつながっていっているのだ。そこで私の口から思わずこぼれた。

「そうか、物語を語っているから、ここに-sを付けたのだ！」

それを聞いてマリオンさんは呆れた様子で、「だから私がさっきからずっとそう言っているじゃないの」と言った。確かにその通りであった。

その後、このような三人称所有接尾辞-sの現われ方について、それまですでに収集し、同じように書き起こしを済ませてあったテキストを調べてみた。すると、数は確かに少ないものの、それまでにも同じ現象が現われていたことが分かった。ノートには、疑問符が付してあるものもあり、私が何か引っかかったことを示すものもあった。しかし、結局その時はそれ以上追究することもなかったのだ。特に、調査地から帰国してからデータを分析している時に気がついた場合は、疑問符を付すことくらいしかできなかったのである（話者との調査の様子については［渡辺二〇〇九］も参照されたい）。

より広範な研究へ

さて、マリオンさんとのやりとりを通して、私にとっては新しいことに気がつけたわけであるが、それでもまだ釈然としない点があった。うえで述べたが、字義通りに訳すと「私の亡くなった祖父が、彼の恐れていなかったのは、それである」となる文の主節は「それである」にあたる部分（スライアモン語 hî）である。「私の亡くなった祖父が、彼の恐れていなかったの（は）」という部分は従属節である（英文法を思い起こしてみれば、“That is why my grandfather was not afraid”であり、主節であるのは“That is”の部分で、あとの部分は that 節や if 節などのような従属節である）。文にとって主要なのは主節である。ところが、書き起こしていた問題箇所は、文の構造上、主節がなく、従属節のみとなっている。従属節というのは、そもそもそれだけで独立しては使えないものというのが定義である。このスライアモン語はそれとは矛盾している。やはり釈然としなかったが、当面は、主節が「省略」されて従属節だけとなった不完全で断片的な「文」だと考えることにした。

頭の片隅にこのテキストのことを置いたまま、しばらくは他のことを研究していたある時、大阪の国立民族学博物館での研究会に参加した。研究発表者のなかに、オーストラリア国立大学のニコラス・エヴァンズ教授がいた。面識はなかったのだが、著名な言語学者なので名前は知っていた。エヴァンズ氏が発表を始めた。「世界のさまざまな言語で、私が“insubordination”（非従属、反抗）と呼ぶ現象がみられる。それは、従属節が主節なしで現われる現象であり、非常に多くみられるにも関わらず、何故かこれまであまり研究されてこなかった」。そして、エヴァンズ氏はさまざまな言語から例を引いて分析をしていった。その話を聞きながら、私の頭のなかでは何年も前に録音したメアリーさんの声と、根気強く相手をしてくれたマリオンさんの説明と、エヴァンズ氏の話がつながっていくのが感じられた。

エヴァンズ氏が示したように、気がついてみれば、従属節が主節なしで使われることは多くの言語にある。たとえば英語で、レストランに入った時など、ウエイターに"If you follow me"と言われ、席に案内される。これは「こちらにどうぞ」の意味であるが、字義通りに訳せば、「もしあなたが私の後をついてきたら」である。これは「もし○○ならば、××である」という文の「もし○○ならば」という従属節の部分である。「もしあなたが私の後をついてきたら、お席まで案内します」というのが主節部分まで含めた文であろう。しかし、その主節部分はまず絶対に言わない。そしてそれを言わないことによって、この場合、"Follow me!"(「私の後をついてきなさい」)など直接的な表現よりも、丁寧な表現になっている(エヴァンズ氏の論考としては[Evans 2007]がある)。

日本語でもこの現象は頻繁に現われる。たとえば、「もう疲れちゃって」「じゃあ休めば?」というやりとりは、どちらも文法的には従属節のみから成っている。主節を推測してみると何通りか考えられる。たとえば、「もう疲れちゃって、休みたい/横になりたい/寝たい」「じゃあ休めば、いいんじゃない?/楽になるんじゃない?」などである。従属節のみの言い方は「言いさし」と呼ばれている。日本語ではむしろ言いさしの方が、主節を使って言い切ることよりも多いかもしれない。興味深いのは、「もう疲れちゃって」「じゃあ休めば?」というようなやりとりをしているなかで、私たち日本語話者には、特に何かを省略している感覚がないことである。言わばこれらの言いさしは、それだけで(すなわち従属節だけで)完全な文となっている(日本語のこの現象に関する研究には、たとえば[白川 二〇〇九]がある)。

このエヴァンズ氏は、今までにオーストラリアとパプア・ニューギニアの言語の調査をし、文法書をまとめてきた卓越したフィールドワーカーである。後に直接聞いたことであるが、彼が最初に調査したカヤディルト語で、言いさしの現象に気がついたのもフィールドであったとのことである。その日の調査を終えた夜の浜辺で、話者たちが話しているのを聞いていると、主節がない従属節だけでやりとりをしていた。それが何故だろうかと考えるところから、このテーマに関する彼の研究は始まっていた。

エヴァンズ氏とは、大阪でのこの研究会がきっかけとなり、研究上の交流が始まった。そして二〇一二年には、ふたりの共同の企画立案による、「言いさし・insubordination」現象をテーマとした国際シンポジウムを東京外国語大学アジア・アフリカ言語文化研究所で開催した。四日間にわたり、一八組の研究発表があり、海外からも多くの研究者が参加しておこなわれた。

このように、フィールドで気がついた小さなことが——私の調査にみた、そこにsがあるかないかといったことが——大規模なシンポジウムにまで発展することすらあるのだ。

研究のヒントを求めて

国際シンポジウムにまで発展したこの研究は、テキスト書き起こしの中で出てきた、ひとつの構文に関するマリオンさんとのやりとりから始まったものである。研究のヒントやきっかけは、ほんの些細なところにある。その些細なことに気がつけるかどうかが研究が前へ進む鍵、あるいは新しい研究へとつながる鍵となるのであろう。そして、フィールド言語学に携わる者にとって、その些細なところに一番気がつけるのは、現地調査において、その言語の話者とやりとりをしている時である。話者は母語の文法規則については無意識である。しかし、意識に上って来なくとも、話者が洩らす言葉の端々に、その言語に対する母語話者ならではの感覚がみて取れることがある。話者とのやりとりは、ときにまどろっこしく、時間ばかりかかり、遠回りをしている気にさせられることもある。それでも、フィールド言語学に携わる研究者は、話者のその感覚に触れることを大切なことだと考える。そして、そのためにフィールドにみずから足を運び続けるのである。

【参考文献】

Donohue, Mark. "Complexities with restricted numeral systems," *Linguistic Typology* 12, 2008, pp. 423-429.

Evans, Nicholas. "Insubordination and its uses," Nikolaeva, Irina (ed.), *Finiteness: Theoretical and Empirical Foundations*, Oxford: Oxford University Press, 2007.

――. "Two *pus* one makes thirteen: Senary numerals in the Morehead-Maro region," *Linguistic Typology* 13, 2009, pp. 321-335.

エヴァンズ、ニコラス『危機言語――言語の消滅でわれわれは何を失うのか』大西正幸・長田俊樹・森若葉訳、京都大学学術出版会、二〇一三年。

Sapir, Edward. *Language*, Harcourt Brace Javanovich, 1921.

――. "The psychological reality of phonemes," 1933. オリジナルは *Journal de Psychologie Normale et Pathologique* 掲載のフランス語。英語版は David G. Mandelbaum (ed.), *Selected Writings of Edward Sapir*, Berkeley: University of California Press, 1985, pp. 46-60 所収。

白川博之『「言いさし文」の研究』くろしお出版、二〇〇九年。

渡辺己「〈私のフィールドノートから〉スライアモン・セイリッシュ語」『月刊言語』三八（三）、二〇〇九年、八八〜九二頁。

第3章

国境地帯をウォッチする

――辺境から国家関係を考える――

栗原浩英

Hirohide Kurihara

中国と向き合う

日本とベトナムはいずれも中国の周辺に位置し、中国文明を受容してきた点で共通している。陸続きか否かという違いはあるが、いかなる状況の下でも中国と向き合わなければならないのは両国の背負った共通の宿命であるといえよう。二〇一五年二月現在、尖閣諸島領有や中国のいう歴史認識をめぐって日中両国首脳間の交流は停滞している。ベトナムは一九九一年の対中関係正常化以降、順調に中国との関係を発展させてきたが、二〇一四年五月から七月にかけて領有権に関する両国の主張に隔たりある海域（南シナ海）で中国が石油掘削作業を強行した

ことから、ベトナムが反発し、両国の艦船が対峙する事態となった。中国指導部の独善的ともいえる言動をみると、相互信頼に基づく良好な国家関係を築くことは可能なのかと問わざるをえない。私はベトナムから、中国との付き合い方に関する豊富な歴史的経験を学び、中国に対する理解を深めるとともに日中関係の発展にもそれを生かせないかと考えてきたが、まさにその研究姿勢が問われるような状況になってきている。

私自身は歴史研究者であり、一九三〇年代以降のベトナムにおける共産主義運動の展開を主たる研究テーマとしてきたが、前述した問題関心から地域研究あるいは現状分析に属するテーマも手がけるようになり、今日に至っている。文化人類学のように「現場」に飛び込んでいって諸問題を考察する学問と異なり、歴史学のように過去の事件を研究する学問はフィールドワークとは無縁だと考えている人も少なくないのではないだろうか。確かに史料の解析は、歴史研究の基礎を構成しているが、かといって文書館や研究室にこもっていればよいという話にはならない。フィールドワークを必要とするいくつかのケースがある。史料は必ずしも文字で書かれたものが残っているとは限らない。文字史料がない場合、現地に出向いて口承による資料などを収集する必要が出てくるだろう。また、私のように比較的新しい歴史を研究していると、事件の当事者や史料の作成者が生存している場合があり、インタビューを通じて当時の環境を知り得たり、研究にとって有益な示唆を得たりすることができる。さらに、地域研究あるいは現状分析の領域に属する課題の探究に関して、たとえば、ベトナム・中国関係がどこから来てどこへ向かおうとしているのかという問題について、歴史的な事件の積み重ねという視点でアプローチする際には、史料と現場での情報収集を併用する形で調査研究を進めるのが基本となる。

本文では、上記のうち特に地域研究や現状分析に関わるケースに関して、私が一九九六年以降継続的に実施してきたベトナム・中国国境地帯での「短期集中」型ともいうべきフィールドワークをとりあげ、そこで得られた教訓を紹介しながら、調査内容や方法よりも研究の中でフィールドワークのもつ効用について述べることにしたい。

国境地帯に対する関心の芽生え

日本は他国と陸上国境で接していないため、日本にいる限り国境越えの妙味を体験することはできない。国境線を超えた途端に、異なる制服を着て、別の言葉を話す係官が現れるとともに、掲示板の文字までが変わってしまうというあの感覚は、航空機による出入国では決して味わうことのできないものである。私自身、そのような感覚を体得するようになったのは、ベトナムと中国の陸上国境を第三国の人間が徒歩や列車で通過できるようになった一九九八年以降のことであるが、国境に対する関心はそれ以前から徐々に形成されてきていた。顧みると、ベトナム北部ランソン省との接点が重要であったと思う。

ランソン省は中国と接し、陸路と鉄道によりベトナムと中国をつなぐ重要な回廊の結節部分となっている。一九七九年二月の中越戦争の時、省都ランソン市は「自衛反撃」の名による中国軍の侵攻にあい、戦場と化した。一九八五年一二月

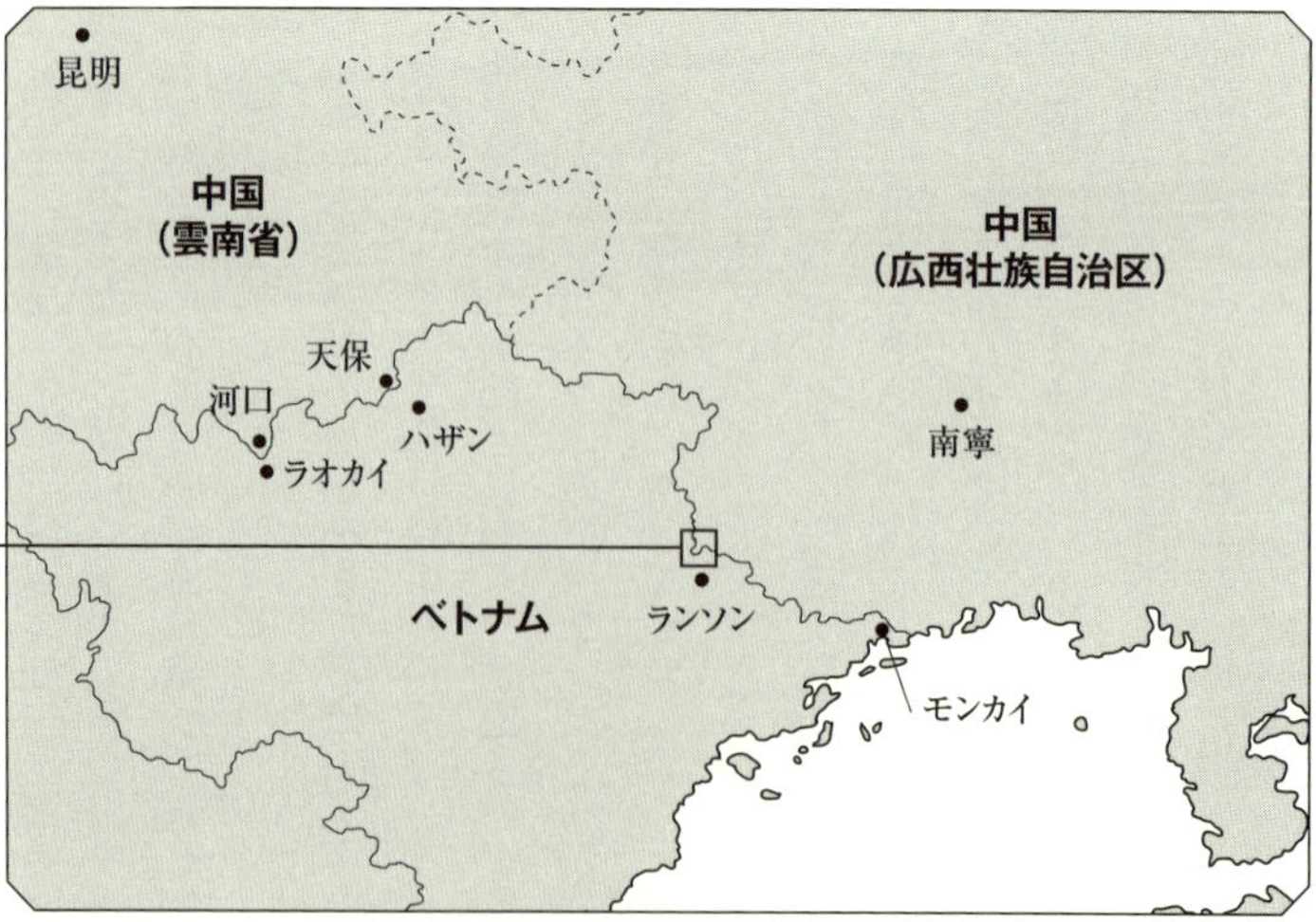

ランソン省はベトナムと中国をつなぐ結節部分(拡大図は左頁)

からハノイ総合大学（当時）に語学研修のため留学した私は、ハノイから一五〇キロしか離れていないランソン市の現状をぜひとも知りたいと思い、大学に何度もランソン市訪問の申請をしたが、「生命の安全が保証できない」という理由でなかなか認められなかった。当時は私のような外国人がハノイを離れる場合は、「通行許可証」を事前に公安（治安警察）から取得しなければならなかったうえに、ベトナム人の同伴者が必要だった。それに中越戦争といっても、最近は「中越十年戦争」（石井明）ともよばれるように、一九七九年二月から三月にかけての一カ月で終結したわけではない。その後も国境の山岳地帯で断続的に戦闘が発生し、前年の一九八四年にもヴィスエン（ハザン省）と麻栗坡（雲南省）との境界にある山岳地帯（中国名・老山／ベトナム名・一五〇九峰）で激戦があったため、ランソン市訪問に許可が下りなかったのも無理からぬことであったかもしれない。

ランソン省周辺

そのような中、期せずして日帰りという条件付でランソン市訪問が許可されたのは、私が帰国の準備をしていた一九八七年三月のことであった。大学の寄宿舎を朝六時半に出発し、国道1A号線を一路ランソン市に向かった。国道といっても自動車がようやくすれ違えるほどの広さしかなく、穴だらけであった。ソ連製のジープに似た車両（UAZ）に乗り、ランソン市に到着したのが一一時頃であった。私がはじめて目にしたのは、戦争から

ランソン市中心部(1987年3月)

八年の歳月が流れていたにもかかわらず、復興もままならないランソン市の姿であった。ようやく橋梁や学校の再建は始まっていたものの、市の中心部には人家がまばらで、その家々の壁には弾痕が生々しかった。

ランソン市で私たちを迎えてくれたのは省対外局の局長であったが、その談話は私に深い印象を残した。局長は中国の挑発行為を非難する一方で、①一九八五年、八六年から武力挑発の回数は減り、最近は攻撃してくることもなくなったこと、②中国は経済面での破壊を進めていることを強調した。特に「経済面での破壊」に関しては、具体例として中国人が魔法瓶や布を売りに来たり、ベトナム産のタバコを高値で買い付けたりしていることを挙げ、中国は商売を通じて「手先」を育成しているばかりでなく、「別働隊、スパイ、スピーカー、ビラ」を利用した宣伝活動も活発化させていると非難していた。

この時、局長の談話を聞きながら、私はなぜベトナムの公安は中国による「経済面での破壊」を阻止しないのか、公安の実力をもってすればそのくらいのことはできるのではないかと奇異に感じたのを覚えている。「経済面での破壊」活動の現場を目撃したわけではないが、局長の話の内容から、私には国境地帯で住民間の交易が再開されていて、それを両国の地方当局が黙認している状況を容易に想像することができた。もしかするとベトナムと中国は関係正常化に向かうかもしれないという淡い期待を抱いてランソン市を後にしたのであった。実はかなり後になって、ベトナム共産党書記局が一九八八年一一月一九日付で国境地帯住民の中国側への往来を是認する通知を発していたことを知った。

一九九〇年になるとハノイからランソン市に出かけるのは非常に容易になり、同年一〇月に再訪した時には市内に中国産品（日用品、リンゴ、自転車、ビールなど）が大量に流入しているのを目の当たりにした。商売にとどまらず、政治や文化面での人間の交流も再開されつつあった。私の乗った自動車がランソン市に近づいた地点で、南寧から友誼関・ランソン経由でハノイへと戻るヴォー・グエン・ザップ将軍の車列とすれ違った。ディエンビエンフーの戦い（一九五四年）やベトナム戦争（一九六五年〜七五年）の時の指導者として有名なザップ将軍は高齢にもかかわらず、九月に南寧経由で北京に至り、アジア・オリンピック大会に参列したのであった。ベトナムと中国が関係正常化を果たしたのは翌一九九一年のことであった。なお、二〇〇〇年になって公表された事実だが、私のランソン市再訪のわずか前、一九九〇年九月にベトナム共産党書記長グエン・ヴァン・リンは中国共産党総書記江沢民と対中関係正常化に向けた協議に臨むべく、秘密裏に成都を訪問していたのである。

このように一九八七年のランソン省対外局長の談話から一九九一年の関係正常化までの経過を、後になって公表された文書や事実も含めて考察すると、国境地帯の動向が国家関係の変化を先取りしていることがわかる。それは決してベトナム共産党の機関紙等からは把握することはできない。もちろん、一九八七年三月の時点では国境地帯住民間の交易の現場に立ち会わせてもらったわけではなく、間接的な情報から判断したにすぎないが、それでも対外局長の談話内容は貴重であったし、ランソンに行かなければそれを得ることができなかったのは明ら

ランソン市に流入する中国製品（1990年10月）

かである。

また、その後、私の勉強が進むと、国家関係と国境地帯の動向との相関性は一九五〇年代から六〇年代にかけて作成された中国の外交文書からも読み取ることができるようになった。中国とベトナムの国境地帯でも、密輸、狩猟（ベトナム側の住民が獲物を追って中国領に入ってしまったというようなケース）、越境耕作、国境河川での懸案（爆薬を使用した魚類の捕獲）、国境にある土地の帰属をめぐる紛争などさまざまな「事件」が恒常的に発生していた。しかしながら、中央政府間関係が良好であった時期に、国境線が未画定の状態であっても、これらの事件が国家関係の悪化につながるということはなかった。逆に、ベトナムの南北統一後、中国との国家関係が悪化すると、「ここ数年ベトナム側の態度の変化によって、国境をめぐる紛争は増加し続け、国境問題は中越関係においてかなり際立った問題となった」（李先念副首相とファム・ヴァン・ドン首相の会談備忘録、一九七七年六月一〇日）という中国側の見解が端的に示すように、それは途端に国境地帯に跳ね返ることとなった。

国境地帯に足を踏み入れる

ベトナムは中国のみならず、ラオス・カンボジア両国とも隣接している。その中で、特に中国との国境地帯に惹かれたのは、それが私の研究テーマの延長線上に位置するからであった。雲南や広西・広東はホー・チ・ミンが活動拠点としていた地域で、ベトナム共産党の来歴を知る上で重要であるばかりでなく、ベトナム民主共和国成立後もいわばその後方支援基地としての役割を果たしてきた。その国境地帯に集中的に足を踏み入れることができたのは、一九九六年一二月になってから、しかも中国側からのことであった。このはじめての中国訪問において、私は北京・広州・南寧・昆明各地で中国の著名なベトナム研究者に会ったほか、南寧と昆明を拠点にベトナムとの国境地帯の現状を把握すべく調査旅行に出かけた。それは同時に、国境が一体どういうものか目の当たりにすることができた最初の機会ともなった。

この時、非常に驚いたのは中国側の開放度の高さであり、国境ゲートへのアクセスがいとも容易であったことだ。友誼関（広西）・河口（雲南）といった代表的なゲートに加え、浦寨・弄懐（いずれも広西）、老卡（雲南）などの「辺民互市貿易点」（国境地帯住民間の交易地点）まで視察することができた。おそらく、同時期にベトナム側から同一の地点にアクセスするには、いくつものステップを踏まなければならず困難であったろう。当時、両国間で国境線は未画定の状態であったが、私は中国の税関職員のサポートを受けながら友誼関の出入国検問所の前を素通りして、明らかにベトナム側の検問所の直前のベトナム領と思われる地点に立つことができたのであった。

また、弄懐では、はじめて国境地帯における交易の場をみることができ、その熱気に圧倒された。人間が一人しか通れないような岩の間を天秤棒で荷物を担いでベトナム側のコックナムとの間を往復する人々の列を目の当たりにした。その一方で弄懐とコックナムをつなぐ狭隘な正規の通路を迂回し、たくさんの荷物を担いで岩山を登り、非正規ルートでベトナム側に入っていく人々もいた。それは日々を懸命に生きようとしている人々の姿でもあった。

その後、一九九八年に入ると、ベトナムに中国経由で鉄道を含めた陸路による出入国が可能となるなど、ベトナム側からも国境地帯へのアクセスが可能となった。こうした状況の変化を受けて、一九九九年から二〇〇六年にかけて、ベトナムと中国の国境地帯を対象とした二つの共同研究に参加し、両国の地方政府官員へのインタビューを通じて、この地域の諸課題や将来に向けた発展の可能性を集中的に調査する機会を得た。要するに、国境の両側でフィールドワークを展開したことになるが、フィールドワークを重視した理由は、両国関係に関する公式な文書が共同声明や協定など、基本方針や原則をのべたものしかなく、実際にどのように具体化されているのかが把握できなかったからである。

たとえば、一九九一年の関係正常化時の共同声明には、「双方は、引き続き必要な措置を講じ、両国国境地帯の平和と治安を維持し、両国の国境地帯住民が伝統的な友好往来を回復・発展させるのを奨励し、中越国境を平和と友好の国境とする」としか述べられておらず、その具体化の方法に関する指示や文書がどこにあるのかがわからない状態であった。その中で、地方政府の官員を対象にしたインタビューを通じて、情報を収集したり、資料やデータを可能な範囲で提供してもらうのは極めて有効な調査方法であるといえよう。そして、当時の時代環境もそれを後押ししてくれた。中国では江沢民総書記の在任時代には、日本の研究者が地方政府（省・州・県・鎮）のスタッフに面会することが可能であった。雲南の国境地帯ではアポイントをとらずにいきなり関連部署を訪問しても歓待してくれ、今から思うと信じられないような時代であった。ベトナムでは現在でも手続きを踏めば、私のような外国人研究者でも地方政府の幹部に面会することは可能であるが、中国では行政幹部との面会は絶望的な状態にある。

一九九九年から二〇〇六年にかけての調査を通じて私が得た知見は、中国側（雲南・広西）が自国地域のみならず国境線の対岸地域、すなわちベトナム側をも包摂する形で、国境地帯の発展を構想しようとする発想が強いのに対し、ベトナムの国境地帯各省は、中国側との協力は否定しないものの、基本的には中央政府の意向を受けて自国内の特殊な――他国と隣接した――僻地の発展問題と位置付けているというものであった。そのため、二〇〇四年に「二回廊一経済圏」が両国間の国家級プロジェクト（両国が協力して昆明―ラオカイ―ハノイ―ハイフォン及び南寧―ランソン―ハノイ―ハイフォンの二経済回廊ならびに環トンキン湾経済圏の発展をめざす）として両国首相によって合意されたのは、ベトナム側にとっては大胆な戦略の転換を意味するものだった。この頃になると、政府の文書もウェブにアップされるようになり、資料の入手も容易になったが、「実際のところどうなのか」、「どう具体化するのか」といった疑問点は依然として解消されないままであったため、二〇〇八年度から二〇一一年度にかけて新たに共同研究を組織して、「二回廊一経済圏」の進展状況のフォローにあたった。その結果、若干の変化はみられるものの、国境地帯の位置づけをめぐる両国の考え方の違いは基本的に解消されないまま今日に至っているというのが私の見解である。

さて、一九九八年以降のフィールドワークを通じて、一貫して私の頭から離れない問いかけがある。それは日本人がはるばるとベトナムと中国の山奥まで来て何をするのか、なぜ他の国ではいけないのかということである。こうした問いを意識するようになったのは国境ゲートについての知見が深まってからのことである。国境ゲートや通路には等級があり、中国人・ベトナム人以外の第三国の人間が通行可能なゲート（国際ゲート［ベトナム］／国家一類ゲート［中国］）もあれば、両国の人間しか通行できないところもある（正規ゲート・副次ゲート・

国境線にさしかかる中国のトレーラー（友誼関／ヒューギ・ゲート、2012年9月）

国境通路［ベトナム］／国家二類ゲート・互市貿易点［中国］）。特に後者のゲートや通路に至った時は、大きな疎外感を覚えるとともに、前述した問いかけへの回答を用意する必要性を強く感じた。実のところ、現地でそのような質問を受けた記憶はないが、フィールドワークの目的を説明する際に自発的に言及すべきだと考え、最初のうちは「日本には陸上国境がないので、平和で安定した中越国境を事例にして、陸上国境があるとどのような利点や課題があるのか知りたい」という説明をしていた。

その後二一世紀に入り、日本と中国の間でさまざまな局面で対立が表面化すると、私の問題関心は両国が海で隔てられているのは、お互いに相手の主観的なイメージを助長するだけで極めて不幸なことではないか、その打開を図るにはどうすればよいかという方向に移っていった。そのためフィールドワークに際しては「日中関係打開のためにベトナムの経験をぜひとも学びたいし、中国の周辺国で情報が入手可能なのはベトナムを措いてはない」ということを強調するようになった。そして、ベトナム・中国関係においては、特に隣接する地方政府間の恒常的なコミュニケーションが平和と安定に不可欠な役割を果たしているのではないかとの結論に到達している。日本の場合は、日中関係といってもほとんどが中央政府間のマターになってしまうのが、ベトナムとの大きな差異であろう。

少しでも条件があればフィールドワークに出かけるべし

私のように諸般の事情から、海外の調査対象地（フィールド）に長期滞在しながら調査研究にあたることのできない人間にとっては、フィールドワークも「短期集中」型にならざるをえないが、私は実施の可否にあたって「今海外になど出かけていていいのか。日本に留まって他にやるべき重要な課題がいくつもあるのではないか」という自分自身の内側から聞こえてくる「声」と格闘している。これは決して幻聴ではなく、習慣化した自問自答あるいは「内からの問いかけ」である。この「声」を押し切ったこともあれば、「声」に従って断念したこともあるが、今になってつくづく思うのは、もしフィールドワークに出かけるための条件が少しでもあるのであれば、できる限り早めに実行した方が絶対によいということだ。ここではみずからの経験に即して、一つの事例を紹介したい。

私は一九九八年に前述した「声」との格闘の結果、昆明・ハノイ間を結ぶ国際鉄道列車への搭乗を敢行した。それがフィールドワークの名に値するのかと批判されるかもしれないが、ハノイ・昆明間、ハノイ・南寧間などベトナムと中国を結ぶ主要な回廊をバスや鉄道を使って実走することは、両国間の結びつきの度合を把握する上で極めて重要であり、いまや私にとっては条件が許す限り何度でも実行すべき人生のフィールドワークとなっている。さて、話を元に戻すと、一九九七年に入って一九七八年以来中断状態にあった昆明・ハノイ間での国際列車の運行が再開されていた。一九九八年に入り、私は中国人・ベトナム人の他、第三国の人間でも四地点（ラオカイ・ヒューギ・ドンダン・モンカイ）から陸路でベトナムに入国することが可能となったことを確認した。中越国境地帯に関して「危険・閉鎖」という暗いイメージしかもっていなかった私にとって、そこからベトナムに入国できるということは夢のような話であった。前述したように、一九九六年には中国側からベトナムとの国境地帯に足を踏み入れたものの、その先ベトナムに入国することはできなかった。さらに信じ難かったのは、中国国鉄の列車が国境を越えてベトナム領内に三〇〇キロ近くも進入するということであった。以上の点で、昆明・ハノイを結ぶ国際列車は私の関心を大きく惹きつけた。

　結局、最終的には国際列車に搭乗すべきだという決断が私の内なる「声」に勝って、一九九八年三月に決行の運びとなった。中国では滇越《てんえつ》鉄道とよばれる、この雲南とベトナム北部を結ぶ鉄道は、もともと、インドシナを植民地として統治していたフランスが、雲南と海（トンキン湾）を結ぶ最短ルートとして建設したものであり、一九一〇年一月に昆明・ハイフォン間全線（八四八キロ）が開通している。軌間一〇〇〇ミリ（狭軌）で一貫しているため、国境で列車を乗り換える必要がないのが利点である。昆明・ハノイ間の国際列車は週二往復便運行され、昆明・ハノイ間七六〇キロを約三〇時間かけて結んでいた。所要時間には、中国側国境の河口駅での九〇分、ベトナム側国境のラオカイ駅での二時間に及ぶ出入国検査のための停車時間も含まれる。

　その運行形態は一九九八年三月の時点で次の通りであった。中国国鉄に所属する車両と乗務員は、毎週金曜日の午後に昆明北駅を出発し、土曜日の晩にハノイ駅に到着する。そして日曜日の晩にハノイ駅から折り返し、火曜日の早朝昆明北駅に戻る。一方、ベトナム国鉄に所属する車両と乗務員は、毎週金曜日の晩にハノイ駅を出発し、日曜日の早朝昆明北駅に到着する。その日の午後には昆明北駅から折り返し、月曜日の晩ハノイ駅に戻る。

　私は三月六日（金曜日）一四時四五分（中国時間）に昆明北駅を出発する中国国鉄の客車に搭乗した。国際列

国境線にかかる滇越鉄道大橋（河口・ラオカイ間、2004年2月）

車は定員二〇名の寝台車三両から成っていたが、国境を超えたのは一〇名にも満たなかった。中国からの出国地点となる河口駅ではパスポートに出国の印が押されただけで、手荷物検査などは一切なかった。他方、ベトナムへの入国地点となるラオカイ駅ではベトナムの係官による入念な検査が行われ、スーツケースの中身を徹底的に調べられた。係員が私の携帯していた『日中辞典』を上下逆さまに眺めていたのをよく覚えている。ただ、河口・ラオカイ両駅ではいずれも係官が客車に乗り込んできて検査にあたったため、こちらが車外に出る必要は一切なかった点では共通していた。

列車は三月七日（土曜日）二〇時二〇分、定刻にハノイ駅に到着し、国際列車搭乗の旅は終わったが、この国際列車は二〇〇三年に入り、中国側が雲南領内の滇越鉄道（昆河線）での客車の運行を安全上の理由から停止したため、姿を消したまま今日に至っている。もし、一九九八年に私が内なる「声」に負けたり、「いつでも乗れる」などと安易に考えたりして、搭乗を後回しにしていたら、国際列車搭乗の機会は永遠に失われていたことであろう。私自身、搭乗していなかったら、研究にどのような影響があったのかとよく考える。列車の時刻表や運行形態は公刊された資料から把握することができたかもしれない。しかし、昆明・ハノイ間の三〇時間の流れ方、乗り心地・利便性、鉄道による出入国検査の方法、両国の係官の対応や質問内容などの点は、実体験しない限り把握することができず、ひいては国際列車に関する総体的なイメージの形成も困難となったことだろう。このように、フィールドワークには実体験を通じて、交通手段であれ、地域の形勢であれ、みずからの研究対象の構成部分を自分の体（五感）に深く刻印するという効用もある。それは研究対象の経年変化を考察したり、他の事象との比較対照を行ったりする際に大きな力を発揮する。

複眼的な視点をもちながら継続する

ここでは「短期集中」型のフィールドワークを実施するにあたっての二つのポイントについて、私自身の経験をもとに述べておきたい。第一には、一回で所期の成果をあげるのはまず無理であろうから、時間や場所を変えながら回数を重ね、問題の解明に迫る努力が必要となる。再び、国際列車の話に戻るが、昆明・ハノイ間の国際列車が姿を消した後も、私はベトナムと中国の国境を超えた経済協力関係の緊密度や相互信頼の度合を計る指標として、国際列車や国際バスの運行、車両の越境交通協定の動向に注目してきた。そのような折、二〇〇九年一月から、南寧・ハノイ（ザラム）間で直通列車の運行が開始された。ベトナムの国境駅ドンダンからザラム駅（ドンダン方面からみてハノイ駅の一つ手前）まで一五七キロ区間は、単線で三本のレールを敷設した三線軌条になっている。これは、一本のレールを共有する形で、狭軌（軌間一〇〇〇ミリ）・標準軌（軌間一四三五ミリ）双方の車両の走行を可能とするものである。つまり、中国から標準軌の客車や貨車がそのまま乗入れることがで

ドンダンとザラムを結ぶ三線軌条（ランソン市内、2008年8月）

きる設計となっている。南寧およびザラムから毎日一便が出ており、当初、南寧・ザラム間三九六キロを一三時間近くかけて運行していたが、現在は一一時間（南寧発ハノイ行）〜一一時間半（ハノイ発南寧行）へと短縮されている。これは出入国検査に伴う憑祥駅とドンダン駅での停車時間を二時間から一時間半（南寧発ハノイ行）、二時間から一時間へとそれぞれ短縮したことによるものである。

私はこれまで二〇〇九年八月（憑祥・ザラム間）と二〇一一年一二月（ザラム・南寧間）の二回にわたり搭乗したが、列車の運行形態の不平等性・非対称性にすぐ気がついた。昆明・ハノイ間の国際列車は中国国鉄・ベトナム国鉄双方がそれぞれ週一往復するという対等性・対称性の上に運行されていた。ところが、ザラム・南寧間の列車の場合、車両と乗務員はすべて中国国鉄の提供によるものである。この点について、二〇一〇年一一月にベトナム国鉄に確認したところ、標準軌専用の客車も保有・運用しているものの、中国領内での高速走行に不安があるという理由で、ベトナム国鉄の車両と乗務員による運行を行っていないとのことであった。この説明を聞いて、私はベトナム側の熱意や積極性が薄いように感じた。

また、前術したように、昆明・ハノイ間では、出入国検査のためにこちらが車外に出る必要はなかった。それに対して、ザラム・南寧間では列車は同一であるものの、ドンダン駅と憑祥駅では検査のために一々手荷物を持って車外に出なければならず、乗客からみるとこれでは列車を乗り換えるのと変わらず、直通列車としての本来の利便性はゼロになる。こうして一九九八年の搭乗経験は当時は予期もしなかったところで、その成果を発揮することとなった。

「短期集中」型のフィールドワークの第二のポイントは「結論を急ぐことなかれ」である。とりわけ、一度の、時間と場所の限定された調査から結論を出すことには慎重でなければならない。私自身、前述したように国境地帯と国家間関係との連動性に着目して、フィールドワークを始めたわけだが、回数を重ねながら国境地帯をあちこちと歩き回るうちに、国境地帯といっても決して一様なものではなく、多様性に富んでいることを実感するようになった。ベトナムと中国の関係も政治・イデオロギー優先であった一九五〇年代～八〇年代とは異なり、一九九〇年代以降は両国ともグローバル化の中で市場メカニズムを重視するようになっている。その意味では、国境地帯の動向が必ずしも国家間関係、特に政治関係を反映するとはいえない時代になっているのかもしれない。

国境地帯のもつ多様性の一端を紹介しておこう。国境地帯の要衝ともいうべき国境ゲートあるいは国境通路(互市貿易点)は、いうまでもなくベトナム側と中国側がペアとなって構成されている。その中には、国境の片側にだけ活気が感じられる地区、双方ともに繁盛しているようにみえる地区、さらには以前の活気がなく閑散としている地区、週末あるいは特定の日には買い物客で混雑するが普段は閑散としているというように、地域ごとにいくつもの顔がある。

ベトナムから中国へ向かうトラックが次々と通過するタンタインのゲート(2008年8月)

ハザン省にタイントゥイという国境ゲートがある。二〇一一年八月、一一年ぶりに訪問して、その寂《さび》れように驚いた。立派な出入国検査棟とは対照的に、「タイントゥイ貿易センター」のビルからはネームプレートが剥げ落ち、閉鎖状態になっていた。二〇〇〇年に訪れた時は、ビルの中に小売店舗が入居し、営業していたのである。税関職員の話では二〇〇八年頃から貿易額が減少傾向にあるという。これに類似した状況は、ドンダン（ランソン省）からおよそ二〇キロ離れたところにあるタンタインという国境市場でもみられる。ここは、国境ゲート扱いされておらず、「通路」という低いランクになっているが、実際にはフルーツや農産物、海産物、木製品（家具）を積んで対岸の浦寨にある積替え場へ向かう大型トレーラーが数珠つなぎになっていた。また小売店舗も軒を連ね、ベトナム国内の買い物客でいつもごった返していた。ところが、二〇一一年八月にタンタインから中国人商人が姿を消し、閑古鳥が鳴いているという報道が流れた。その後、私が二〇一二年九月に訪れた時は、浦寨に向かおうとしているトレーラーは五台くらいしかなく、営業

往来の途絶えたタンタインのゲート(2012年9月)

している小売店舗もまばらであった。それでは、こうしたタイントゥイやタンタインの状況は、両国関係悪化・冷却化あるいは、南シナ海問題の副作用に起因するものと断定できるであろうか。

タイントゥイ貿易センターの現状は前述した通りであるが、タイントゥイから二〇キロほど離れたハザン省の省都ハザン市内では雲南ナンバーの乗用車が通行したり、停車したりしているのを頻繁にみかけた(二〇一一年八月)。これは二〇〇〇年にはみられなかった現象である。タンタインに関しては、すぐ隣の国境通路であるコックナムを訪れたところ(二〇一二年八月)、ここで積荷を降ろそうと大型トレーラーがひしめいており、タンタインとは対照的な光景が展開されていた。コックナムと対岸の弄懐を結ぶ通路は前述したように人間が歩いてしか通れなかったが、そこが二〇一一年末に拡幅されたことも、ドンダンの目と鼻の先にあり、幹線道路(国道1A号線)に近いコックナムの利便性を後押ししているのではないかと推測される。なお、タンタインにおいても二〇一四年八月に訪問した時点では、トレーラーがゲート付近から約二キロにわたり行列状態をなしていた。

以上のような国境ゲート・通路をめぐる交易状況の差異や、特に国境ゲートのベトナム側から人の姿が消え、これにトレーラーが取って代わったともいえる共通傾向については、今後詳細に分析しなければならないが、利便性やインフラ整備の点で有利な主要回廊（ラオカイ、ランソン、モンカイ）とそこから外れた地区（タイントゥイなど）との間で差がつき始めたことや、ベトナム人が中国製品を求めにわざわざ国境地帯まで来る必要がなくなったからではないかと思われる。いずれにしても、特定の地区の事例をもって国家間関係と直結させることは難しい。

むすびにかえて

本文で述べたように、私は国境地帯の動向が国家関係の変化を先取りするという認識に基づいて、一九九八年以降ベトナムと中国の国境地帯でフィールドワークを続けてきたが、その中で私が目にしてきたのは、国境地帯の多様性に加え、恒常的に接触して国境地帯の平和と安定の維持に努める両国の地方政府の姿であった。それが中央政府間関係に直結しないことは、陸上国境とは異なり、南シナ海問題の解決に地方政府の出番はほとんどないことを考えてみれば明らかである。しかし、他方で、前述したように、中央政府・地方政府を問わず、国境地帯の開発をめぐる両国の認識には乖離があり、それは一致をみることなく今日に至っている。この点は南シナ海問題も含め、今後の両国関係を考える上で大いに参考になるだろう。

最後に「短期集中」型のフィールドワークの話に戻ろう。実際、この種のフィールドワークは効率が悪いし、リスクも伴う。こちらの都合と先方（調査地）関係機関の都合があわず、調査を断念しなければならないこともよくある。しかし、これらの欠陥は、時期を変え、場所を変え、調査を継続することによって十分克服することが可能である。本文中で取り上げた天保や弄懐を最初に訪問した時は、「多大な経費・時間・労力をかけてこれほど辺鄙なところまで一体何をしに来たのか」と自問せざるを得なかった。とはいえ、その時の体験は私の五感に刻み込まれ、十数年を経た今日、国境地帯を総体として把握する上で重要な基礎となっている。「短期集中」型であれ、継続していけば、無駄なフィールドワークなど決してないのだ。

【参考文献】

石井明『中国国境――熱戦の跡を歩く』岩波書店、二〇一四年。

太平洋協会編『仏領印度支那――政治・経済』河出書房、一九四〇年。

「一九七七年六月十日李先念副总理同范文同总理谈话备忘录」『人民日报』一九七九年三月二三日。

"Tieu thuong Trung Quoc bo cho Tan Thanh," http://www.tienphong.vn/Thoi-Su/549239/Tieu-thuong-Trung-Quoc-bo-cho-Tan-Thanh-tpp.html（二〇一一年八月三〇日閲覧）

Do Tien Sam, Furuta Motoo chu bien, *Chinh sach doi ngoai rong mo cua Viet Nam va quan he Viet Nam — Trung Quoc*, Ha Noi: Nha xuat ban Khoa hoc xa hoi, 2003.

Do Tien Sam, KURIHARA Hirohide（Dong chu bien), Hop tac phat trien "*Hai hanh lang mot vanh dai kinh te*" *Viet Nam — Trung Quoc trong boi canh moi*, Ha Noi: Nha xuat ban Khoa hoc xa hoi, 2012.

中国外交部档案馆所藏资料：档号一〇六-〇一〇〇〇-〇五「云南省河口县中越边境涉外问题调查材料」

第4章

人類学者はなぜ遊んでいるようにみえてしまうのか

飯田卓
Taku Iida

「なぜ、マダガスカルの漁業なんかを研究しているんですか?」

本章は、この問いに答えるべく書かれたものだ。

答えるに先だって確認しておくと、右の問いは明らかに、「マダガスカルの漁業なんか研究したって、役にたたない」という含みを持っている。その理由はおそらく、「マダガスカルの漁業など、日本に住むわたしたちには縁がない」と思われているからだろう。さらには、「日本の漁業者であればともかく、マダガスカルの漁業者がやることには興味を持てない」という考えが一般的だからだろう。

たしかに、現代日本の社会は複雑で、身のまわりのことがらを理解するのも容易ではない。マダガスカルのことにまで気を

回してなんかいられない、という人が多いのも理解できる。

しかし、通信や交通が発達したいまや、世界の諸地域は密接に結びついている。風が吹けば桶屋が儲かるように、ウォール街のくしゃみが新興諸国や発展途上国にまで嵐をひき起こす。マダガスカルと日本だって、無関係ではない。日本からマダガスカルへは、バオバブやキツネザル、カメレオンなど、珍奇な動植物を見に少なからぬ観光客が訪れる。一万キロもの距離を超えて観光客をひきつけるこの国は、日本にない魅力をそなえているのだ。

動植物だけでなく、人びとの暮らしにも魅力がある。結論を先取りすれば、マダガスカルの漁業は「楽しい」。しかもその楽しさは、日本の漁業にはみつけにくい性質のものだ。この楽しさゆえに、それを調査する人類学者もまた、遊んでいるようにみえてしまうだろう。それは一面の真実だが、わたしは決して、遊びだけを目的にはるばるマダガスカルへ出かけているのではない。溢れかえるような娯楽コンテンツとは異なるマダガスカル漁業の楽しさを、現代日本の生活に活かせれば、社会と個人の関係ももっとよいものになるかもしれない。そう考えて、いまでもマダガスカルに通いつづけているのだ。以下では、この楽しさを説明しながら、現代日本の生活との関わりを考えてみたい。

漁撈民ヴェズ

わたしが通いつづけているマダガスカル南西部の海岸には、ヴェズと呼ばれる人たちの村が点在している。彼らの村は、内陸部にはほとんどみられないにもかかわらず、海岸沿いには少なくとも八〇〇キロにわたって連なっている。ヴェズの人たちは、木造の漁船（カヌー）を交通手段として村々を往来し、マダガスカルのなかで

ヴェズの漁船（カヌー）。無動力のため、帆を張ったり櫂で漕いだりして走らせる（2014年）

ユニークな文化圏を形づくってきた。

生業も特徴的で、マダガスカルにみられる他のグループと異なり、村落部で生活するにもかかわらず農耕への依存度が低い。海でおこなう漁撈が、ヴェズにとってもっとも身近な生業だ。海での漁撈といっても、マングローブでの網漁、サンゴ礁での潜り漁、沖合でのサメ漁など、さまざまなタイプがある。しかしヴェズの人たちは、海が舞台なら、どんな仕事でも習得してしまう。ヴェズの人たちは、ひとことで言えば「海好き」なのだ。

この人たちについては、すでに二冊の本を書いたので、詳しい話はそれらに譲ろう（飯田 二〇〇八、二〇一四）。ここではまず、彼らが日本の漁業者とどのようにちがうかを述べておきたい。

まずいえるのは、個人経営で漁をする人が多く、資本規模が小さいことだ。漁をするためには、魚を手元にひき寄せるための漁具が要る。ヴェズの人たちは、後に述べるように漁具の手作りが得意だが、それでも、漁網などの工業製品を買うためにある程度のお金も貯めておかねばならない。この点は、日本でもマダガスカルでも変わらない。

漁具が個人で購入できるくらい安価な場合、漁師の多くは家族や知人を雇用しながら、個人経営で漁をすることになる。しかし、個人で購入できないほど漁具の価格が高ければ、会社を立ちあげて、銀行などに融資してもらうことになる。日本では、個人経営の漁師がどちらかと言えば多いものの、会社や漁業組合の経営の一環として漁をする人の数も無視できない。

これに対して、ヴェズの人たちは、個人で船や漁具を調達して漁をおこなうことが圧倒的に多い。その理由は単純だ。漁業に対して融資しようとしても、マダガスカルでは制度がじゅうぶん整っていないからだ。また、信用に基づいて漁業の資本を調達するという考えかたが、出資者にも漁師にも根づいていないことがもうひとつの理由だ。

海外の投資家のなかには、船や漁具を自分でそろえて、マダガスカル海域で操業する人もいる。しかしこの場合に雇われるのは、沿岸漁業のキャリアをもつ村落部のヴェズでなく、都市に住まい賃金労働に慣れた人たちだ。ヴェズの人たちは、他人の資本をあてにできる立場にはない。

したがって、個人で貯蓄して個人で漁具を買うのだが、ヴェズの人たちは決して裕福ではない。むしろ零細といってよく、漁に出たからといって、毎日大漁旗をひるがえして帰漁するわけではない。家族や親戚が消費する魚を漁獲からさし引けば、売却できる漁獲はわずかにすぎないことがほとんどだ。働けど働けど、その日の暮らしさえままならない。

小さな資本とブリコラージュ

とはいえ、漁が儲からないわけではない。わたしは、ほとんどの場合にわずかの漁獲しか得られないと書いたが、ときには大漁に歓喜することもある。そして、まれに訪れる大漁がふだんの赤字を埋めあわせるからこそ、暮らしも成りたつのだ。では、そうした大漁は、どのようなときに訪れるのか。

大きな魚群に遭遇して一網打尽にしたとき、あるいは、深海一本釣りで大きな魚を釣りあげたときがそうだ。しかし、こうした幸運は、どの漁師にも訪れるわけではない。わたしが調査を始めた一九九〇年代なかば、多くの漁師は、季節的に二〇〇キロほど離れた地域まで遠征し、キャンプ生活をしながら高価な海産物を捕獲していた。その海産物とは、中華料理の食材として日本でもおなじみの、ナマコやフカヒレだ。数カ月にわたって、これらの海産物が豊富な漁場で仕事を続け、村まで大金を持ちかえる。それが、働きざかりの漁師に共通した生計戦略だった。

算出したところ、三人の男たちがキャンプ地で一カ月半も働けば、二〇人以上の家族全員を養うに足るだけの現金収入が得られた。じっさいのキャンプ出漁はもっと長期にわたるので、漁師たちが帰村するとき、発電機やステレオデッキなどの耐久消費財を持ちかえることも少なくなかった。短期的には赤字の日が多くとも、一年から数年にわたる長期的な視野でみれば、漁はわりに合う商売といえる。

したがって、ヴェズ漁師と日本の漁師を較べたとき、そのちがいを所得の大小に還元することはできない。先ほど書いたように、ヴェズ漁師は日本の漁師に較べて、個人経営の割合が高く、資本規模が小さい。このことが意味するのは、ヴェズ漁師の収入が少ないということではなく、機械化とは別方向でヴェズ漁師が漁法の改良を進めるということだ。

端的な例として、わたしが調査を始めて二〇年経った現在でも、ヴェズの漁船はほとんど動力化していない。遠くへ行くときには帆をかけて船を走らせ、近くの場合には、棹をさしたり櫂で漕いだりして船を進める。船外機は漁師たちにとって高嶺の花だし、かりに無償援助で普及したとしても、高い燃料代を払って漁をする者が多いとは思えない。

ではヴェズの漁法が十年一日のように停滞しているかというと、決してそんなことはない。少なくとも二〇〇〇年代の一〇年間ほどは、わたしが一～二年ごとにマダガスカルを訪れるたび、ヴェズ漁師たちは新しい漁法をわたしに披露して驚かせた。

いくつかの例を紹介しよう。まず、水中銃。漁村の近くにヨーロッパ人の経営するホテルがあって、そこに来た観光客の持ちものを漁師たちは観察する機会がある。そうした持ちもののなかに、炭素繊維製の水中銃があった。潜り漁に長けたヴェズ漁民は、それさえあれば面白いように魚が捕れるだろうと思っていたところ、どこかの漁師が試作に成功し、またたく間にその製作法が伝わった。一九九七年のことだ。あまりに速やかに製作法が伝わったので、わずか数カ月の後にも発明者が特定できなかった。発明者の特許や著作権が尊重される日本では、考えにくいことだ。

木材で水中銃を作る少年たち（2010年）

銃身は炭素繊維でなく、木材を削って作った。発射に利用するゴム素材は、タイヤを削って製作した。現在は、市販されている固めのゴム紐も併用する。銛部分の鉄棒は、鍛冶屋などが従来から使っていたもので、魚を外れにくくするためのカエリは、スプーンやフォークの柄を再利用した。また、銛部分をゴムに直接固定するとゴムが傷んでしまうので、自転車のスポークや傘の骨などをゴムに繋ぎ、接触部とした。このほかにも、さまざまな部品を使って水中銃はできあがる。

ヴェズの水中銃は、村で入手できるありあわせ素材だけを使って作った作品だ。こうした作品や、ありあわせ素材による作品製作のことを、ブリコラージュと呼ぶ。これは、機械化を前提とした日本の漁具導入とは大きく異なる。日本では、漁業協同組合や関連した漁具メーカーがあたらしく漁具を開発し、それを漁師に売りこむ。これに対してマダガスカルの漁師は、自前で製作をやってのけなければならない。

ブリコラージュに使う素材は手近で入手できるものばかりだし、製作の技術もすでに身に着いたものばかりだ。だから、誰かが漁具を工夫すれば、近くで仕事をする別の漁師がすぐ真似をする。みんなが真似をするので、新しい漁具はあっという間に漁師仲間に知れわたる。ひょっとすると、日本のメーカーが売りこむよりも早く普及するかもしれない。

商品経済の動向に細かく対処しながら、小さな資本によって確実に漁獲を確保するヴェズ漁業の秘訣は、ブリコラージュによる漁具開発にある。こうした漁具開発は、工作技能に応じて漁獲の差をもたらし、不平等の原因になると考えられがちだ。しかし、現在のところそのような報告がヴェズ漁師自身から聞かれないのは、集団的に共有される技能だけが漁具製作に応用されるからだろう。つまり、模倣できないような特殊な技術が応用されているわけではない。いわば、集団全体の技能水準にみあったかたちで、個人による漁具の発明と模倣がおこなわれているのだ。

ブリコラージュ漁具の展開

水中銃は、ヴェズ漁師たちによるはじめてのブリコラージュではない。わたしが調査を始めたとき、家計で

サメを捕るための大型漁網を漁船に積む(1996年)

もっとも大きな収入源になっていたサメ漁の漁具や方法も、ブリコラージュによって確立した。調査した村で最初にサメ漁をおこなった漁師によると、その漁を始める以前、漁具となる大型刺網を彼らはみたことがなかったという。しかし、大きな刺網でサメが捕れるというアイデアだけを頼りに、漁具を作って漁法を体得した。小型刺網は日常的に使っていたので、網を編むのはむずかしくなかったが、大きなサメの重量に耐える丈夫な素材には工夫を要した。使いふるしたナイロン撚糸を束ねて繊維のように使ったり、ナイロンロープをほぐしたりして、通常の刺網に較べて三〜五倍の目合いをもつ大型の刺網ができあがった。一九九一年のことである。

網を張る場所は、サメの習性を考慮しながら選び、山立て(陸地の景観を遠望して水域を特定する方法)によって決定した。いずれも、小型の刺網では用いられない知識だ。手持ちの技能と素材を最大限に動員し、あたらしい漁法を編みだす、これはまさしくブリコラージュだ。

水中銃が普及してからも、調査した村では、さまざまなブリコラージュ漁具が登場した。二〇〇二年には、冷凍設備を備えた船が定期的な買いつけを始めたのにともない、漁師はイカ釣り漁を始め、それに使う餌木（擬餌針、ルアー）を作るようになった。それまでイカは、網漁のときに他の魚と一緒に混獲される程度で商品価値もなかったが、買いつけ船のおかげで、高い値段でイカが売れるようになった。買いつけ船は、イカの集荷量を増やすため、日本で使われているような工業製品のイカ餌木を漁師たちに売るようになった。しかし漁師たちは、このイカ餌木をそのまま使わず、一部の部品だけを抜きとって、自前のイカ餌木を製作するための素材として用いる。

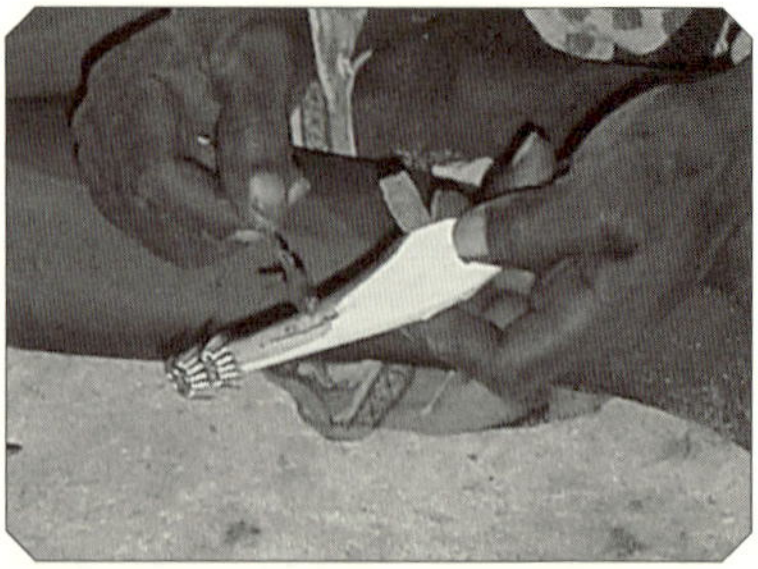
イカ釣り用の餌木（擬餌針、ルアー）を作る（2003年）

漁師たちが利用したのは、釣針を花形に束ねたような金属部分だ。この金属部分を、彼らは、比重の軽い木材で自作した本体にとり付けた。全体の比重を軽くしたのは、既製の餌木がリールとともに用いるよう作られているにもかかわらず、ヴェズ漁師はリールも釣竿も用いないためだ。ヴェズ漁師は、釣糸のついた餌木をできるだけ遠くに投げ入れた後、漁船を櫂で漕いで餌木を引き、漁船が慣性で動いているあいだに糸を手繰って餌木を泳がせる。このように、リールによる素早い巻きあげをおこなわないなら、本体部分の比重を軽くする必要があるわけだ。

釣竿とリールを買うほうが手っとり早いと思われるかもしれない。しかし、慣れない道具を使うことほど、漁師が嫌うことはない。リールの使いかたに習熟するよりは、餌木をカスタマイズして作りなおすほうが、ヴェズ漁師にとっては自然なのだ。

もうひとつの例は、二〇〇八年頃の発明である。この頃に、夜間に海中まで懐中電灯を持ちこみ、昼間とはちがった条件で潜り漁をおこなう「電灯潜り漁」が始まった。夜の海中では、昼間に活発だった魚が眠っていて捕獲しやすかったり、逆に昼間に隠れていた水棲動物（特にナマコ）が活動してみつけやすかったりして、漁獲を高めやすい。以前であれば、小型で強力な懐中電灯が入手しにくかったが、二〇〇八年頃には、中国製の小型LEDライトが安価で入手できるようになっていた。

ただし、防水仕様の懐中電灯が入手できるわけではないので、水中に持ちこむためには、防水のための加工をほどこさなければならない。ヴェズ漁師たちのやりかたは、じつに簡単で、目から鱗が落ちる思いだった。避妊用のコンドームを二重か三重にかぶせて、風船のように口を結ぶのだ。マダガスカルの村落部では、激しい人口増加への対策として、コンドームが安価で買えるよう海外の団体が援助をおこなっている。コンドームは、きわめて新しい商品だが、ヴェズ漁師にとってはすでに手近になっていた。本来の用法から大きく逸脱したこの用法は、ブリコラージュとしか呼びようがない。

水中銃、サメ刺網、イカ餌木、電灯潜り漁の装備の順で、ヴェズ漁師の創意工夫をみてきた。マダガスカルの漁具は、日本の漁具と異なる。それは、メーカーや漁業組合やホームセンターなど、漁具開発をサポートする制度や産業が未発達なあらわれでもある。しかし、漁具を作る側にしてみれば、けっこう楽しいのではなかろうか。少なくとも第三者がみれば、生業のなかに創意工夫が息づくさまは、みていて楽しい。そんな漁業に魅了されて、わたしは、マダガスカルまで通いつづけている。

ヴェズ漁師に学びたい

この楽しい漁業を学ぶことは、わたし自身にとって、大きな意味がある。無人島にとり残されたとき、魚を捕るためのヒントになるかもしれないし、もっと幅広い工作に役立つかもしれない。ヴェズ漁師のようになれたら、素材や道具が少なくても大らかでいられるだろうし、自由な精神を維持できるような気がする。それになにより、魚捕りに避妊具を使うという発想は、掛け値なしにおもしろいではないか。日本の人たちにこの話をすると、たいてい大笑いしてくれる。日本の漁師のなかにも、感心した人が少なくなかった。

日本の漁業は、マダガスカルの漁業を見習う余地がある。漁業者だけでなく、日本の他のさまざまな人たちも、見習ってはどうだろうか。このように書くと、社会的分業や機械化の進んだ日本社会を否定するのかと問われそうだ。漁具や漁法の規格化を進め、誰もが簡便に漁業に従事できるようになることこそが、漁業の近代化ではなかったのか。その観点からすると、ヴェズ漁師たちがやっていることは、時代の変化にともなって廃れていくものではないのか。

そのように考える論者は、次のようにも説く。漁業者がめいめいに漁具製作に時間を費やすと、社会全体でみて莫大なコストになる。自動車メーカーが商品を作るのに、部品をいちいちブリコラージュで作ることのコストを考えてみればよい。自動車製造における個々の部品製造を中小企業がおこなうように、漁業でも分業を進めて、漁業者の努力を海上での仕事に集中させたほうがよい。漁具の製作や流通などのサービスを漁業者以外の者たちが肩代わりする社会的分業が進んでこそ、社会全体に利益がもたらされるのではないか。

この考えかたに反論するのは容易でない。ただ、天然に育つ魚は、需要にみあうよう規格化するには限界がある。それと同じように、漁業に関わる社会的分業にも、限界があるというのがわたしの考えだ。海上の現場を離れての漁具開発は、しばしば、海況判断や漁法選択などのきめ細かな調整を省く方向でなされる。動力船の導入がよい例だ。高速移動による漁場拡大は、すべての漁法に共通してメリットをもたらすが、対象魚種や漁場、海況などに応じて漁法をきめ細かく調整する努力や能力を不要にした。しかしその結果、漁法の多様化をともなわないまま漁獲効率が高まり、各地で乱獲を招いている。漁獲効率を高めるなら、漁法も歩調を合わせて多様化していなければならない。

　これに対して、ヴェズ漁師のブリコラージュ的な漁具開発は、自然や素材に対する鋭い観察と飽くなき好奇心、そして実体験を通した知識をもとに展開している。いいかえると、ヴェズ漁師は、モノや自然との対話に基づいて創意工夫を生みだしている。このためヴェズ漁師は、魚群の増減や漁場、海況に応じて、漁法をきめ細かくカスタマイズできる。漁場範囲の量的な拡大でなく、多様な漁法で特定の漁場をすみずみまで利用し尽くすことで、安定した漁獲も維持できている。このやりかたは、漁場としてあまり利用されていない海域からの魚の移入を可能にするので、資源乱獲を招きにくい。

　ただし、ヴェズ漁師の大きな成功は、内陸居住者が漁業に参入するのをうながし、漁業人口の増大を招いている。それでも資源減少が目だたないのは、漁法をカスタマイズする技能を習得するのに時間がかかり、新規参入の数に一定の歯止めをかけているからだ。熟練者の優遇は、資本主義の原理であり、特に漁業のように資源がかぎられる部門では最優先されてよい。動力漁船のように未熟練者の参入を許す技術の導入は、漁獲の安定と漁業の発展を妨げることがあるのだ。

　このように、ヴェズ社会における漁具開発のプロセスは、漁業発展に関するひとつのモデルを提供する。こうした考察は、産業化された日本の漁業だけに基づいていてはおこなえないものだ。

　漁業だけではない。モノや自然との対話に基づいて、手近な素材から暮らしを成りたたせる知恵は、多くの日本人にとっても有益だとわたしは考えている。それというのも、高度に商品流通が発展した現代日本では、個々人の境遇や必要に応じて身の周りのものをカスタマイズする工夫が、消費者から縁遠くなってしまっているからだ。インターネットでの検索も、ユーザーのプロフィールや検索履歴に基づいて、検索サイトが自動的にカスタマイズしてくれる。個々人は、機能がたくさんついた商品を購入して、どの機能が自分自身に必要かを吟味することを後回しにしがちである。

　この結果、商品を選択するさい、生産者（製造者）の説明やみせかけを重視しがちになる。商品が自分のものとなったとき、それが自分とどのように関わることになるのか、そのことによって自然や社会に自分がどのように働きかけることになるのか、なかなか想像が及ばない。生産者と消費者のコミュニケーションを商品のみせかけがリードするようになった結果、内容と関わりのない偽装をほどこした商品が出回るようになる。むろん、どれほど想像をめぐらせたところで、不透明な部分は残る。みせかけの虚偽はなくならないし、人と人との対話をなくすことも不可能だ。

　しかし、説明やみせかけを超えてモノや自然をみとおそうとする努力は、消費者にとって不可欠であり、消費者倫理の根幹にも関わるといって過言でない。われわれの社会は、人間関係と同様に、モノや自然との関係からも恩恵を受けながら成りたっている。こうした現実に見合うよう、ただでさえ縁遠くなってしまったモノや自然に、あらためて目を向けなおしてみよう。それが、ヴェズ漁師から受けた教えを広めるため、わたしが日々考えていることである。


【参考文献】


飯田卓『海を生きる技術と知識の民族誌――マダガスカル漁撈社会の生態人類学』世界思想社、二〇〇八年。

飯田卓『身をもって知る技法――マダガスカルの漁師に学ぶ』臨川書店、二〇一四年。

第2部

フィールドにおける共感・感覚・情動

Why Do Researchers Go into the Field? : An Invitation to Fieldwork

第5章

フィールドでの芸能修行

——出来事を引き起こすことと特殊例となること——

吉田ゆか子
Yukako Yoshida

やってみてもわからない!?

私はインドネシアのバリ島をおもな調査地としながら人類学の立場から芸能を研究している。博士論文の題材としてトペン(*topeng*)と呼ばれる仮面舞踊劇を選んだ私は、現地でみずからが芸能を学び、さまざまなところで芸を披露しながら調査するという経験をした。本稿では、この経験をふりかえりながら、実際に芸能を学ぶというフィールドワークの手法に特有な意義や困難について考えたい。

芸能を対象とした人類学や民族音楽学においては、研究者みずからが現地の芸能家に弟子入りして芸を学ぶというケースは

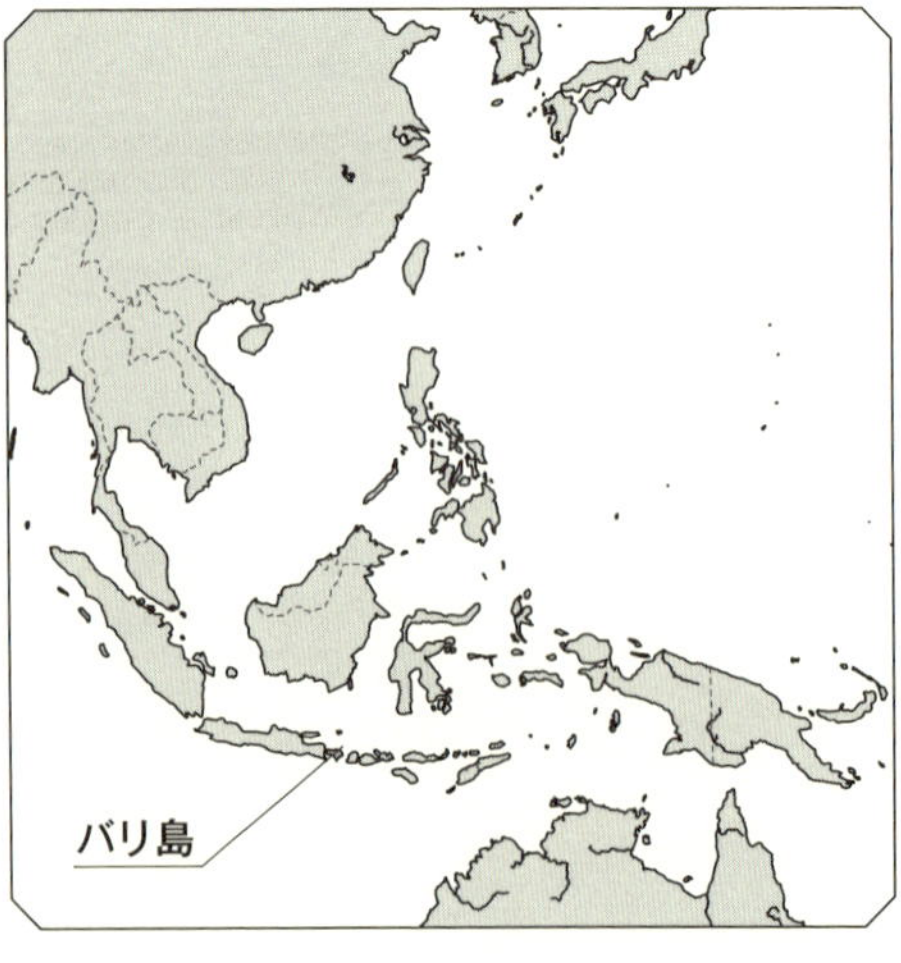

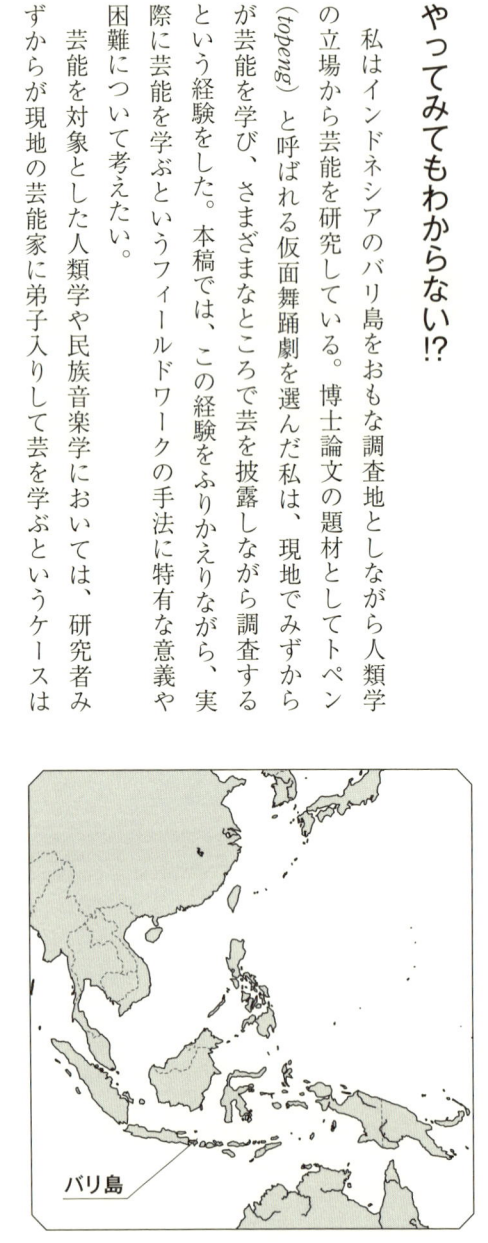

珍しくない。まず研究者本人が演出家や役者や演奏家を兼ねていて、自身の芸術実践に、当該芸能の技を役立てようとするケースがある。たとえば現地で学んだ後、母国でその芸能を教える指導者となったり、その芸能の要素を取り入れた創作作品を発表する研究者たちがいる。しかし、このような目的をもたずとも調査で実際に芸を学ぶ、私のような研究者は少なくない。なぜなら「やってみなければわからない」という思いがあるからだ。芸能においては音や動きや身体的な感覚が重要であり、言語化されにくい事柄があまりに多い。その中でインタビューだけに頼っていては、限界を感じてしまう。自分の体を通して全身で体感してみることで非言語的な領域に迫りたいという狙いがある。私も漠然とそのような点を動機としながら、バリ島で、トペンの名手の元を訪れ、バリ人や外国人たちが汗を流す朝の練習に入れてもらうことから調査を始めた。仮面を被った演者は仮面の裏で何を感じ、どんな顔をしているのだろうか。

トペンの最後に現れるシダカルヤ役。踊り手はウィルタワンさん（2007年2月24日）

しかし、私が仮面の裏で感じた事柄は、きっとバリの演者が感じているものとは同じではないだろうとも思う。そもそも体型がかなり違う。トペンの担い手は、中年以上の男性であることが多く、また見栄えがする演者は大抵ある程度恰幅がよい。ゆえに私は一般的なトペン演者よりもかなり小柄である。私は幾重にもパーツを重ねるトペンの衣装を着るとかなり重く感じるが、果たして彼らもまたそのように感じるだろうか。また、二〇代後半になってバリ舞踊を習い始めた初心者の私と、物心ついたときか

練習場の様子。先生に習っているのは練習仲間のマデさん（2009年7月14日）

らバリ芸能をみたり実践したりしている彼らでは、踊るときの身体感覚も心構えも大きく違うであろう。宗教の違いもある。ヒンドゥー教と祖先崇拝の強いバリ社会で育った彼らが、ヒンドゥー寺院で先祖の物語を演じるトペンに参加する経験は、私には到底感覚しえないものなのではないか。習えば習うほど、なかなか上達しない自身にいらだち、バリ人のトペン演者たちとの隔たりを突きつけられるような気さえした。

では、フィールドワークで実際に芸を学ぶことは、無意味かというと、もちろんそうではない。観察したり、インタビューしてまわったりすることと、自分で実際にやることの間にはやはりさまざまな違いがあるように思う。本稿ではその違いを便宜的に二つのレベルに大別して考えたい。一つは、トペンを実践することによって引き起こされる事柄、いわば私の「外部」で、私とその他の人との間で起きる出来事を経験することで得られるさまざまな発見や理解である。そしてもう一つは、私の「内部」においておきる感じ方や世界の見え方の変化である。前者よりは後者のほうが捉えがたく、練習や上演を重ねるなかでゆっくりと、あるいは時後的にその変化に気づくようなものであった。まずは前者の方を手がかりとしながら、実際に芸能を学ぶというフィールドワークの手法に特有な意義や困難について考え、最後に後者について今の時点で私が持っている知見をいくつか紹介しよう。その前に次節ではまず、トペンという芸能の特徴を概観する。

トペンについて

トペンは、寺院祭、結婚式、火葬、削歯式などバリのヒンドゥー教のさまざまな儀礼において、その欠かせない一部として上演される。台本も無ければ演出家も舞台監督もいない上にリハーサルも行われない。一～三人ほどの演者が集い、いくつかのルールを守りながら、即興的に演技する。

上演前、先輩演者に着替えを手伝ってもらう(2013年12月11日)

導入部は踊りである。初心者は、大抵この舞踊部分から学び始める。ガムランとよばれる打楽器を中心としたアンサンブルが伴奏するのだが、彼らとの事前の打ち合わせもほとんど行われない。踊り手が即興的に踊りながらその端々に伴奏者への合図を盛り込み、伴奏者はこれを読み取りながら演奏する。

大臣役を踊る私と伴奏のガムラン隊(2013年12月11日)

中盤は歴史物語をベースに展開され、歌と踊りも交えた劇となる。特に王の従者であるストーリーテラーは、人々の母語であるバリ語のほか、日常語ではないカウィ語(*Kawi*)も使って演じる。彼らはジョークなども交えながらさまざまな神話や宗教哲学そして倫理なども語る役どころであり、これを演じるには言語や文学そして宗教など幅広い知識が必要となる。

壮麗で厳粛な雰囲気のある劇の前半とは対照的に、劇の後半は多くの道化が登場するコメディーとなる。これらの道化は村人役で、偏屈、ぶりっこ、まぬけ、せっかち、自信家など、さまざまな性格で観客を笑わせる。比較的自由に演じることができることから、初心者にも参加しやすいシーンである。

上演の一番最後にはシダカルヤという役が登場する。この役は霊的に強力とされ、初心者が担うことは稀である。仮面自体が特別な儀礼を施された神聖なものであるうえ、何かの手順を誤れば、踊り手の身に危険が及びかねないとの考えがある。そのため、バリ人の中でも、年

老人役を演じる私（2013年12月11日）

配の者、あるいはよりカーストの高い者が担当する傾向にある。またこの役を担う人間はプウィンタナン（*pewintenan*）という浄化儀礼を経ている必要がある。

このように、トペンには難易度の異なるさまざまな役どころがある。私は導入部の舞踊を中心に学んだが、実際の上演では、劇中の道化役の一人として稀に会話部にも参加した。なお、「トペン」は仮面舞踊劇のジャンルの名前であると共に、仮面そのものを表わす語でもある。本論では混乱を避けるために、仮面は仮面と表記し、仮面を用いた舞踊劇の方をトペンと呼ぶこととする。

芸能を学ぶ

私はトペンの名手イ・マデ・ジマット（I Made Jimat）氏のもとである程度継続的にレッスンを受けた。じつは趣味として調査の数年前から日本国内にあるガムラン演奏サークルに所属しており、バリ島で芸能を学ぶということは、私にとってそれほど敷居の高い行為ではなかった。特に渡航してすぐは、時間に余裕があり、週の半分

先輩演者たちによる演技（2013年12月11日）

以上は練習場に行き、一～二時間の練習に参加していた。気温の上がらない朝のうちが最適の練習時間となる。ジマット先生と一緒に祈ったあと、練習が始まる。はじめに基礎的な舞踊の型の反復が行われる。生徒たちはこうやって踊りの「ボキャブラリー」のようなものを身につけてゆく。先生はとにかく足が重要だと言い、特に初期には歩く練習が多かった。先生のあとを他の生徒と一緒になり、連なって歩く。大臣役、老人役、王役、それぞれの性格にあった歩き方をして、練習場をぐるぐると回った。基礎練習が終わると、次は音楽に合わせて踊る練習だ。トペンには決まった振り付けはなく、それぞれの役柄にあった、幾つかの踊りの動作があるだけである。実際には、演者はこの動作を、基本的な構成上のルールにそって、組み合わせながら即興的に踊るのだが、初心者にとって即興はとても難しい。先生は、一通り典型的な踊りの振り付けを考案して、これを生徒たちに教えていた。カセットテープを使う指導者もいるが、私の通った練習場では、たいてい先生が伴奏曲のメロディーを演奏し、生徒たちはこれに合わせて踊っていた。練習場では欧米や日本から舞踊修行にきたダンサーたちと一緒になることが多かった。彼らの中には、どこどこの筋肉をこのように使って、と専門的な分析をする人もいて興味深かった。最後は先生と共に祈りを捧げ、時間あたりの謝礼を支払って終わる。水浴びをしてから家に帰るとへとへととなったが、こうして徐々に、踊りを構成する動きの要素、役どころによる動きの違い、踊りの良し悪しのポイントなどを学んでいった。

また練習場に通うことで、一線で活躍する舞踊家である先生の日常を垣間見ることもできた。休憩時、先生や生徒たちはよくおどけた動作や、芝居がかった話しかたをして互いを笑わせた。日常のこうした振る舞い自体が踊りや演劇のようにもみえてきた。六〇歳を過ぎた先生が二時間の練習で生徒と共に汗を流したあと数件の上演をハシゴするのをみて、そのエネルギーにしばしば圧倒された。先生の家には生徒たち以外にも、上演依頼者や、仮面屋、衣装屋、上演仲間、外国人研究者が出入りしており、芸能を通じたさまざまな交友関係を知ることもできた。しかし、練習場の中よりも、外で学んだことの方がはるかに多かったように思う。この練習場の外でのさまざまな体験、苦悩、発見について次に述べてゆきたい。

舞台で学ぶ――バリ芸能を育む「磁場」

もともとはトペンへの理解が深まればよい、という程度の動機で練習をはじめた私は、練習場で試しに踊ってみる以上のことを期待していなかった。すでに述べたようにトペンは宗教儀礼の一部として上演されるうえ、一般に中年以上の男性によって上演される。主要な登場人物は殆どが男役であり、男性演者の力強い身のこなしや声が見所の一つであるため、女性の演者は皆無ではないものの非常に稀である。「外国人」の「女」である私にはとても縁遠い世界に思えた。練習場でひっそりとトペンを体験するつもりだったのであり、後に自分が方々に踊りに行く日々を送るとは考えてもいなかった。しかし当初の思惑を大きくはずれ、私は次第に寺院などでのトペン上演に参加するようになった。

練習開始から一カ月半程で、「今度寺のお祭りがあるので一緒にトペンを踊らないか?」と、先生から誘われた。まだ一つの踊りをなんとか覚えた時期であり心底驚いた。結局この時には日程が合わず参加できなかったが、その三カ月後に同じく先生に誘われて本番の舞台を踏むことになった。三〇人程のガムラン奏者の生伴奏との合わせ、仮面とカツラ、重い衣装はどれもほぼ未体験の「ぶつけ本番」であった。有名な踊り手であるジマット先生、そして日本人が踊るというので観客たちも物珍しさに集まってくる。「なんだか緊張してきて…」と言うと先生は「儀礼で踊るときは、ハッピー(happy)じゃなきゃだめだよ」といった。また先生は、仮面を着け今から踊り出そうとする私の耳元で、「ちょっと、今日は自由にね」と言った。練習場で習った振り付けに忠実に踊る必要はないのだ。場所の広さ、伴奏者の癖、観客の様子などに合わせて、本番の踊りはいくらでも変わりうる。しかし、初心者の私に「自由に」踊ることなどできるはずもなく、儀礼に集う沢山の参拝客の前で、うろ覚えの振り付けをこなすのが精一杯であった。

その後も私は頻繁に儀礼で踊った。自分から志願したことはじつは一度もなかったのだが、調査で知り合った演者たちに、彼らの上演に加わるよう強く勧められたのだ。また演者でなくとも、自分の家で行う儀礼に、私に踊りに来るようにと誘う人もいた。人びとは驚くほど熱心に私を上演(特に儀礼での奉納上演)に誘った。上達する為には本番の経験が重要だと彼らは熱弁する。デビュー当日のエピソードからもうかがえるように、練習と本番では大きな違いがある。特に伴奏者たちとの合わせは練習では経験出来ない。的確に合図をだし踊りながら演奏をリードする技術は、本番でしか身につかないものである。私が「まだまだ未熟だから」と尻込みしても、だからこそ本番で学ぶのだと焚きつけられる。また、儀礼でトペンに参加する事は、神々への、そして儀礼を開催した主催者側の人々への奉仕となる。バリの芸能においては、タクスー（*taksu*）とよばれる、人を魅了する超自然的な力が重視される。バリの芸能家はこれを神から賜るために、日々供物を捧げ、祈り、芸を磨くのであるが、儀礼でトペンに参加し、神々に踊りを捧げることで、このタクスーを授かることができるともいわれる。気後れする私に、「バリでトペンを学んだのだから、それをバリにお返しするべきだ」と諭す人もいた。親しい友人達も異口同音に、上演の誘いは断るべからずと助言した。調査が進み、知り合いが増えると、踊る機会も増加していった。トペンは儀礼の度に必要とされるため、他の芸能と比べても非常に上演頻度が高かった。そして観客は一年に何度もトペンを眼にするために少々見飽きている節があり、日本人など、変り種がやってきて上演することを歓迎する人たちが多かった。調査が中盤にさしかかると多忙により先生の元に通うことが稀になった一方で、本番の頻度はむしろ上がっていった。

そして人前で演技を披露するようになると、じつにさまざまなコメントや助言が観客たちや共演者たちから寄せられるようになる。この助言や批評の内容は、私が芸を改善する上での助けになっただけでなく、調査上も非常に有益であった。それらは、腕の上げ下げといった具体的な動作の細部、演奏者への合図を出すタイミング、練習や本番に対する心構え、そして踊りの全体的な構成など、幅広い内容にわたった。それまでの私は、トペンを観るさいに、仮面や踊りや歌や話芸のほうに目が行きがちであった。人々から衣装について、この部分が長すぎる、ここの配色はなかなか良い、といった多様なコメントが寄せられた事は意外であったと同時に新鮮な発見でもあった。

意見を寄せたのは芸能家だけでない。「自分では踊れないが、踊りの良し悪しは分かる」といって、私の踊りの不足点を指摘する友人もいた。特に居候先の集落で上演すると、翌日も観客たちと顔を合わせることになる。老人から子供までいろいろな人々が、感想や批評を述べてきた。もっとも手厳しかったのは、伴奏してくれた地

工房に注文して仮面を作ってもらった（2007年4月22日）

元のガムラン奏者たちで、私と親しいメンバーの一人は「もっと上手くなるまでは、うちの集落の中だけで踊りなよ。他の村でこれを踊ったら伴奏者たちに怒られるぞ」と忠告した。当時の私はまだ上手に伴奏者たちをリードできず、伴奏者泣かせの踊り手だったのであろう。言われたときにはがっかりしたが、自分たちなら何とか伴奏してやるから、地元でまずは経験を積みなさいという優しい気持ちも読み取れる。じつはバリ人の演者も、活動初期は地元で場数をふみ、地元の目利きたちのお墨つきが得られた時点ではじめて村外へ上演に出るという手順を踏むことがある。演者と地元の強い結びつきを私も部分的に経験することになった。

共演者からは、具体的な踊りの内容についての批評は勿論のこと、伴奏者との関係の作り方、本番直前の時間の過ごしかたなどのアドバイスもされた。実際に後日家に私を呼び出し、稽古をつけてくれた先輩演者も何人かいる。観客の意見に耳をふさいではだめだ、ということも多くの先輩演者から言われた。

投げかけられる助言、批評、感想から、私は観客や演者がトペンに対して抱いている審美的基準やこだわりのポイントを徐々に理解するようになっていった。またこの経験を通して、私はバリ社会におけるトペン上演の意味合いを学んだのみならず、バリ芸能を育む磁場のようなものの存在について考えさせられるようになった。私の活動したギャニャール県（Gianyar）は、芸能が盛んであり観客の目が肥えていることで知られる。人々の批評は、ときにかなり辛辣であり、これに何度か泣かされた。しかし、彼らはそれでも私が舞台に立つことを褒め、また歓迎してくれた。「昨日は我が家で踊ってくれてありがとう。うちの祖先様たちも喜んでいたよ」などと言ってくれる。この飴とムチのはざまで苦悩しつつ、私は上演を繰り返した。

バリでは、子供の体つきや顔、興味の対象等を周りの大人がよく観察しており、「この子は踊りの才能がある」、とか「ガムランに向いていそう」といった話をする。才能ある事柄は、神から与えられた使命・仕事であるとされる。そして適性を見出された人間は周りからその芸を学ぶよう勧められる。適性を見出し、芸を披露するよう奨励し、その結果に対して率直に批評する。人々のこれらの営みは、豊かなバリ芸能を育む土壌であろう。この土壌のもつ強力な磁力を体験しながら、芸の伝承における観客や演者仲間の重要性についても考えるようになった。正直なところ、私の小柄な体格も、あがり症の性格も、舞踊の勘の悪さも、トペンに全く不向きであった。なぜ、トペンなのか、女性舞踊を習えばよいのに、と不思議がられることもあった。しかし私は調査をきっかけに、芸能を育むこれらの人々との関係に取り込まれていった。

ものを借りる・所有する

上演を行うようになって、さまざまなものが必要となった。上演に必要なものといえば、まず仮面、衣装、冠、剣などである。他の初心者の演者もそうであるように、初期の私はこれらのものを先輩演者たちから借りることからはじめた。そして、次第に自分自身でも少しずつ買い揃えることになった。これらのものを借りたり、所有したりすることを契機に学ぶことは想像していた以上に多かった。

快く貸してくれる数名の比較的家の近い先輩演者を何度も訪れるようになった。バリの芸能家の中には仮面や剣や冠に、先述したタクスーという超自然的な魅力が備わるようにと、熱心に神聖化の儀礼をする者もいる。仮面などを清め、供物を捧げ神格を招待することで、タクスーを呼び寄せるのである。個々の仮面や剣や冠によって、神聖視されている度合いには程度の差がかなりあり、高度に神聖とされるものは、他人に貸し出されたりしない。それでも、私が借りるもののなかには定期的に儀礼をほどこされているものがあった。また、そういった特別に神聖ではないものでも、演者たちがこだわって選び大切に使ってきたものを預かるときには気を使った。借り受けるときには、他の荷物と一緒に鞄に入れても良いか、スクーターの足元においてはまずいか、洗濯してもよいのか、どうやって畳めばよいのか、など細かく扱い方を具体的に確認した。またそれらを借りにゆくと、演者たちは仮面や冠や衣装にまつわるさまざまな思い入れやエピソードを聞かせてくれた。そのことを通して、演者とそれらのもののつきあい方を垣間見ることになった。

このように、ものを借りることで知ることができた事柄もあったが、自分でも仮面や衣装を購入し、手元におくようになると、また違った発見があった。ここでは仮面を例に取り上げよう。私が仮面を買ったその日から、居候先のおばあさんは、仮面の入った籠の前に一つ小さな供物を捧げるようになった。私は、いずれ仮面を日本に持ち帰るということを見越し、仮面を神聖化することには消極的であった。一度仮面に神霊が入ってしまえば、月経中の者は触れられない等の禁忌がついてまわるほか、定期的に供物を供えなければならなくなるからである。しかし、私が何かを言わずともおばあさんは毎日欠かさず、仮面に小さな供物を捧げた。

また、私が仮面を購入したことを知ると、周囲の何人かは、仮面に神聖化儀礼を施すよう熱心に勧めた。ある演者の言葉によれば仮面を所有しているのに儀礼を施さないのは、「(空の)鳥かごを持っているのに戸を開けないでいるようなもの」であるという。それは潜在的にそこに住み着いてくれるかもしれない「鳥(=神格)」を拒むようなもったいない行為なのだ。「儀礼をしてごらん。もしかしたら、タクスーの神様が入ってくるかもしれない」とは彼の言葉である。私が仮面に儀礼を施していないことを知ると、別の演者Wは、年に一度の仮面に大量の供物を捧げる儀礼に際し、私にも仮面を持ってくるようにと熱心に誘った。結局作りたての私の仮面は、

仮面に供物を捧げるトゥンパックの日の様子(2007年4月28日)

トゥンパックの供物。中央には頭飾りや仮面入りの籠が置かれている(2007年4月28日)

Wの仮面と共にこの儀礼に加わることになった。僧侶でもあるWの父親が儀礼を取り仕切り、家族総出で祈りが捧げられた。

そして上演のたびに、私の仮面にも、他の演者が持ち寄った仮面と共に、聖水がかけられ供物が捧げられた。これらの経験から、所有者の私が望むか否かに関わらず、トペン上演に用いられる仮面は多かれ少なかれ供物や聖水や僧侶や神霊と関わり合うということを知った。また、仮面の所有は、所有者個人に完結せず、供物を用意し捧げる人（基本的には妻）をはじめとする家族や、仮面に儀礼を施す僧侶も巻き込んでゆく行為であると考えるようになった。トペン演者は一般的に男性がほとんどを占めているが、供物づくりや、日々その供物を捧げる行為は、ほとんどの場合女性によって行われる。私は、仮面を所有することを通して、上演を影で支える女性たちの働きにも思いをめぐらせることになった。

出来事を引き起こすことと特殊例となること

私のトペンの活動は、（私が意図するかしないかに関わらず）他の人を巻き込みながらさまざまな出来事を引き起こしていた。私が踊るということを契機として、周囲の人からはたくさんの言葉（助言や批判や賞賛）や行為（仮面や衣装の貸与、仮面への供物の献上、上演への誘い、稽古など）が引き出された。そして、彼らの言葉や行為を通じて、私も多くの人やものや神々との関係に巻き込まれていった。芸能を学び実践するという調査方法の大きな利点は、このプロセスの渦中に身を置き、その一つ一つを観察・体験できることにあると思われる。「踊るか否か」「どう踊るのか」「仮面はどのように扱うのか」といった事は、やや大げさに言えば、わたしの個人的な趣味の範囲を超え、先生や先輩演者や観客や僧侶、そして彼らが祀る神々に委ねられているように感じられた。右も左もわからぬところからトペンに入門した私は、ある意味で積極的にこれらの人びとの動きに身を任せた。私のトペン実践に手を貸し、口をはさみ、干渉してくる人びと、あるいは私が意図せずに巻き込んでしまう人々、また仮面や僧侶を通して関わってくる神々といった不可視の存在までもの働きに思いを馳せながら、私はこの芸能が演じ手と（「観る者」としての）観客との間では完結しない、さまざまな立場の存在によって織りなされるものであると理解した。その中で、演者や演技だけを分析していてはこの芸能の大きな部分を見落としてしまうであろう。この体験は非演者中心的なアプローチという、研究のアイデアへともつながっていった（例えば吉田 二〇〇九、二〇一一）。

もちろん、バリ舞踊の初心者であっただけでなく、外国人であり、女性でもある私は決して典型的なトペン演者ではない。そのため私の経験と一般的なバリ人のトペン演者の経験とは必ずしも同じではないだろう。たとえば、私が外国人であったために、私の演技に対して、普段以上に多くの人々が熱心にコメントしたのかもしれない。バリ人演者の場合にはどうなのであろうか。私は先輩演者たちの元をたずね、彼らのデビュー当時の体験を語ってもらうという作業も始めた。すると、師匠のみならず地元の目利きや、共演者や観客からの批評をうけて演技を修正していった経験や、これらの人々からの奨励や称賛に後押しされて活動を広げていった経験が、さまざまな演者の口を通して語られた。私と他の演者との差異については、他の演者たちへのインタビューや観察によって確認する必要がある。その意味で、芸能を学ぶという体験は、調査のきっかけ、アイデアの発端をつかむためのものと位置づけられるべきであろう。

さらに言えば、自分が特殊例であるゆえにむしろ明らかになったトペンの諸相もあった。私が参加した上演では、多くの場合劇中でストーリーテラーや道化に扮した共演者たちが、私が日本人であることを話題にした。即興的に繰り出されるトペンの会話部では、その場に集った観客たちの関心事がとりあげられる。上演前からすでに好奇の目に晒されている私は、舞台上でも格好の話しのネタだった。舞台上の共演者たちは、無茶苦茶な日本語で私に話しかけて当惑させ、からかったりした。そして「遠い日本からきて熱心にバリ文化を学んでいる」といって私をもちあげたり、また、それはバリ文化が世界的に注目を浴びている証であると述べて、観客たちのバリ人としての自尊心をくすぐったりもした。私には、バリ人演者の中に溶け込み、できる限り彼らの邪魔にならない方法で彼らの芸を吸収したいという気持ちもあったが、私という異質な存在は、舞台上でも共演者に影響を与えずにはいられないようであった。しかし、こういった共演者たちの私への対応は、いわゆる「伝統芸能」でありながら、新しい話題を取り込み巧みに観客たちの関心を引く、トペンという芸能の柔軟さや豊かさを垣間見せてくれてもいた。

上演内容以外での発見もあった。たとえば、バリでは出血は不浄とみなされるため、月経中は寺に行くことも神聖な仮面に触ることもできない。このことは、トペン演者のほとんどが男性であることの理由の一つとして語られる。私は自身の上演活動を通して、月経が、実際にどの程度上演活動を阻害するのか具体的に知ることができた。また、私が頻繁に儀礼での上演に参加するようになると、居候先の家族をはじめとした周囲の人々は、私に何らかの浄化儀礼が必要ではないかと考えるようになった。先述したように、神聖なシダカルヤ役を担う人間は浄化儀礼プウィンタナンを受けていなくてはならない。他方、私の担当していた、冒頭の舞踊部分と道化役は、余興としての色彩が強く、基本的にはその儀礼を必要としないはずであった。しかし、私のように生まれてこのかた何の浄化儀礼も受けていない外国人が、しかも何度も参加するとなると話は別のようである。プウィンタナンは大掛かりになりすぎるとの僧侶の判断から、結局実施されなかったが、その前段階としても用いられる、小さい清めの儀礼ウパチャラ・ムルカット（*upacara malukat*）を受けることを勧められた。これは大量の聖水で身を清めるもので、夢見の悪いときなどにも行われる、バリの人々にとって身近な儀礼である。居候先の家族の遠縁にあたる最高僧の家で通常のウパチャラ・ムルカットに少々特別な供物を加えた儀礼を受けた。バリの宗教世界の外からやって来た私という特殊例は、普段あまり意識されないトペンの舞踊や道化シーンの儀礼的側面に光を当てることとなった。

他方、意外と女性や外国人でも許容されるというケースもあった。一般に霊力が強いとされる仮面は、さまざまな禁忌と結びつき、扱いやかぶり手が限定される。私の住んだ村では、寺院で仮面を一式祀っていた。予期していなかったことに、この仮面をつけて是非踊りに参加するようにと地元の演者たちから誘われた。僧侶に確認しても（月経中でなければ）構わないとのことで、実際に村人たちの前で、私はこの仮面をつけて上演に参加することとなった。

外国人や女性であるという属性が、どのようにトペンの活動に影響するかを考えることは、その裏返しとして、バリ人（あるいはヒンドゥー教徒）であることや、男性であることが、トペンとどのように関わるのかを知ることにつながる。境界例や例外がどのように扱われるかを分析して、現地社会におけるカテゴリーや基準を明らかにしようとするのは文化人類学の常套手段である。決して典型的ではない私のトペン上演活動は、そのような特殊例として、普段言語化されたり意識化されたりしない基準やカテゴリーを浮かび上がらせる契機となる可能性も秘めている。

再び感覚の問題へ

ここまで、私の演技中やその前後の感覚や感情といった「内的」な問題は保留にしておいて、私の演技や仮面を巡っておきるいわば「外的」な出来事に注目しながら、そこから得られたたくさんの発見について述べてきた。

あるトペン演者は、プナサール（語り部）の仮面をつけると自動的に普段の自分とは違う力がわいて流暢に語れるようになるという。正直に言って私にはその感覚がいまだにわからない。舞台上でしゃべる番になれば、緊張からむしろ口下手になってしまうことのほうが多い。そのため、私は自分が演技や練習中に感覚する事柄を、バリ人のトペン演者たちの経験と重ねて考察することには、慎重であらねばならないと考える。しかし振り返ってみれば、やはり芸能を実際に学ぶという経験を通して、私の内部でもいくつかの変化が起きていた。ここでは三点にしぼって紹介したい。

一つは、上演をみる目の変化である。特に自分の担当したことのあるパートに差し掛かると、伴奏音楽や踊り手の動きに同調して、自分もわずかに踊ってしまうような感覚に襲われることがある。そうする中で、演者や伴奏者の癖や、技量の程度といったことも次第にわかる様になっていった。以前の自分であれば気づかないような、小さな上演中のハプニング（たとえば踊り手の合図を伴奏者が見落としたために、踊り手の思い通りに曲が移行しなかったといったミス）も目につくようになった。この「目や耳が肥える」という現象は、人によっては繰り返し鑑賞することで達成可能なのかもしれないが、少なくとも私の場合自分でやってみる前と後で大きな違いがあった。

このことに関連して、第二点目として、仮面の見え方も変わっていったことを挙げたい。調査に入る前の私は、特に仮面に好みがあるわけではなかった。同じタイプとされる仮面同士に存在する微細な差異にも、それほど注意を払っていなかった。調査前の日本で、バリの仮面文化についての書籍を読み込んでいた際にも、私にとって、そこに並んだ仮面の写真の数々は、あくまでもそれぞれの役柄の仮面の「サンプル」であり、造形的な特徴を知るための「資料」でしかなかった（Slattum & Schraub 2003）。しかし、初めての長期調査を終えて帰国し、再びその書籍を手に取ると、そこに写されている一つ一つの仮面の魅力に圧倒されてしまった。驚いたことに、そこで沸々とわいてきたのは、「この仮面が欲しい」、「この仮面をつけてみたい」、「この仮面は○○さんにつけて踊ってみて欲しい」、といった気持ちであった。その本のページをめくり調べてみると、それらの仮面は人気仮面職人たちの手によるものであった。調査前の私は、仮面の作り手の名前を調べたこともなかった。この出来事は、第一点目に述べたような「目が肥えた」という事態だけでなく、トペンを演じるという経験を通じて私と仮面（そしてその背後にいる仮面職人という存在）の関係が大きく変わったことを示唆している。仮面はもはや資料という存在を超えて、私の欲望の対象になっていた。そしてそれは、個人名をもった作り手による、彼らの技やアイデアが注がれた作品としてたち現れたのである。今思えば、私は、このような自身の感覚の変化を経験しながら、次第に研究においても、演者と仮面の感情的な関わり、特に仮面から演者がさまざまな感情や行為を触発される側面に着目するようになっていった。

　また、演者とのインタビューでは、相手の発言を自分の経験と照らし合わせるということをするようになった。これが第三点目である。たとえばある演者は、「上手な伴奏者と行う上演はなんとも言えず心地よい」と語る。その話を書きとめながら、私は、美しいガムランのフレーズに心を打たれながらゆったりと老人役を踊るときの恍惚感や、大臣役を演じる私の力強い足どりに呼応して伴奏者が一斉に音量をあげるときの興奮を思い出さずにはいられない。また別の演者は、「本番上演には、練習とは本質的に違う喜びがある」と語る。その話を聞きながら、私は大量に汗をかき、重く暑い衣装と緊張から解放され、また上演依頼者側から特別に丁重な言葉と食事でもてなされる、あの上演後の幸福感を思い起こす。何度も繰り返してきたように、この私の幸福感と、彼のいう喜びは全く同じではないであろう。彼はヒンドゥー教徒であるから、寺院で無事奉納を終え神々をもてなすことができたという感覚が、その「喜び」の大きな部分を占めているのかもしれない。しかし私の思い浮かべる幸福感は彼が思い浮かべているものと無関係でもないであろう。そしてインタビュー中に感じるのは、彼らの側も、トペン演者のはしくれである私が、ある程度彼らとイメージや感覚を共有しながら話を聞いていると期待しているということである。そのため、彼らとの会話において、私が上演体験の中で感覚した事柄を脇においてばかりではいられないとも思うのである。彼らとの感覚の差異は、会話や観察を通して少しずつすりあわせてゆくべきであろう。彼らの演技に圧倒され自分との大きな隔たりを感じる一方で、共感しながら観察やインタビューをする。この相反する二つの心の働きはこれからも比重を変えながら共存してゆくと思われる。

以上、私がトペンを学ぶことを契機として引き起こされた数々の出来事、そこから明らかとなったトペンの諸相や、新たに生まれた分析視点のアイデア、そして私のなかで起きていた変化について述べてきた。冒頭で述べたようにやってみてもわからない事柄も多かったが、他方でやってみなければわからなかった事柄もまた多かった。

長期滞在にとりあえず区切りをつけ日本に戻る時、二人のトペン演者から仮面を贈られた。これでトペンの活動を終えるのでなく、さらに精進するように、といわれている気がした。それから数年たった今も、バリの先輩演者たちは、私が日本でトペンを踊り続けているかどうかに関心がある。おまえが踊らなければ、教えてやった意味がないじゃないか、といわんばかりである。バリで再会した際、「日本でも踊った」と言うと彼らはとても喜ぶ。そんな彼らの顔が浮かび、日本でも時々拙《つたな》い踊りを披露するようになった。バリ芸能を育む強力な磁場に今も私はひきつけられ続けているようだ。

※本稿は、フィールドでの経験について短く述べたエッセイ（吉田 二〇一三）の内容をもとに、大幅に加筆および修正したものである。

【参考文献】

吉田ゆか子「バリ島仮面舞踊劇トペン・ワリと『観客』――シアターと儀礼の狭間で」『東方学』一一七、二〇〇九年、一五六～一三九頁。

吉田ゆか子「仮の面と仮の胴――バリ島仮面舞踊劇にみる人とモノのアッサンブラージュ」『文化人類学』七六（一）、二〇一一年、一一～三二頁。

吉田ゆか子「舞台で学べ――仮面舞踊修行の日々」『月刊みんぱく』三七（六）、二〇一三年、一八～一九頁。

Slattum, Judy & Paul Schraub. *Balinese Masks: Spirit of an Ancient Drama*, Hong Kong: Periplus Editions, 2003.

第6章

霊長類を観察する

――生態的参与観察の可能性――

黒田末寿

Suehisa Kuroda

「遠くに行きたい」

人はどういうときに「遠くにいきたい」と思うのだろうか。僕は、大学を出て就職していたとき、それまでの自分が嫌になり、「遠いところ」で何もかもやり直ししたい思いに取りつかれていた。むろん、そんなムシのよい人生のリセットができるところなぞありはしない。だけど、当時二〇歳そこそこの僕は、心底そう思っていた。といっても、放浪はしたくなかった。どこかで落ち着いて人の生き方をじっくり学びたいと思っていたし、勉強もしたかった。

僕にとって「遠いところ」は、言葉も経験も通用しない場所

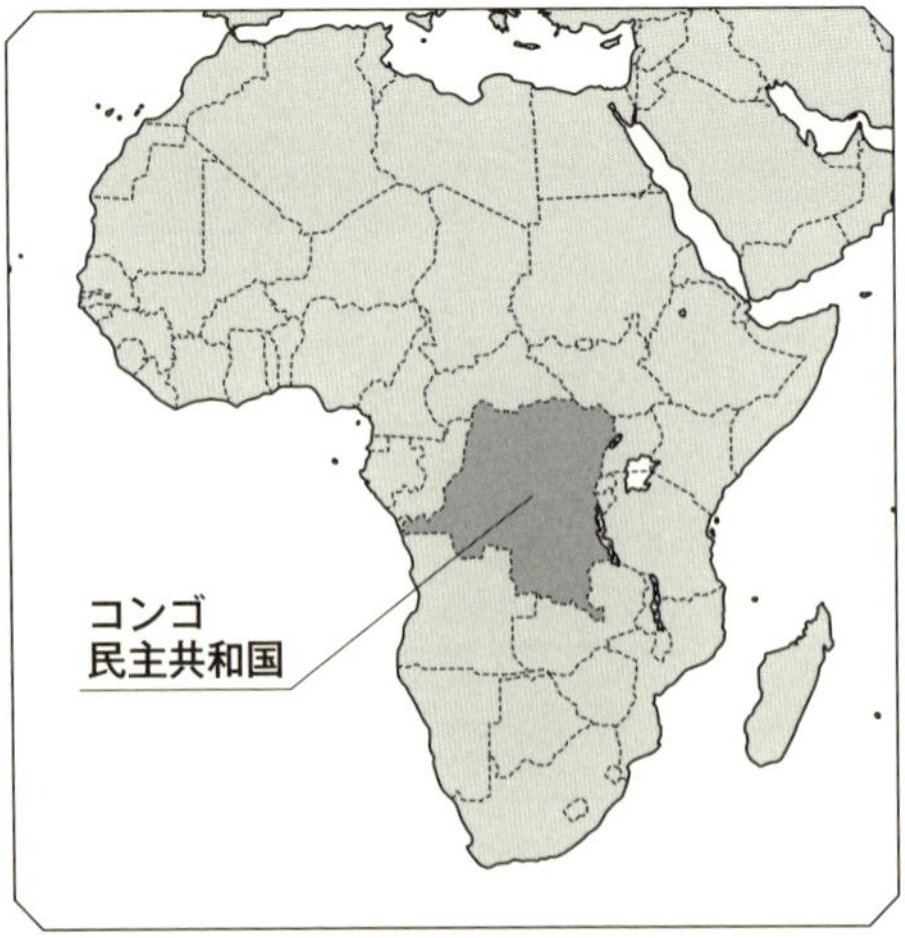

のことで、日本でも欧米でもなかった。「そうだアフリカだ！」そう思いついたのは、伊谷純一郎先生の爽やかな顔が思い浮かんだからだ。伊谷先生は人類社会の出現過程の復元をめざして、霊長類の社会構造とその進化やアフリカの狩猟採集社会、牧畜社会を研究していた。僕が伊谷先生に出会ったのは一九七〇年の学部生のときだった。自宅に呼んでいただき、ちょうど執筆中だった『チンパンジーを追って』（伊谷 一九七〇）の原稿を見せていただいた。読み進むうちに無性にそこに描かれた場面に参加したくなり、思わず僕は、「この挿絵を描きたいです」と言ってしまったのだ。「それならやってみなさい」が先生の返事だった。

原稿にはトングェ（タンガニーカ湖東岸の民族集団）の歌謡（ブジェゲ）があった。

「…原野（ポリ＝スワヒリ語）にさまよった者は、人でなくなって帰ってくる…」

説明のないさらりとした歌詞の不気味さ。あれはどういう意味だったか。人の生の得体の知れなさか、あるいは、動物的な力が生きる希望を与えてくれるというのか。

よし、どこかの原野（サバンナ・ウッドランド）か森林をフィールドにして人類学か霊長類学をやりながら生き方を学び、それからアフリカのどこかで暮らす手立てをみつけよう。無茶苦茶な発想と目標だったが、そう思い立って京都大学の自然人類学講座（伊谷研究室）に行くことにした。当時僕は高校の教師で、担任していた生徒たちに申し訳なかったが、高校を辞め大学院に入ったのだった。

大学院に入った以上、研究分野を決めなければならない。見ず知らずの土地で多少知り合っただけの人々に親族関係や生活のことごとくを尋ねたり、行動を観察するのはおっくうだったから、気がねの必要がない類人猿を研究することにした。こうして僕は、とりあえずの手段として霊長類学を選び、その第一歩にニホンザルの調査をし、そしてボノボという類人猿の調査でアフリカに行くことができた。その後、何度かアフリカに行くうちに所期の目的をあきらめ、手段だった霊長類学を生涯の仕事にすることになった。そうなったのはアフリカで何度も病気をしたことも大きいが、他方でフィールドワークをともなう霊長類学が「遠いところ」での一種の「生き直し」を幾度となく体験させてくれたことがある。

「どんな経験でもきっと役に立つ」

僕が大学院生になったとき、就職していて同輩より遅れていることを気遣って下さったのだろう、伊谷さんは（伊谷研究室では先生もさんづけで呼んでいた）、「研究に回り道ということはない、どんな経験でもきっと役に立つ」と言われた。そのときは、自分に自信をもって頑張りなさいという意味に受け取ったのだが、おいおいとそれが言葉通りの意味とわかってきた。

僕はまずニホンザルの調査をすることにしたが、何がわかって何がわかっていないのかもよくわからない。そこで一番単純そうな、利き手をテーマにして大分県の高崎山と宮崎県の幸島の二箇所を見て回る計画を立て、旅費を申請した。伊谷さんはまた同じことを言われた。今度は、行く先での生活もフィールドワークの対象と考えなさいと受け取った。また、「しばらくな、じーと見て、これはということをテーマにしなさい」とも言われた。研究計画に縛られず、現場でおもしろいと感じたことをやりなさいということだった。

僕は、心構えと一〇万円をもらって、リュックを担いで九州へ出発した。

ニホンザルの個体識別

日本の霊長類学は、霊長類社会学として始められた。当初は、人間社会の基本条件と考えられる事柄がサルの社会にも単純な形であるという仮説をもうけ、一頭一頭を識別して記録した行動データを分析して検証する方法を採って、めざましい成果を上げていた。日本のフィールドワーカーたちは、ニホンザルを顔で一〇〇頭以上識別し、霊長類学のパイオニアの一人、河合雅雄（河合 一九六四）さんはこれをサルの「人格的認識」と位置づけた。

僕は、ニホンザル調査の最初、大分県の高崎山では、性・体格・傷・入れ墨などのマークの組み合わせによって二〇〇頭ほどを識別したが、顔だけではほとんど見分けられなかった。次に宮崎県の幸島に行った。ここは孤立した小島で島内の施設に泊まれば、早朝から夜中まで観察ができる。当時一〇〇頭ほどだったので、オトナだけならその半分、雄・雌に分けるとさらにその半分ほどをそれぞれ識別すればよいから、今度こそ顔で覚えようと意気込んだ。当時サルの世話と記録係だった三戸サツエさんに個体の名前を教えていただきしげしげみると、確かにそれぞれにちがった顔をしている。それなのに、それが動くとすぐに分からなくなってしまう。ああ、自分にはサルをみる才能がないらしいとがっかりしながら、朝から晩までサルを二週間近く見続けたある朝、突然、「早く餌をよこせ」と宿舎の戸を叩いて鳴き騒ぐサルが声だけで誰か見当がついた。わくわくしながら外に出てみるとまさに見当通りの個体だ。それからサルの顔が分かるようになり、何頭かは声や後ろ姿だけでも分かるようになった。いったんこうなると、新しいサルが出てきても簡単に顔を覚えられるようになった。

僕に起こったこの変化は、あのサルは「横着」とか、あのサルは「美人で賢い」だとか、性格や顔つきの好き嫌いとも連動して現れたから感情移入をし始め、たぶん、サルを人間のように認識する「人格的認識」に入ったことによるのだろうと思う。この変化ののち、サルの表情や仕草がよく分かるようになって、ある個体が何を「しようとしたのか」とか、誰を「気にして」それをやめたとか、姿勢や視線のちょっとした動きで行動を読む、細かい観察ができはじめた。それで、サルを追うのが楽しくなったし、幸島を歩くのが楽しくなった。「遠くに行くための手段」のつもりだった霊長類学がそれ以上のものになる始まりだった。僕はこのような体験を経た後、ボノボ調査隊長の加納隆至さんにアフリカの中央にあるコンゴ森林に連れて行ってもらったのだった。

ボノボの森で

ボノボとは、現在のコンゴ民主共和国を覆うコンゴ森林だけに棲《す》んでいる類人猿だ。チンパンジーにごく近縁で小柄なのでピグミー（小さい）チンパンジーとも呼ばれている。今日では温和で性行動を発達させたセクシャルな類人猿という触れ込みで知られているが、僕たちが本格的に調査を始めた一九七四年の時点では全く未知の類人猿だった。一九七二年に西田利貞さんが予備調査をし、七三年に加納さんが広域調査でその分布を調べたおりに二つの調査候補地をみつけ、七四年から加納さんと僕とでそれぞれに長期調査を開始することになった。僕の担当がコンゴ森林のほぼ中央にある赤道州のワンバ村だった。ワンバ村は、僕がはじめて行った頃は五集落の総人口が五〇〇人に満たず、集落から数百メートルのところに鬱蒼とした森が迫っていた。そのころはボノボを殺さない昔からの掟が堅く守られていたから、夜になるとトゥリーハイラックス（モルモットのような樹上性の小動物、夜に大声で鳴く）、ヨタカ（ヒヨドリほどの暗褐色の鳥、夜行性でよく地面に潜んでいる）、カエルの声に混じって、ボノボの集団の合唱のような遠吠えが数カ所から聞こえてくる、そういう森のなかの村だった。

僕は幸島で夜の森でも時々観察していた経験で、熱帯森林でもやれるだろうとタカをくくっていた。その浅はかさがわかるには、樹高四〇～五〇メートルの高木が林立する昼も暗い森に入って一時間もかからなかった。トラッカー（動物の追跡者）として雇った二人の猟師が、「ボノボがあそこ、あの大きな木の左側の枝の先にいる、ほら、あそこに…」と丁寧に指示してくれても眼に入ってこない。それどころか、たどっている小道を数歩外れただけで位置がわからなくなり、「ここだ」と呼んでもらわなければ戻れなくなる始末だったのだ。

　調査期間は一年間。最初の調査で、僕に期待されていたのはボノボの詳しいデータ収集より調査が継続できる体制づくりで、具体的には、村人との信頼関係づくりとボノボの餌づけだった。だが、僕にはもうひとつ、「遠いところ」で「生き直す」という別の目的の準備もあったから、すべてをトラッカーに頼らないと森が歩けないままで調査期間を終えたくなかった。というより、そんな赤ん坊のような自分に我慢ならなかったのだ。そこで僕は、森を歩く力を身につけたい一心で訓練を始めた。午前はトラッカーと歩いて観察し、午後は一人で森に入ってボノボを探しながらすこしずつすこしずつ森の奥に入っていき、トラッカーの眼・耳・舌・身体全体の使い方を徹底的に真似た。山刀で幹に印をつけ、樹液の臭いを嗅ぎ、葉っぱを咬んで味と匂いで木や草の種を確認し、動物の足跡をみつけてたどり、その主と通った時間を推測する。彼らが森で飲み食いするものは、川水やツタの樹液を含めて飲み食いする。芋虫やキノコ、山菜を蒸し焼きにして食べ、地面で昼寝し、ダイカー（森林性のシカのような動物）やトガリネズミ（鼻部が尖っている大きなネズミ大の動物）を誘《おび》き寄せる声をまねた。

　みつけるべき相手のボノボの真似もした。彼らが食べるものを食べ、彼らに吼え返し、足跡をたどってブッシュをかいくぐった。未熟な僕は、何度もゾウの群れに迷い込んで追われ、下痢や寄生虫やゾウにつくダニに悩まされる羽目になったが、幸い毒蛇にも毒蜘蛛にも咬まれず、その成果が半年ぐらいしてついにやって来た。ある日、夕闇が迫る森のなかでボノボをみつけようと耳を澄ませていたときのこと、木々のざわめきに不意に子どものときに歩いた山を思い出し、辺りが急に懐かしい風景に転換したのだ。何が起こったか分からない。でも、嬉しかった。半分闇に沈んだ森の小道を跳ぶように帰る途中で、いつもは逃げる羽音しか聞けないヨタカをみることができた。

　それ以来、森の隅々がよくみえるようになって、林床に潜む動物もみつけられるようになった。秘かに落果をかじっているブルーダイカー（青っぽい小型ダイカー）、茂みで休んでいるジェネット（ジャコウネコ）から漂う匂い、樹間を走るリス、木の葉そっくりのハナカマキリ（枯れ葉や花などに擬態しているカマキリ）、茂みを貫くように飛ぶ小鳥たち……。森にはこんなに動物がいたのだ。木の根が朽ち木の中を根元から上方に伸びていることに気づいてその生命力に驚き、見慣れたシロアリやサスライアリの姿さえおもしろかった。そして、一人でボノボやサルをみつけられるようになった。

能力はたぶん、Bクラスの猟師にも及ばなかったろうが、おもだった森の植物も覚え、何の不安も感じないで森を歩けるようになった。トラッカーたちは僕の成長を喜んだ。褒め言葉は、「ヨ・モバーリ。オランディ・ビソ・マラーム（お前は男だ。よくぞおれたちに学んだ）」だった。ところが皮肉なもので、その頃、僕の双眼鏡の中にカビが生え、どうしても直せず、使い物にならなくなっていた。それでも森歩きの訓練のおかげで、調査の後半に肉眼でもボノボが見分けられる距離になんども接近でき、食物分配の交渉や集団間の闘いをつぶさにみるチャンスにも恵まれて、なんとか納得できるデータが取れた。

村人たちも、僕が酒飲みで宴会好きで、怪我人・病人を手当てしたことなどで気安くなり、受け入れてくれた。塩や石けん、ノートや鉛筆、山刀などの必需品も手に入らない村だったから、資本金を一時用立てして村人が雑貨屋を開く手伝いをし、子どもたちにズボンとスカートを提供する仕立屋も運営した。ところが、ボノボを餌づけする畑作りなどで最後の二カ月半は無一文になってしまい、森や畑跡でキノコや山菜を採取し、村人からキャッサバをもらって食いつなぐ生活になった。ボノボが樹上から落としてくれる食べ残しの果実もありがたかった。靴は薄い底だけが残りそれを足にくくりつけて歩いた。そういう僕を村人たちは「モンデーレ・ポベ（乞食の白人）」と呼んでいたらしい。だが、自分の力で生きる精一杯のことをし、村人の助けに頼って生きていくのは楽しかったし、村人との関係の完全な逆転が可笑しかった。そうして僕は、幾分「生き直した」気もして最初の調査を終えたのだった。

生態的参与観察

社会・文化人類学のフィールドワークでは、対象集団の社会や文化を調べるのに参与観察をおこなう。参与観察は、方法論としての意義を別として、実際にやることは、観察者が調査対象集団の構成員ないし準構成員として活動に参加し、参加者あるいは臨場者の視点からデータを収集する。そのためには相手の文化を尊重（ないしその振りを）して相手に受け入れてもらうことが前提で、また活動や儀礼の場への参加の仕方や行為の意味を教えてもらう幾人かの特に親しい人物を獲得しなければならない。つまり、相手を尊重して「信頼される」こと、「教えてもらう立場の認識」（謙虚さ）、そして「友人」をえること、これらが参与観察には必要なのだ。

霊長類社会学の場合、観察者がサル集団の一員になることはできないから参与観察は成り立たないとはいえ、よく似ていることをしている。観察者は、そばにいても無害だとサルたちに「信頼され」ないといけない。チンパンジー研究者のジェーン・グドール（グドール 一九七一）さんは、観察の初期、デイビッドと名づけた老雄が最初に彼女に対する警戒心を解き、デイビッドに付いていくことで彼の集団に次第に受け入れられた。彼女はデイビッドを「友人」と表現している。霊長類学では、こういう関係になることを「人づけ」という、興ざめで人間中心的な呼び方をしているが、実際には観察者は相手を驚かさないよう慎重に振る舞う。それをはたからみれば「謙虚」と思うにちがいない。かつてはサルたちに好物を与えて人づけをし、これを餌づけと呼んだが、餌づけは生態への影響が大きすぎるので、今日では野生集団相手におこなうことはなく、ワンバでも止めている。

調査の初めのころ、僕も「友人」に助けられた。最初は、僕がいるのに気づくとボノボたちは必ず「バーッ、バーッ」と警戒の叫びを上げて高木の茂みに身を隠すか、地面に飛び降りて姿をくらましていたが、三カ月ぐらいで慣れた個体が数頭できた。しかし、まだ僕をみて「ヒア、ヒア」とかすかな不安の声を呟く個体が何頭もいて、そのとき僕がちょっとでも動くと、「バーッ、バーッ」でみんなが逃げてしまう。頼むから安心してくれと祈っているとき、慣れた個体が出てくると助かる。僕をみて、「なんだ、あれは大丈夫」というように気にしない態度をとって、不安げだった個体も僕を気にしなくなるのだ。もう少し日がたつと、僕をみつけて「ホヨ」の小声が出され、「ヨ」と軽く応えるやりとりが出はじめた。ホヨは軽い警戒ないし注意喚起のかけ声、ヨは「了解」に近い意味である。

また屋久島で僕がみていたニホンザル（ヤクシマニホンザル）たちは、僕を信頼というか、自分たちの味方のように利用した。ニホンザルの集団同士は互いの行動域境界でしばしば争う。僕が観察していた集団は、このとき劣勢になると両者から数一〇メートル離れている僕の後ろにじりじり回り込んだ。すると、人慣れしていない優勢集団は僕と対峙する形になってたじろぎ後退した。そこに乗じて観察集団が僕の後ろから相手集団に突撃する。しかし、相手の反撃に遭うと、今度は雪崩のように僕の背後に逃げこんだのである。僕は、サル集団の最下位雄のように付いて行っているつもりだったが、サルたちは僕を最強の助っ人として利用したのだ。

霊長類社会学では観察者はサルたちへの影響を最小限にするため、直接交渉が生じる「ディープな関係」になる事態を避ける。しかし、一種の信頼関係を築く以上、このようなことがどうしても起きてしまう。逆に、それが僕たちの観察が、彼らの世界に参入する「参与観察」であることを示してもいるし、それは、彼らを人格的に個体識別したときから始まっているといえる。こういう意味で、僕は、この霊長類を対象にした「参与観察」を「生態的参与観察」と呼んでいる（黒田 二〇〇二、二〇〇九）。生態的というのは、サルと社会関係をつくるのではなく、サルがすむ世界にサルの行動に学びながら参入していくからである。

霊長類社会内の視点に近づく方法——伊谷霊長類社会学

しかし、人類学の参与観察は、それだけではなく、観察集団の文化や価値観を内側からとらえる方法であり、その実践によって自己が属する文化を相対化する。観察者がある文化を内側の視点で解釈するとき、その妥当性は、その文化集団のメンバーの語りや主観にそっているだけでなく、自分が引き出した解釈が相手の社会・文化事象一般と整合性を示すことで、その妥当性を確認する。

では、生態的参与観察の場合はどうだろう。相手がサルなので内側からの視点を観察者がもつことは原理的に不可能だが、そこに近づく方法はないだろうか。そうした方法で得たデータ解釈の妥当性は、人類学の場合と同じく他の社会事象などとの整合性で検討すればよいだろう。

霊長類の内側の視点に近づくことは、じつは伊谷さんの霊長類社会学に現れている。伊谷さんは、行動や生態のデータを生態要因への適応や繁殖成功度に還元する考えを採用せず、「霊長類の社会事象はその社会のレベルで説明する」と主張した（伊谷 一九九三）。たとえば、チンパンジーは集団の全員が集まることはめったになく、三々五々融通無碍にメンバーが入れ替わる小集団に分かれて遊動し、その現象を離合集散と呼ぶ。別れていた個体が合流するときには挨拶がみられ、また、雄が大きな果樹をみつけると大声を出して他のメンバーを呼ぶ。西田利貞さんを始め多くの研究者は、この離合集散を、食物である果実が多くのチンパンジーが同時に食べられるほど集中して実る場合がまれで、かつ分布状態が変動することへの適応と解釈した（西田 一九九九）。

これに対し、伊谷さんは、離合集散していても集団のメンバーシップが維持できる能力や、自由に分かれられることが個体間の葛藤解決法になっているなど、離合集散が表すチンパンジーの社会的能力やその社会にとっての意味を考察すべきだと言ってきた（伊谷 一九七二）。社会事象を生態要因や遺伝子に還元して説明することもできようが、そうすれば、知ろうとしているチンパンジーの社会が消えてしまう、と言いたかったのだと思う。

この離合集散のなかで目立つのが、雄同士が集まって頻繁に交渉する傾向だ。おもだった雄たちには優劣関係、つまり順位があるが、普段は誰がトップのアルファー雄か分からないほど、対等に毛繕いし、挨拶も抱き合うなど対称的な形でおこなわれる。しかし、妊娠可能な状態にある発情した雌をめぐっては、アルファー雄が独占しようとして優劣が顕在化する。西田さんは、対等にみえるのはみかけだけで、肝心なところは優劣関係で決まると言い、別のところでは、対等な交渉はアルファー雄が優位さを維持のするために同盟者や支持者を確保する方略で、その上手な使い分けができる個体が子孫を多く残し社会的知能が進化するとも言っている（西田 一九九九）。社会的知能の進化のメカニズムで雄間の交渉を意味づける西田さんに対し、伊谷さんは、雄たちが優劣はあってもそれをないかのように振る舞って共存することを平等原則と名づけて、チンパンジー社会と人類社会の接点のひとつに位置づけた（伊谷 一九八七）。そして雄たちは平等に振る舞うために自制しつつ（関係確認のために）過剰な交渉をしていると指摘し、その自己抑制の解放が雄たちが集団で大暴れする集団ディスプレイであるとし、また集団間の雄同士の対立と闘いに関連づけた。

伊谷さんの考えをまとめると、まず、霊長類の集団を個体の集合以上の存在で、独自の論理（＝秩序、構造）が発生する実体ととらえている点が重要である（伊谷 一九九三）。また、この集団独自の論理は個体を規制し、それは研究者が観察できる行動として現れるとした（伊谷 一九八七）。独自の論理＝構造には二種類あり、一方が集団間で個体が移出入することによる構造、他方が個体の自制で作り出される集団内の共存の構造である。後者の自制と共存のあり方にもふたつあって、それらが、一方の自制で成り立つ不平等原則（これは個体間の優劣を固定して交渉する順位秩序を作り出す）と、双方の自制や互いに促進し合う行動で成り立つ平等原則である（伊

谷 一九八七)。同じことの言い直しだが、伊谷さんはまた、個体の行動が社会構造を作り出すと言っているから、社会構造は霊長類の個体にとって実体であると考えていたことになる。これらから、伊谷さんの視線が霊長類の内側の視線に近づこうとするものだったと、僕は考えている。

霊長類社会内の視点に近づく方法——詳細な観察

伊谷さんの議論とは別に、僕自身は、ボノボの調査が進むにつれ、その内側の視点に立つような仕事をしたいと思うようになっていた。

ワンバのボノボは一九七六年に加納さんによって完全に餌づけされ、僕の二回目、三回目の調査ではサトウキビに惹かれて明るい地上に出てきたボノボを存分に観察できた。ボノボは美味な果物やサトウキビを他個体からもらったりする。また、優位な個体でも独占しない。これはチンパンジーにもみられる食物の分かちあいであり、平等原則の行為のひとつである。僕は、たとえばパイナップルをもっているボノボが惜しそうにしながら一部なりとも分ける姿に感動した。それは、自分にも覚えがあるが、子どもが一人で食べてしまいたいお菓子を弟や妹にせがまれて惜しそうに分ける姿に重なったからだ。親ならそういうとき、「お兄ちゃん、えらいね」と褒めるだろう。その子の動機の如何にかかわらず、我慢して分ける姿に自己の立場の認識や規範の芽をみることもできる。ならば、ボノボの場合にも分かち合いの行動に自己の立場の認識や規範の芽をみてもよいのではないか。

この食物分与の解釈は二転三転していた。一九六〇年代初期に発見された当時は、「人間のような行動」「人間の食物分配の原型」といわれたが、その後、ほとんどの場合、しつこくせがまれてようやく一部を取らせることがわかって、分配とか分与と呼ぶに値せず食物の移動にすぎないといわれ考察に値しないかのようになっていた。

それが、一九八〇年代からチンパンジーたちが順位争いを優利にする同盟者づくりと裏切りができる能力をもつとわかって（ドゥ＝ヴァール 一九八四）、食物分与を同盟者や支持者に対するサービスではないかという解釈が現れた（西田 一九九九）。これらは、いずれもチンパンジーにみられるこの行動が人類の食物分配や社会的能力の進化を考察する上で役に立つかどうかを問題にした解釈で、チンパンジー社会のなかでこの行動が一体何であるのかを考えてはいなかった。伊谷さんだけがこれを「経済の原初」、「自己の客観視の現れ」、「平等原則の客体化」と位置づけて、チンパンジー、ボノボの社会と人類社会との〈社会のレベルで〉連続性をさぐる考察材料にしていた。

僕は、ボノボが食物を分かち合う規範のような社会意識をもっていると感じ、そのことを他の観察者にも納得いく形で示そうと思った。そのキーは、分与の消極性を「惜しみ」ととらえることにあった。「惜しみ」は人間社会ではみっともない態度とされるが、幼児の社会性の成長と関連させてみればダメなことではなく、むしろ食物の価値を分かっていること、あげたくないけどあげざるをえないという社会的な状況を理解し反映した感情表出ととらえることができる。

また、チンパンジーでもボノボでも食物の保持者が分与しなくても攻撃されるわけではない。ボノボの場合、みんなが好むパイナップルをもつと最優位の雄でさえ、おどおどした態度になるが、分与し始めると落ち着いた表情になる。これは独占したいのに他個体がほしがっていることがわかることが葛藤をもたらし、分与を決断すると葛藤が消えると説明できる。一方、食物をもっていない個体は、相手の食物が容易に取れそうでもめったに手を出さない。つまり、相手が食物をもっていることを「尊重」している。もっている個体も取られまいと身構えているわけではない。こういう関係のなかでみられる食物を保持することを「所有」といってもいいだろう。このように、食物をめぐる彼らの交渉を社会関係や他者認識と関連づけて説明できるし、食物分与の進化のなかに位置づけることも可能になるのである（黒田 一九九九）。そのキー発見のきっかけは、ボノボの表情の読み取りと、そこに自分の子どものときの感覚を重ねたことにあった。

行為の多義性と柔軟性

ボノボの食物分与は、食物の所有関係を維持しながら物乞いと分与がおこなわれる場合と、性的交渉で所有関係をなくし関与者間で食物を分割する場合がある。経産雌は、交尾をすると食物の大部分を取って離れるので、交尾は食物を得るための手段といえるが、若い雌の場合、同じ食物がふんだんにあるのにわざわざ雄の食物をねだったり、食物をもった雄に近づき尻を押しつけて交尾をし、手に入れた食物をそばで食べたりする。若い雌にとっては、交尾あるいはそれ以上に雄のそばにいることのほうが目的で、食物あるいは食物と交尾が接触の口実＝手段のようにみえる。

このように詳細な観察によって、同じ行為でも場合によって目的と手段の位置関係が入れ替わっているということができるが、ボノボ自身にとっては、もともと行為は多義的でそれを文脈や交渉の流れで相互調整し確定しているといえるかもしれない。また、交尾相手として呼ばれたわけではないのに駆けつけ、拒否されるといった、ボノボの勘違いのようなことも起きていると分かってくる。ボノボでおもしろいのは、こういう勘違いでも、多くはあとで相手がそれをかなえてやることである。チンパンジーでは起きない、いい加減あるいは優しさともいえる柔軟な対応をするのだ。しかしこのボノボのいい加減さこそが、集団間で殺し合いも起こすチンパンジーとちがって、集団間の対立や雄間の葛藤をうやむやにして温和な社会をつくっているといえるのである。

ボノボには、数一〇秒以上じっと相手の顔をみるともなしに覗く「のぞき込み」という行動もある。ときにグルーミングや性行動や横に座るだけなどの交渉が生じるが、ほとんどの場合何も起こらず覗き手が去る。これは、覗き手がちゃんとした意図をもたず、何をするかは、相手の出方に委ねているとしか思えない行動である。本当のところは観察者には了解不能で、分からないことがあることを認めるにはちょうどよい材料なのだが、僕にはこの相手に委ねる態度が、ボノボの高い言語能力と温和な社会のもう一つの源と思われてならない。それは自己の欲求の信号に相手が応答する単純なやりとりは特に他者の主体性の認識がなくても可能だが、この委ねる態度は相手を自己と同等の存在とみていることを示唆するからである。

全身で向かうフィールドワーク

二〇代で生きる意味を失ったように感じたとき、伊谷さんの爽やかさと不気味なブジェゲに誘われて、僕は人生のリセットをめざして（つまるところ逃げるように）アフリカに行き、その過程で僕はフィールドワーカーになった。最初のワンバでは、ミッションの看護師さんがたまたま通りかかっていなかったら死んでいただろう病にかかったこともあって、熱帯林の村で生きることがどういうことか身をもって知ったが、また、調査の後半は、数日ごとに風景や森、村人の振る舞いの機微の見え方が一新していくような日々だった。そこに山歩きや野山の果実をほおばったこと、柴を刈ったこと、畑作りをしたことなど、子どもの頃の記憶が重なって蘇ってきた。トラッカーたちはそうした僕をとても喜んでくれた。人生のリセットなのに、つまるところ、子どもの頃の記憶が森の村での生活を豊かに実感させる作用をしたのだ。

なぜそういうことが呼び覚まされたのか考えると、このふたつの生活には、いまやっていることに全身で向かっている共通性があったからだと思う。生態的参与観察などを言う僕のフィールドワーク経験はかなり特殊と思うけれど、どんなフィールドワークも現地の人々とのつき合いやデータ取り、事故や病気のハプニングのために、全身でその場にいる意味を追求する生活になる。煩雑であるが、単純ともいえるある種のピュアさ、そして注意力を傾けているために常に新たな発見がある生活である。だから毎晩フィールドノートを見返すたびに妄想のようにアイデアがわいてきたりもするのだ。

そしてもし、僕の場合のように町から遠く離れた熱帯の村だったら、人を救えることもあれば、自分の命を落とす危険もある。参与観察とは、そういう緊張感に満ちた仕事であり、だから、現地の友人との語らいがいっそう嬉しいのだと思う。

もはやそれを繰り返す元気は残っていないが、僕の夢にはワンバの森の風が吹いている。

［参考文献］

伊谷純一郎『チンパンジーを追って』筑摩書房、一九七〇年。

——『霊長類の社会構造』共立出版、一九七二年。

——『霊長類社会の進化』平凡社、一九八七年。

——『チンパンジーの原野——野性の論理を求めて』平凡社（平凡社ライブラリー）、一九九三年。

河合雅雄『ニホンザルの生態』河出書房新社、一九六四年。

黒田末寿『新版ピグミーチンパンジー——未知の類人猿』以文社、一九九九年。

——『人類進化再考——社会生成の考古学』以文社、一九九九年。

——『自然学の未来——自然への共感』弘文堂、二〇〇二年。

——「類人猿の世界に近づく観察法」『フィールドプラス』一、二〇〇九年、一八〜一九頁。

西田利貞『人間性はどこから来たか――サル学からのアプローチ』京都大学学術出版会、一九九九年。

ドゥ＝ヴァール、フランス『政治をするサル――チンパンジーの権力と性』西田利貞訳、どうぶつ社、一九八四年。

グドール、ジェーン『森の隣人――チンパンジーと私』河合雅雄訳、平凡社、一九七三年。

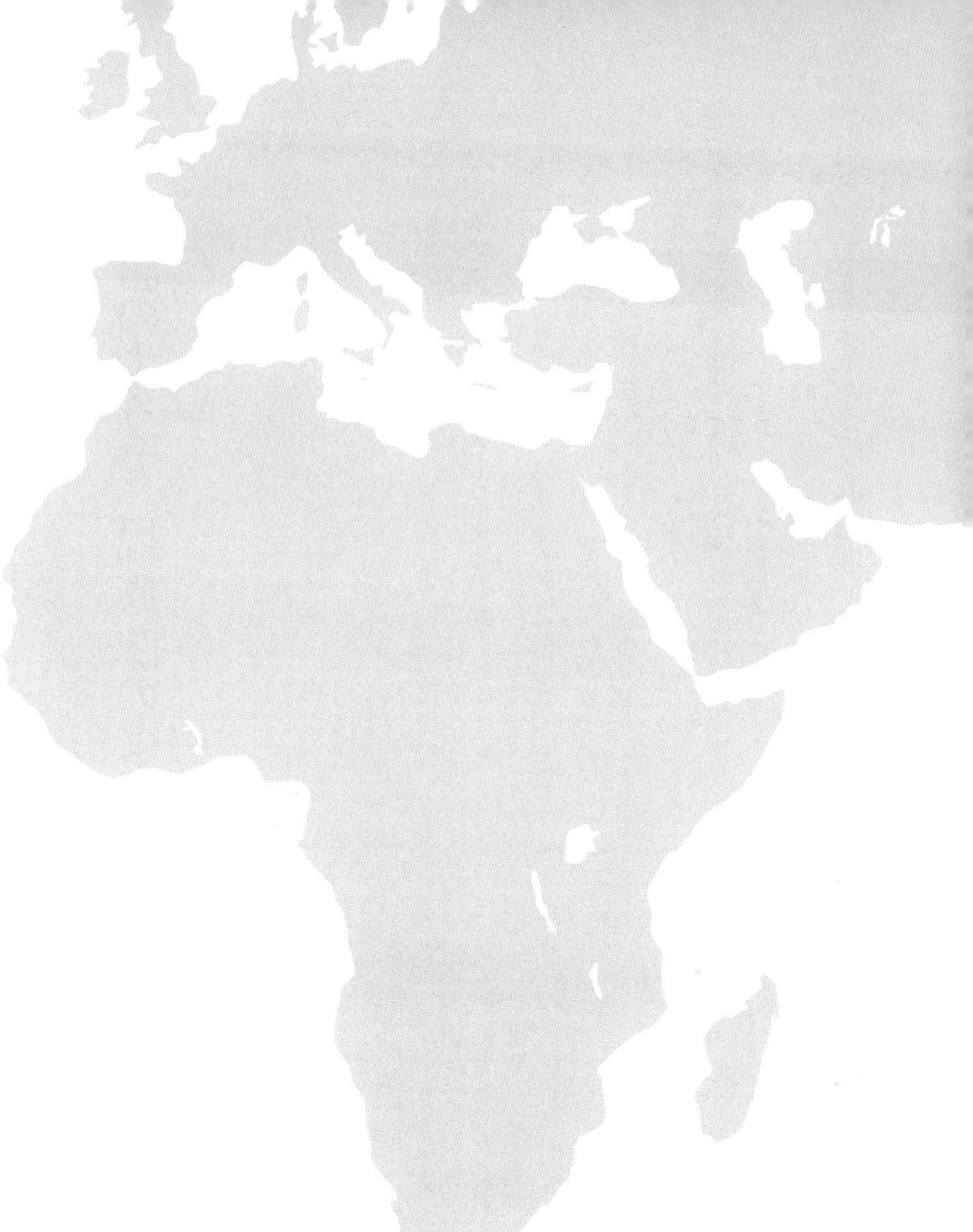

第7章

落語のようで、民族誌のようで

――夢とうつつの間のフィールドワーク考――

川田牧人

Makito Kawada

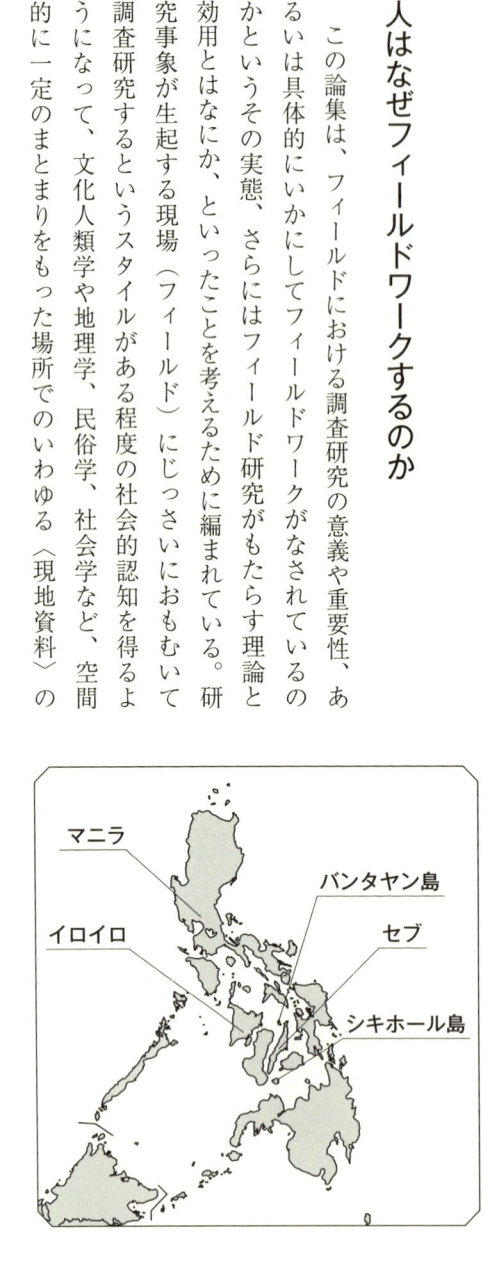

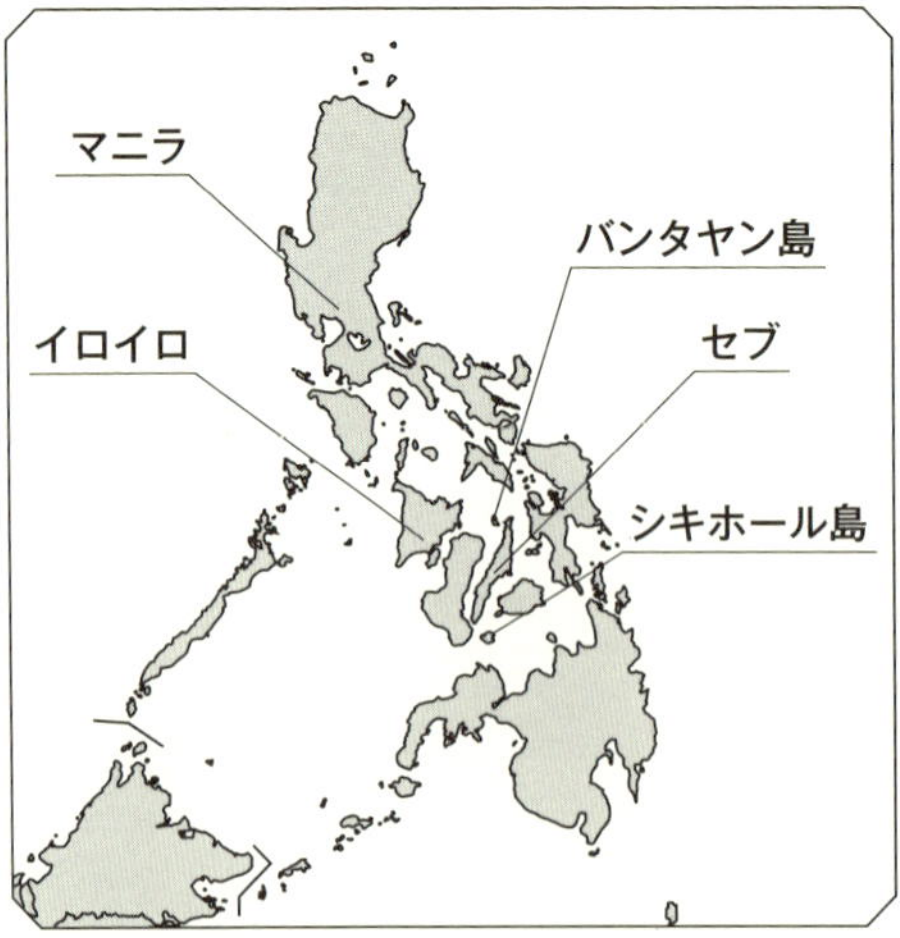

人はなぜフィールドワークするのか

この論集は、フィールドにおける調査研究の意義や重要性、あるいは具体的にいかにしてフィールドワークがなされているのかというその実態、さらにはフィールド研究がもたらす理論と効用とはなにか、といったことを考えるために編まれている。研究事象が生起する現場（フィールド）にじっさいにおもむいて調査研究するというスタイルがある程度の社会的認知を得るようになって、文化人類学や地理学、民俗学、社会学など、空間的に一定のまとまりをもった場所でのいわゆる〈現地資料〉の収集をおこなう学はもちろんのこと、近年では歴史学や文学など、従来は文字資料を扱うとされてきた学にまでフィールドワークの方法はひろがっている。ここでは〝ホームとフィールドの往還によって発見にいたったり洞察を得たりするような学的営み〟としてフィールドワークを捉えたい。

そのように捉え直すとき、フィールドワークの意義や成果を問う手前にはかなりやっかいな問題が横たわっていることに思いいたる。それは、「そもそもなぜホームとフィールドを行ったり来たりしなければならないのか？そこにはいかなる問いがあり、フィールドワークによって何が明らかになるのか？」という疑問である。文化人類学の場合のホームとは自文化（社会）のことと一般的には考えられるが、もっとプラクティカルに、書斎や実験室というホームが想定される学はたくさんある。そういうところを「わざわざ」離れてフィールドワーカーは何をやっているのか、というよく聞かれる疑問の、この「わざわざ」はミソでありながら、きちんと説明するのはけっこう骨の折れることなのだ。

なぜフィールドへ行くのか、という問いにもっとも素朴に回答するとすれば、「ホームでは得られない情報があるから」という答えであろう。本やインターネットにも記載がない、人に訊ねても答えが得られない、そういう問題がフィールドにはたくさんあり、その情報収集のためにフィールドに出かけるのだ、というのはおそらくもっとも受け入れられやすい答え方だろう。じっさい、西洋近代社会では知り得なかった経済交換のやり方や儀礼の体系など、人類学的フィールドワークで明らかにされてきた多くのことは、フィールドワークのこのような効用に依拠してきたものである。

しかし、これは究極の答えだろうか。フィールドの異郷性（エキゾチシズム）や資料としての稀少性は往々にして操作的に演出されるものであることは、ここ三〇年あまりの民族誌批判が明るみに晒してきたことだった。それとも一点、情報ネットワークの地球規模大の展開を延長していくと、あらゆる情報はホームでは得ることができないという「常識」にも疑問が投げかけられることになる可能性が生じる。たとえば情報ネットワークに関する相応のデバイスとリテラシーがフィールドにそなわれば、それこそ「わざわざ」フィールドに出向かなくてもホームに居ながら知りたいことの情報収集ができてしまう日が来るかもしれない。そのような「ホームで得られない情報はない」時代が到来してしまえば、もうフィールドワークは必要ないということになってしまうだろうか。

別の答えとして、異郷の地の文化は、「郷に入っては郷に従え」式に習得されるものだから、というのはどうだろうか。異文化の生活様式というものは、有無を言わせず身体に叩き込まれる（もしくは刻みつけられる）ものであるから、見よう見まねで身体で覚えるしかない部分が大きい。ここから「文化は言葉によってのみ媒介されるものではないから」というサブタイプの回答も派生する。じっさい、フィールドで得られる情報には、温度や湿度、におい、坂の勾配やものの手ざわり、その場の空気感など、言葉や音声・映像資料によって伝えきれない（と近未来のテクノロジー進歩をも含めて推測されるような）感覚的次元がある。そうであるならば、とにかく己が身体を現場へ持ち込まないと話は始まらないということになり、「わざわざ」というよりフィールドワークという手法によってこそ現地情報の非言語的側面は得られるのだ、と答えることもできそうである。その意味でこの回答は一面の真理であることは認めつつも、やはりそこにつきまとうある種の説教臭は拭いきれない。文化の〈学習・習得〉というといかにも身構えた教化カリキュラムの履修のような感覚なのだが、フィールドワークとは一定のマニュアルを消化していくような機械的イメージとはすこし異なる側面がある。つまり生身の人間同士のもう少し切羽詰った生のやりとりがあるはずではなかったろうか。

文化の身体的・感覚的次元という観点をさらに推し進めると、人の生の全体性に行き着く。フィールドワークにおいては個々の項目が要素主義的に理解されるのではなく、その全体性を見通しうるような「まるごとの理解」

がめざされるのである。つまり、頭だけでなく身体や五感をも総動員して、他人の生を理解し共感にまでいたろうとすると、研究のスタイルとしても自ずと生のまるごとをフィールドの現場に持ち込んで、人の生が「そういうふうにできている」ことを感得するというわけだ。これは研究対象に身を沿わせるという一般的意味におけるフィールドワークの説明として、ひとまずは理解できよう。

フィールドワークのこのようなスタンスは、一九八〇年代からなされてきたエスノグラフィー・バッシングに対するフィールド派からの応答としても重要である。フィールドワークを前提として他者の生を表象するエスノグラフィー（民族誌）は、研究者のワンサイドな情報収集として、「ホームでは得られない情報があるから」式のフィールドワークによって論拠づけられていたし、またその点が激しく批判されもした。しかし、「そういうふうにできている」式のフィールドワークにシフトチェンジするならば、それは一方的な情報収集行為から、研究「する側」と「される側」という立場の二分自体を相対化して往き来する相互交渉のプロセスに重点は移行する。つまり〈我〉と〈彼〉が完全に分断された状態での一方的理解から、「我がこととしての共感」という双方向的理解、もしくは共犯的理解とでも呼べるフィールドワークの本来あるべき状態が「そういうふうにできている」フィールドワークによっては可能になるのだ。

宗教領域の事象を研究する場合、この〈他者理解〉のより深い次元はさらに掘り下げられそうである。宗教的事象のフィールドワークとその記述分析をする分野を宗教民族誌とよぶなら、そこで描き出されるのは、一見奇異に目に映る儀礼や、不可視の存在や力にまつわる語りや曖昧模糊とした信念の世界である。それらに取り囲まれているうちに、果たしてこれは現実であろうかと耳目を疑う思いにとらわれることが往々にしてある。じつはこの、現実なんだろうか仮構なんだろうかというどっちつかずの感覚は、冒頭にあげたホームとフィールドの往還という点とシンクロしていて、フィールドワークの経験自体がそのような境界領域で生起するものだからともいえるのである。そしてそれは、人の生の成り立ちがそもそも「そういうふうに」境界領域のあちら側とこちら側を明確に二分することなくむしろ時折往き来できるようにゆるやかにつながっているからでもある。人が人を理解するという営みも同様であり、〈他者理解〉という硬直しがちな言葉の奥底には、我がことのように他人を思いやる共感の境地があるはずである。われわれが日々、人づきあいを通してふつうに生きていくということは、フィールドとホーム、我と彼との往復を含み込んでいる点を勘案するならば、「そういうふうにできている」人の生を考えるためにフィールドワークをするのだ、という答えはあながち突拍子のないものでもないことがわかるだろう。

夢のようでうつつのような、桂枝雀的フィールドワーク論

現実なのか仮構なのか判然としない、曖昧模糊とした人の信念の世界を描く宗教民族誌が、落語の世界に似るのは、したがって、きわめて自然な流れである。落語も宗教民族誌と同じく、夢なのかうつつなのか区別がつかなくなるような世界を描くに秀でた芸態をもつからである。落語とは何かといった演芸論は、もとより私などの手に負える領域でもないが、かつて二代目桂枝雀（一九三九～一九九九）は次のようにその特徴を説明していた。「落語というものは、内容的にも芸のスタイルからみても、有るような無いような、何かフワフワとしてつかみどころのないもの」である。芸のスタイルというのは、一人で何人も演じ分けてすべてのキャスティングをこなすので、キャラクター同士の境目が曖昧になるということであり、また、あるときは噺の解説や状況説明などのナレーター役としてしゃべったかと思うとその直後に噺の中のキャラクターになりきって台詞をしゃべるなど、役割上の境目も曖昧である。「内容的に」というのは落語の噺の内容自体が境目がなく、たとえば動物や幽霊が

出てきて人間と境界をこえて交渉するような内容だったり、ウソかほんとかわからないような荒唐無稽な内容だったりすることをさす。要するに、「落語の落語たるゆえんである、〈境目のなさ〉から思い浮かぶ言葉が〈夢〉なのであります。落語というものは、結局、夢がうつつか、うつつが夢かというようなところじゃないか」というわけである（東芝ＥＭＩ「夢たまご」ライナーノーツ参照）。

一九九九年末に放映された追悼番組のタイトルに冠されるほど、この「夢のようなうつつのような」というフレーズは枝雀落語の主題を端的に表現している。そしてこの番組でとりあげられた枝雀晩年の創作落語が「夢たまご」である。食べると夢がみられるというたまごをたまご売りから買った男がそれを食べてみると、なんとそのたまご売りになる夢をみる。しばしたまご売りからみた世界を楽しんだ男が帰宅するとそこにはたまご売りの女房が待っており、夜にいたっていざ事に及ぼうとした途端に夢からさめる。みるとたまご売りはまだそんなに遠くへ行っていない。わずかな時間にあれだけの夢をみたのか、しかしあのたまご売り、あんな夢をみていたとは思いもよるまいとほくそ笑んでいると、たまご売りは「いくら夢の中でも、してええことと悪いことがあるぞぉー」。

夢とうつつがだまし絵のように連なっていて、うつつの話だと思って聞いていると夢になり、夢の話として聞いているといつのまにか現実にもどってしまっていたりというこの不思議な感覚こそが、落語という芸の醍醐味のひとつである。これは枝雀の創作であるが、この作品にかぎらず、このような夢うつつ感とでもいうべき作用は、落語のもつさまざまな境目のなさの源流となり、多くの作品を産み出してきた。たとえば「天狗裁き」では、みもしない夢の話をしろと次々と追及されていき、夢とうつつが入れ子のように何重にも連なっていく。「ねずみ穴」という作品では、たった三文で身代を築き上げた店の土蔵にねずみ穴から火が入って消失させてしまった男が兄に資金を借りようとする夢をみるのだが、じつはどこから夢の話なのか判然としない。年末の定番で〝落語の第九〟といわれる「芝浜」は有名で、浜で大金の入った財布を拾った男の話だが、妻が現実を夢だと言い換えてしまうところが話の仕掛けになっている。また彼我の境目のなさという点では、「猫の忠信」で化け猫に我が身の姿形を似せられた常吉が言う「俺があいつか、あいつが俺か」や、「粗忽《そこつ》長屋」で熊五郎が死体を担ぎながら「抱かれているのは確かに俺だが、抱いている俺は一体誰だろう?」という台詞など、動物と人間、本物と偽物、生者と死者など、さまざまなものの境界が曖昧になる認識が縦横無尽に発揮されている。

夢と現実の境界のなさの例は枚挙にいとまがないが、この落語の特徴をつきつめたかたちで結晶化したのが枝雀の「夢たまご」だったといえよう。なお、近松門左衛門は、完全なる現実もしくは虚構のみでは十分ではなく、虚構と現実のせめぎ合いこそにより高次の現実感覚が生じるという文芸上の表現・創作技法を「虚実《きょじつ》皮膜《ひにく》」と称したが、それと呪術などの宗教的表象との関連については、先に論じたことがある(川田 二〇一二)。問題は、現実と虚構の境界がなぜこれほどまでに文芸創作において追求されるかという点で、それはつきつめるとフィクションの世界における表象作用にとどまらないという理由にいきあたる。われわれはふだん暮らす日常においても、合理的な因果関係に基づいて論理的にものごとがなりたっているばかりではなく、不条理に取り囲まれたり、あるいは自分の理解が十全でないままでも物事が進行していってしまうケースに頻繁に出くわしている。つまり日常というものが「そういうふうにできている」のである。

ホームとフィールドの間の往還による学的営みがしばしばフィールド〈サイエンス〉とよばれることを考慮すれば、実証主義的データがその認識の大半をなしていることを否定するなど問題外であろうし、私自身も実証主義を否定するつもりは毛頭ない。しかしたとえば既視感や虫の知らせといった合理主義的な観点からは説明しきれないような感覚や感性が日常生活においてもある重みをもってわれわれの生活の一角をしめているとすれば、その場の不思議や幽かな予感を捉えて自分の了解の範囲におさめるために、日常の感覚や感性を現場に持ちこむ

メレコの治療を受けるために集まる人びと

フィールドワークという営みは、たとえフィールド情報のすべてが集積されるような巨大なデータベースができたとしても、その有効性を失うことはないと納得できるのである。

たまごの呪《のろ》い：事例

ここでは、前節までに述べたような、夢と現実の境界に立つようなフィールドワークの認識が、じっさいにフィールドという現場の何を捉えうるのか、事例から考えていきたい。ここで示されるのは、フィールドで生起する曖昧で不可解な事象に対し、じつはフィールドの当人たちも混迷することがしばしばあり、やはり「夢のようなうつつのような」状態を経験しているということ、それに対して当人たちはオチをつけたり諧謔《かいぎゃく》を弄《ろう》したりして話が落語的な展開をみせることがある、ということである。

私がフィールドワークをおこなっていたバンタヤンという島は、フィリピンの中央部ビサヤ地方の中心都市セブからフェリーで数時間の距離にある離島で、三町で合計四九バランガイ〈行政村にあたる〉にわかれている。フィリピンはスペインの植民地化の影響で国民の約八割以上がカトリック教徒であり、バンタヤン島もその例にもれず教会を中心とした活動や儀礼が公的生活の基軸をなしている。しかし一方で、これもフィリピンの他の多くの地方同様、非キリスト教的な俗信や慣行も島民の生活には息づいており、民俗のなかにキリスト教的観念と実践が溶け込んでいる側面がある。メレコ〈*mereko*〉とよばれる呪術師の存在は、その端的な実例のひとつである。彼らはバランガイに一人くらいずつおり、町医者や病院に行くほどでないと判断されたり経済的な理由から行けない患者にたいする治療をおこなう。メレコはまた病気の原因を診断したり失せ物や尋ね人を探す予言や託宣の活動、供物奉納儀礼の執行などをおこなう宗教的職能者でもある。

そのなかで、必ずしもすべてではないが、ある特定のメレコしか関わらない微妙な活動領域がある。それは人を不幸に陥れたり病気やときには死へ導いたりする〈呪い〉である。その技法には、昆虫や小動物を犠牲者の体内に送り込み内臓などを食い散らす類の攻撃をしかけるバラン〈*barang*〉、人形をもちいて針でつついたり炎にかざしたりして模倣的に攻撃するウシカン〈*usikan*〉、そして言葉による呪詛のマルデシオン〈*maldesyon*〉などがある。最後のマルデシオンは「呪い」一般のバンタヤン語としても用いられるが、おそらくスペイン語のmaldición を語源として、「呪詛」つまりことばとしての呪いの原語ニュアンスがあったものが、以下の事例でみるように、何らかの行為、とりわけ呪いの言葉がこめられた物体を犠牲者に送りつける行為などに対しても用いられるようになったと考えられる。

ここでとりあげるのは、家の床下に呪詛のかかったたまごを埋めるというタイプの呪いである〈事例はすべて要約の形で記述し、プライバシーの観点から一部の個人名は仮名に改めた〉。

ロウソクの灯に祈禱をとなえ、失せものの所在を探るメレコ

事例① マリアノの病気

四〇代の漁師・マリアノ自身が語ってくれた話によると、彼はあるとき胃痛でたいへん苦しんだことがあったそうである。バンタヤン町カバック村に住む六〇代の高名な男性メレコ、アルフォンソ・カタルーニャはたいへん近しい友人だったので、治療を依頼すると、その日すぐに夕方六時半ごろ来てくれた。家屋敷や家族まですべて診断して、床の下に黒い布で包まれたたまごが埋められているのを発見した。たまごはまだ割れていなかった。アルフォンソはそれを墓地に持って行って、共同納骨堂に納めた。

この呪い（マルデシオン）は、妻の叔母によるものだというのがアルフォンソの見立てだった。その叔母にはマリアノの娘と同年齢の子どもがいたが、その子ども同士の喧嘩が原因で、このところ関係が悪化していたという。その叔母は別のメレコに依頼して、たまごを黒い布で包んで家の床下に埋めさせたのだ。さいわいなことに、そのたまごがまだ割れていなかったので大事にはいたらなかったとアルフォンソは解釈した。彼はたまごを埋めたメレコが誰だったのかまでわかっていたのだが、仕返しを回避するために、それが誰かをマリアノには教えなかった。

この事例に典型的に語られているように、誰かに妬みや恨みをもつ個人がメレコに依頼して、呪いの言葉をこめたたまごを黒い布に包んでその相手の家の床下に埋めるのである。そのたまごは最初は割れていないが、いつかやがて割れたとき呪いの言葉が発動し、その家の者に不幸をもたらすという、時限爆弾型の呪いとでもいえようか。マリアノの場合、胃痛に苦しんだだけで大事にはいたらなかったが、次の事例の場合、非常に強力に呪いの作用が長続きしている。

事例② 連続した不幸

一九五〇年代の末頃、バンタヤン町スバ村のある土地に、仲の悪い兄弟が住んでいた。特に弟の方が西ネグロス州サン・カルロス町出身の兄嫁との関係が悪く、ついにその兄嫁は「この土地に住む者は誰も長生きしないよ」という呪詛の言葉（マルデシオン）を残して郷里のサン・カルロスへ戻ってしまい、亭主である兄も一カ月後、妻を追ってスバの土地を離れた。残った弟の一家は夫婦に娘二人息子三人の七人家族であったが、その後半年ほどして、まず下の娘が死に、その翌年には妻が亡くなった。そして三年目には弟本人と末の息子も死んでしまった。残された子どもたち（息子二人と娘一人）は、そのときになって、兄嫁が言い残していった言葉を思い出した。ちょうど残された娘の夫も病気にかかっていた。それでその三人は、呪いのかかった不吉な場所を離れ、別の土地に引っ越してしまった。

それから一〇年ぐらい経って、その土地はビクター・ギパナオという商売で財を築いた人物が購入した。彼の

薬草をいぶす施術をおこなうメレコ(写真右側の白いシャツの女性)

姪であるロサが結婚するにあたり新居を建てようと土地を探していたからだった。家の建築にかかる前に、ロサはカバック村のメレコ（先述のアルフォンソ・カタルーニャ）に、その土地を診てもらうことにした。メレコは板の上にたまごを落として場所を確かめ、ある地点を掘るように指示した。するとそこから、黒い布に包まれた十字架と割れたたまごの殻が出てきた。メレコはそのたまごの殻を墓地に持って行くと同時に、その土地の土壌を入れ替えるよう指示した。翌日、その区画全面を一メートルほど掘り起こし、その土を全部船に積んで海中に捨て、土壌を入れ替えたうえで家を建てた。一九七二年にその家は完成し、ロサ一家は移り住んだが、特段かわったことは起こらなかった。

それから約二〇年たち、ロサの一家は夫婦と娘二人息子三人の七人家族として幸せに暮らしていた（しかし奇しくも、最初の呪いの事件が起こったときと同じ家族構成であった）。一九九一年のあるとき、夫婦が息子三人を連れて、スバ村の対岸のパナガタン島へセメントの砂を取りに出かけたおりに、ロサとその夫、末の息子の三人が波にさらわれて溺死してしまった。乗船者は全部で五人、長男と四男も同船していたが、なぜか目撃者には亡くなった三人しかみえなかったといい、彼らは死の前兆だと解釈した。二〇年前に、たまごがすでに割れて呪いのかかっていた土を海中に捨てたあと、その土は潮の加減でパナガタン島へ流れ着いたのだという。

この事例は調査時点の一九九三年に、その事件の目撃者であった近所の住人によって、最近起こったこととして語られたものである。その住人は、一九九一年の海難事故の原因を三五年ほど前の〈呪いたまご〉にもとめた語りの輪に加わることによって、上記のようなストーリーを聞き知ったのである。屋敷地の土の入れ替えまでしたのに、それで祓いきれないほど呪いの威力が恐ろしく強力なものとなったわけは、たまごが割れてしまったからだ、というのがインフォーマントの理解であった。これは先のマリアノの事例を知っている人物で、その場合は割れなかったという比較のもとに出来事を判断しているのだ。

通常はこれだけの説明が得られれば、この〈不可思議な〉観念と実践についての記述はじゅうぶん可能であろう。しかし、それほど確固とした信念たりえず当事者が半信半疑になりながら事態に次第に巻き込まれていく恐怖もまた、このような出来事を成り立たせている背景や要因になっているとしたら、その部分までふくめて十全に伝わるような記述が必要とされる。いやむしろ、これは真実なのか過剰な思い込みにすぎないのか判然としない曖昧な不安が残るからこそ、たまごの呪いの脅威は人びとを捕らえるのである。そうなると、話は「夢のようなうつつのような」装いを帯びることになる。

事例③　不発だった呪い

四〇がらみのバルドは、家族が病気がちでいつも誰かの調子が悪かったときのことを、次のように話してくれた。「私たちは全員、病気がちでした。とても奇妙でした。いつも病気をして、体が弱っていました。虫が家の中にいるようでした。誰かが治ると次に誰かが病気になるという具合でした」。そこで妻の母方伯父にあたるメレコに診てもらうことにした。

このメレコはたいへん強い呪力をもつ男で、そもそもその呪力は祖父（バルドからすれば、妻の曾祖父にあたる）から受け継いだものであった。祖父もたいへん強力な呪術を用いるメレコで、シキホール島（ビサヤ地方では呪術師の島として有名な島）から来た呪術師と呪力合戦をしたほどだった。強力な呪力は親族などに継承してからでしか死ねないといわれており、じっさいこの祖父も適当な継承者がすぐにはおらず、死の直前にサルに何かを手渡すジェスチャーをして呪力をいったんそのサルに仮託し、しばらくしてその孫にあたる男（バルドが依頼したメレコ）がそのサルから呪力を引き継いでサルを殺し、呪力を自分のものにしたのだった。

その強力な呪力のおかげもあってか、バルドから依頼を受けたメレコは家の下に埋まっていたたまごもすぐにみつけ出して除去し、そのかわりにパナガン（お守り）を埋めた。すると家族の病気はすぐに治って、それ以来、家族はみな健康であるという。これまでの聞き書きの経緯などから、たまごが割れたかどうかが呪いの発動にかかわる重大事だと推測していた私は、そのたまごが割れていたかどうか、家族の誰かがみたかどうか確認しようとした。ところが、家族の者は気持ち悪がって、掘り出されたたまごは誰もみないまま、メレコがすぐに墓地へ持って行って処理したというのである。しかし家族の者は病気で伏せったりはしていたものの死んでしまうことはなく、大事にはいたらなかったというのは事実である。なぜ呪いは効かなかったんだろうといぶかる私に対し、バルドは少し考えてから、「おそらく埋まっていたたまごは、半熟だったのでしょう」と言っていたずらっぽく笑った。まったく予期せぬ返答に、その場にいた我々が笑いの渦に巻き込まれたのは、バルドの狙い通りだった

呪いが除去された家の裏庭

のかもしれない。

　私がフィールドワークという営みに深い意味を見出すのは、このような語りに出会ったときなのだ。「虫が家の中にいるよう」だと、はじめバランを疑っていたインフォーマントが、「サルに何かを手渡すジェスチャーをして」強力な呪力を継承したメレコの能力に関して語るあたりからすでに話は錯綜しており、バルド一家はたまごの呪いについて真偽を確かめる術もないまま、事態に巻き込まれていっている。そして「割れなかったので呪いが発動しなかった」という説明をおそらく持ち合わせていないインフォーマントは、まったく別の「半熟だったから」という理由をみずから調達してくるのである。それは確固たる信念に根ざした言明というより、一般にいう「ウケねらい」のようなもの、あるいは落語のサゲのようなものだったのかもしれない。じっさいは掘り出されたたまごが割れていたのか無傷だったのか、確かめる術も必然性もないというのも、この事例の特徴である。

　呪術への対抗策としての笑いとか（カスタネダ 一九九三、関 二〇〇四）、あるいは信の多元性や知識の社会的配分といった学究的な主題を、ここから展開させていくことができるかもしれない。しかしここで確認したいのは、実証的に裏をとることのできるようなデータだけが、フィールドワークから得られるすべてではないということである。判然としない曖昧模糊とした事態に対峙するとき、人は時に笑いに頼ることがあるという点で、それは「夢のようなうつつのような」境界領域を一瞬にして架橋してしまう落語のようなものだともいえる。現場の当人たちによっても真か偽かあえて決し得ない境界領域へ降り立つ認識の仕掛けとしてのフィールドワークは、きわめて有効な道具立てだといえる。

ポスト世俗的現代世界を生きる術としてのフィールドワーク

本稿で述べてきたようなことは、文化人類学者の浜本満が「オカルト的想像」と呼ぶものにかぎりなく近似しているだろう。「可能と不可能の境界線の上に働く想像」としてのオカルト的想像は、「「いまや誰もが大いにありうると考えている話」、「嘘のような本当の話」から「そんなことがありえるはずがない。でももしかしたら…」「私にはできないが、もしかしたらほかの誰かなら…」逆に「もしかしたら私の場合だけは…」に到る広大な空間をそこに出現させる。非現実的で、ありえないもの、「夢のようなこと」…（中略）…を現実の領分に招き入れる想像、可能性と不可能性の境界線を外に向かって押し広げようとする想像」である（浜本 二〇〇七：一四一）。これは非現実をそのまま現実だと思い込んでしまうようなファンタジー的想像とはことなり、現実世界での秩序の構成や可能／不可能の判断にかかわる「現実構成的想像」の一部であって、「我々が世界はこんなふうにできていると思っていることがら」（浜本 二〇〇七：一三二）が経験に与えられたものというより、思い描かれたものである点を勘案すれば、宗教的表象に関する以上のような話は、「（人の生は）そういうふうにできている」という起点から発するフィールドワークの可能性にほかならないのである。

曖昧模糊とした信念や荒唐無稽にみえる施術だけでなく、そもそも人の生じたいも納得ずくの了解事項のみで固められているのではなく、不可解さやわからなさをはらみながら、それでも中断されることなく続く営みである。このことを関根康正は次のように記している。「現場では見る者と見られる者が生身を晒している。この全人性、このことがもつ限りなく深い意味が、了解されてこよう。接触・浸透による感情の生起とともにある他者了解の訪れ、言い換えれば未知・未踏の他者に向けて自己が変容していく経験、わからないままにわかるといった経験が、ちぐはぐであっても我が身の上に起こる。ちぐはぐのままにつながること、ここにフィールドワークという行為の核心がある」（関根 二〇一一：二八八）。この「わからないままにわかる」という技法たりうる側面が、落語のようで、民族誌のような記述にむかうフィールドワークの相貌なのである。

ここで触れられている「他者了解」、「未知・未踏の他者に向けて自己が変容していく経験」などは、現代世界においてとりわけ必要とされていることだろう。近代的合理性に裏打ちされた公共性が市民社会を一元的に包みこんでしまうのではなく、そこにも多様な世界観、特に世俗化が排除してきた超自然的存在や霊性などが再活性化されて並存する状況は、ポスト世俗化とよばれて近年注目されている。このような現代世界で一見相容れない世界観をもつもの（文化的他者）同士の対話をすすめていくことは「ギャップごしのコミュニケーション」として重要視されている（保苅 二〇〇四）。おたがいの差異や多様性を認め合い、同一化をせずに差異をもったままで対話を重ねていく、あるいは相互交渉していくことは、「わからないままにわかる」ことでもあり、本稿で述べてきた通り「夢のようなうつつのような」境界の経験であるフィールドワークの本願でもあるはずだ。

であるとすれば、フィールドワークという現場とのつきあい方は、ポスト世俗化が進行する現代世界においてこそ必要とされるはずである。ここから現代世界についての考察へ入っていくべきところ、紙数がつきてしまったため別稿にゆずらざるをえないが、ここでは、（とりわけ人類学的）フィールドワークがエキゾチックな異郷に分け入っていく特殊技法やディレッタンティズム（道楽学問）ではなく、現代世界を生きる現実的な術であることを再確認して稿を閉じたい。

【参考文献】

カスタネダ、カルロス『未知の次元――呪術師ドン・ファンとの対話』講談社（講談社学術文庫）、一九九三年。

川田牧人「さやかならぬ「日常」の呪術論」白川千尋・川田牧人編『呪術の人類学』人文書院、二〇一二年、四七～八〇頁。

関一敏「祝う・呪う・笑う」関一敏ほか編『岩波講座 宗教五 言語と身体』岩波書店、二〇〇四年、一九八～三一七頁。

関根康正「人類学的フィールドワークの原液」鏡味治也・関根康正・橋本和也・森山工編『フィールドワーカーズ・ハンドブック』世界思想社、二〇一一年、一八三～一九一頁。

浜本満「妖術と近代――三つの陥穽と新たな展望」阿部年晴・小田亮・近藤英俊編『呪術化するモダニティ――現代アフリカの宗教的実践から』風響社、二〇〇七年、一一三～一五〇頁。

保苅実『ラディカル・オーラル・ヒストリー――オーストラリア先住民アボリジニの歴史実践』御茶の水書房、二〇〇四年。

『枝雀落語大全　第四十集』「夢たまご」ライナーノーツ（東芝ＥＭＩ　ＴＯＣＦ五五〇六〇）。

第8章

フィールドワークの感応と異化作用

菅原和孝
Kazuyoshi Sugawara

他者へ向かう運動——出発点——

何を書くのか

小論では、文化人類学（「人類学」と略称）のフィールドワークが孕む潜勢力について、私自身の経験に即して論じる。私は、この主題について今までたくさん書いてきた。二番煎じはなるべく避けるよう努めるが、第三節は四年以上前に『京都大学新聞』に寄稿した論考がもとになっている。重要な問題を扱って

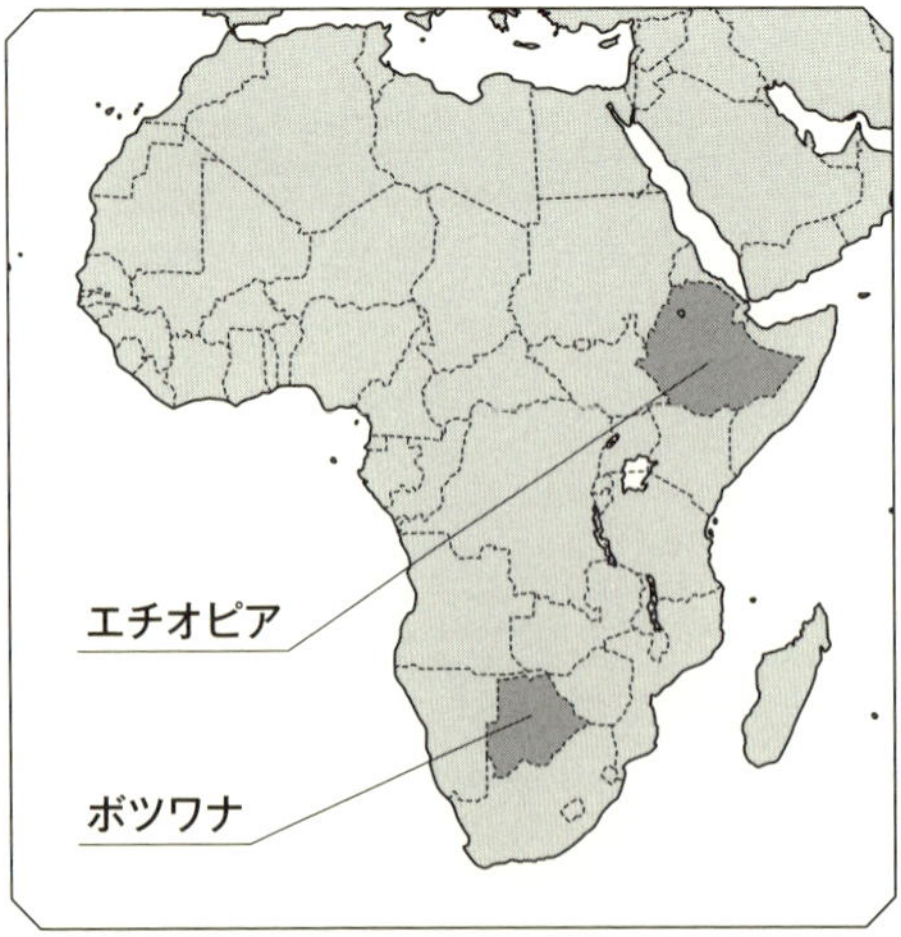

いるので、再び取り上げてみたい。

私は効率よく商品を造る道具としてのフィールドワークには関心がない。フィールドワークとは、一生を懸けた実存の根源的な選択である。もし世界へ向かう根源的態度を正規分布曲線で表わせるならば、自分が分布の端のほうにいることを、私は強く自覚している。

小論の構成を予告する。第一節では、フィールドへと向かう運動の根っこにある生来の資質とでもいうべきものを、私自身を標本《サンプル》にして、独断的に描き出す。第二節では、私が三二年にわたって続けてきたグイ・ブッシュマンのフィールドで経験したことの一部を紹介する。第三節は応用問題である。フィールドワークを長く続ければ続けるほど、人は母国に対して違和感を育むことから免れない。もっと積極的に言えば、母国の常識に対して批判的な視点をもつようになる。おもに性愛に焦点を当てて、このことを明らかにする。

出発点としての他者

小児期のある夜、布団の中で「自分は物語の登場人物ではなく、お父さんと同じようにいつかおとなになってあくせく働くんだ」という認識が突然おとずれ、怖くてしばらく眠れなかったことがある。自分は世界の中心などではなく、ほかの普通の人びと（他者という言葉は知らなかった）と同じなのだ。自分ではない存在に魅惑されることが「おとなになる」ことの出発点なのだとしたら、その運動は根源的な哀しみを帯びている。

じつは他者は人間である必要さえない。私は、中学・高校と生物部に所属し、ヘビを飼育することに熱中していた。だから、生き餌のカエルを集めるため、よくタモ網片手に田圃の畦道をうろついた。高校三年生の春、受験勉強で慢性的な寝不足のまま東京の郊外でカエル捕りにいそしんでいたら、アオダイショウが足もとで身をくねらせた。不用意に胴体を捕まえたため、そいつは頭をめぐらして私の手に噛みついた。すぐに首根っこを摑みなおし、腕を伸ばしてぶら下げつくづくみつめた。なんという巨大さ。私が当時部室で飼っていた個体よりもずっと長い。優に二メートル以上あった。餌の工面が大変なので、生物部ではヘビ一種につき一匹だけ飼育可と決めていた（本州産のヘビ五種を飼っていた）。後ろ髪を引かれる思いで逃がしたが、その後も右手の甲に歯列の傷痕が長く残った。その傷痕を左手でさするたびに、不思議な胸の疼きをおぼえた。他者の存在証明。

同じ頃、家の近所を夜散歩していたら、アオバズクのつがいがふわふわっと飛来し、目の前の電線にとまった。強烈な憧れに胸を締めつけられた。愛読していた北杜夫の『幽霊』の一節を呟いた。「僕は自然を忘れてはならない人間なのだ」。

修士課程二年目の初夏、私は宮崎県幸島で、群れを離脱したオスのニホンザルの個体追跡を始めていた。若いハナレオスのボーゼは森の中で別のオスと出会い、樹上で長く毛づくろいをした。相手ははじめてみるオスだったが、吊り上がった目の形や、頬の周囲を覆う毛につむじのあることが共通していたので、ボーゼの弟であるボーズに違いないと直観した（その後、幸島野外観察施設のスタッフに確認したら、私の推測は的中していた）。今まで知らなかった陶酔が私を捉えた。山中でひっそり単独生活をしながら、たまに兄と弟が出会い仲良くしている。隠された秘密を他者たちが何気なく私にみせてくれる。夕闇が迫ってきたので、私は帰途についた。立ちどまって振り返ると、彼らはまだ同じ樹上にいた。

その後、私は、ハナレオス間の対面相互行為の構造を分析することから、社会的存在の本質は場の構造それ自体のなかに顕現する、という突拍子もない理論を組み立てることに熱中した。のちに相互行為主義《インターラクショニズム》と呼ばれることになった潮流に与することによって、兄と弟が互いに惹かれあっているという最初期の観察は封印された。だが、今にして思う。わたしが正しいと信じた理論にとっては例外的な観察ではあったが、《ボーゼとボーズが黄昏の「杉平《スギダイラ》」で長く毛づくろいした》という出来事のかけがえのなさが失われることはない。人間どうしの出会いも同じではなかろうか。特に無文字社会においては、あらゆる関係性は直接身体としてお互いの前に存在することに根拠をおいているのだから。

夢と夢想

単孔目を除くすべての哺乳類は夢をみるそうだ（かわいそうなカモノハシ！）。夢こそは、哺乳類的な実存が開かれているもっとも奥深い潜勢力である。覚醒後も気がかりな後味を残す夢に思いを凝らすとき、生が単一の経験の平面で覆い尽くされているわけではなく、いくつもの意味領域が層状に世界を走っていることに気づく。私とは異なる意味領域に身を浸している他者がどこかにいる。その可能性こそが生を生きるに値するものにする。

夢想は私たちにとって最後のアジル（[仏]避難所）である。そのことを啓示した最良の映画が『蜘蛛女のキス』だ。毎日のように拷問を受ける南米の革命家に、同房のゲイの男は綿々と映画の話をする。ナチス・ドイツに占領されたヴィシー政権下のパリで、美しい歌姫はナチス将校と恋に落ちる。その歌姫と、現実世界の監獄の外で革命家の救援活動に心身をすり減らす恋人とを、同じ女優が演じている。拷問によって死に瀕した革命家は、小島に住む蜘蛛女を幻視する。暴力に蹂躙されて死ぬ間際においてさえ、夢想は現世の支配を超える。パリ五月革命のとき解放区の壁に書かれたスローガン――「想像力が権力を獲る」。

フィールドワークは果てしない夢想である。世界の辺境に出かけ、周辺に追いやられた人びとと共に長い時間を過ごし、現実世界の政治力学のなかではとことん無力なその人たちの生の輝きがいっさいの権力を白い闇（ⓒ永井豪『デビルマン』）のように覆い尽くすことを夢想する。その逆としての生のハリウッド化。世界のすべてが均一な感情生活で塗りつぶされることこそ、フィールドワーカーにとって真に絶望の名に値する。

サバンナの光のもとで

狩猟採集民グイ

私のフィールドを簡単に紹介する。大学院のときは幸島のニホンザルと並行してエチオピアでヒヒ類の研究をしていた。京都大学霊長類研究所の教員であった生態人類学者・田中二郎先生（愛称「二郎さん」）から、霊長類学の行動観察の手法をブッシュマンに適用してみないか、と誘われた。ブッシュマンとは南部アフリカに広がるカラハリ砂漠（雨量の乏しい乾燥サバンナ）に古くから住んできた狩猟採集民の総称であり、二郎さんが長く知遇を得てきた人びとはグイとガナという二つの方言集団に属し、一九七九年からボツワナ政府の施策により定住化を始めてい

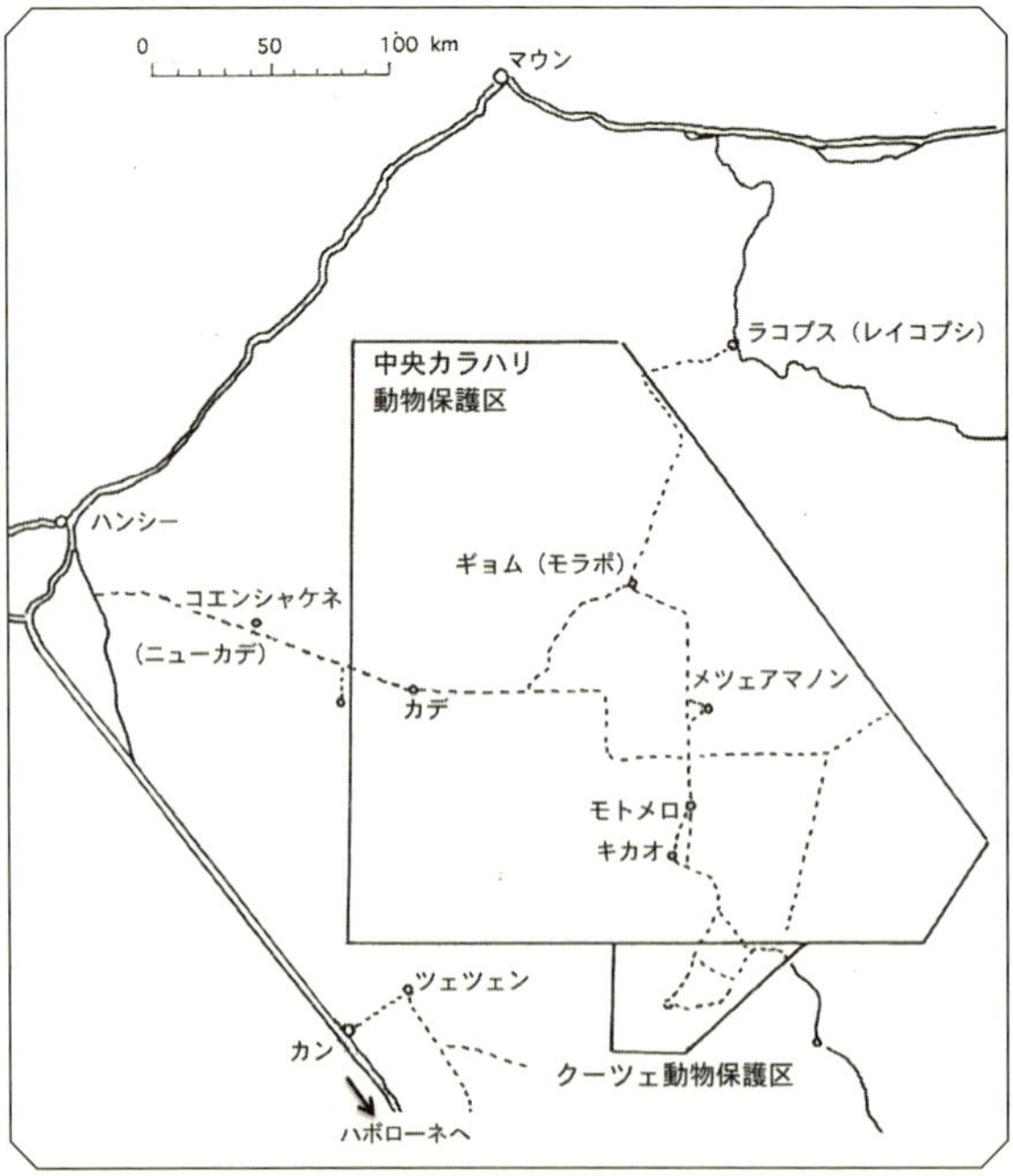

た。私が一九八二年八月にはじめてカラハリの大地を踏んだときには、かれらはカデという定住集落に暮らしていた。最初の調査を含め九回にわたってカデを訪れたが、一五年後の一九九七年に政府の再定住計画が発動されたことにより、私の知り合いすべてが、それまで遊動域としていた中央カラハリ動物保護区を追い出され、カデから七〇キロ西に設立された再定住村コエンシャケネへの移住を強いられた。それ以来、一三回コエンシャケネを訪れ、グイの年長者の過去語りを収録し続け、現在に至る。

死ぬかもしれない

発展途上国と呼ばれる「現地」には、交通事故、疾病、強盗、医療体制の不備、毒蛇、毒虫、猛獣、落雷、等々といったリスク要因が今なお「母国」よりもたくさんある。わたしが「死」の可能性を痛感した二つの事例を取り上げる。

ライオンとの遭遇。グイの研究を始めるより三年半前のことだ。私はエチオピアのアワシュ国立公園で、マントヒヒとアヌビスヒヒの種間雑種の社会を対象にして二度目の調査を続けていた。毎日のように泊まり場を変えるヒヒの群れを追跡するため、五〇ccのバイクを移動手段として使っていた。夕闇が迫るまで切り立った崖の上で観察を続け、くたくたになってバイクに跨って宿舎への帰途についた。ある日、ヘッドライトを点灯して間もなく、光の中に大きな動物の姿が浮かびあがった。それを私は牧畜民が連れこんだ牛と見間違えた。ぎりぎりまで近づいたとき、二頭の雌ライオンが道を横切っているのだと気づいた。胡乱《うろん》げに私を振り返る二頭の後ろを私はなすすべもなく通り過ぎた。すると茂みからもう一頭がぬっと現われた。その鼻先を掠めすぎた。宿舎に辿り着いたとき、体じゅうに鳥肌が立ちガタガタ震えていることに気づいた。一六年後に、初老のグイの男から「父さんはライオンに殺された」という逸話をはじめて聞いた。その後、ライオンによる人殺し事件をもう二例収録することができた。ライオンと対峙したときグイが味わう極限的な恐怖を私がわがこととして実感できたのは、このエチオピアでの体験があったからだ。

車を転覆させたこと。ボツワナの首都、ハボローネからカデにもっとも近い町ハンシーへ到達するためには約六五〇キロのドライブをしなければならない。その大半は深い砂道と大きな穴のあいた砂礫の道とが交互に現れる悪路だった。一九八九年(四回目の調査)に私は自分の身体がすっかり砂道運転になじんでいることに気づいた。だが、その三年後の一九九二年(五回目の調査)に、同じ道で車をひっくり返した。道は堅くて走りやすかったので、時速八〇キロぐらいまでスピードをあげていたら、道幅の狭い所にさしかかった。そこへ猛スピードで対向車が近づいた。私は慎重を期して低くなった路肩に左車輪をおろした。車はぐっと左に傾いた。とっさにハンドルを右に切って道の真ん中へ戻った。目の前に対向車が迫っていた。助手席にいた言語学者が「わあっ、ぶつかる!」と叫んだ。その瞬間、私は決してしてはならないことをした。急ブレーキ急ハンドル。車はふわっと宙に浮かび、屋根を下にして道に転がった。フロントグラスが砕け散るのが、スローモーション映画をみているようにくっきり目に焼きついた。幸い二人ともシートベルトを締めていたから、かすり傷ひとつ負わなかったが、この悪夢のような瞬間は繰り返し脳裡に再現された。そのたびに私は「なぜあのときギアをセカンドへシフトダウンしなかったのか」と後悔の念に苛まれた。これ以来すっかり臆病になり、未舗装の道では高速走行ができなくなってしまった。

二年後、北村光二(現・岡山大学)、太田至(京都大学アジア・アフリカ地域研究研究科)らと共に隣国ナミビアで広域調査をする機会があった。この二人の運転のうまさに私は舌を巻いた。スリップしても「おっとっと」とか呟きながら、車を立て直すことができるのだ。彼らと私の差は、単に「度胸が据わっているかどうか」に尽きる。そう悔しく自省するにつけ、アメリカの人類学者ベイトソンの学習理論の正しさを思い知らされる。ハンドルを取られても「パニックにならない」よう自己を改造する「微修正」学習など存在しない。実際に車がスリップする偶発事のたびごとにキャリブレーション（ショットガンの弾道補正）を繰り返すだけである。ゆえにフィールドに出かけ続けるしかないのだ。

世界の謎と輝き——その一：鳥たち——

スーツケースに荷物を詰め始めるたびごとに、「あ〜めんどくせ〜な〜行きたくね〜な〜」とぼやく。それでも、マウン（ハンシーから北東に三〇〇キロほど離れたオカヴァンゴ沼沢地観光の拠点）の町でレンタカーを手に入れドライブを始めると、圧倒的な解放感に包まれる。「やっぱり来てよかった。ここにこそおれの人生がある」。乾ききった大気と大地の匂い、肌をあぶる強烈な陽射しが、故郷《ふるさと》の薫りのように私の身体に染みついている。何よりも母国の矮小な権力関係から離脱し、私を対等な仲間として遇してくれる友人たちと過ごすことは何ものにも代えがたい歓びの源である。フィールドワークにおいては、アルキメデスのように「エウレカ！」と叫んで裸で走り出すといった劇的な瞬間は皆無に近い。覚束ないながら何か小さなことが「わかった」と感じられる瞬間が、長い歳月とともに少しずつ蓄積されてゆく。そのような「わかり」の過程を二つの実例をあげて示す。

少年時代から動物学者になってアフリカに行くことを夢みていた私にとって、グイが狩猟採集民であったことは、かけがえのない重みをもつ。捕獲した動物の死骸をカメラに収めるたびに胸の痛みを感じはするが、かれらが動物をこよなくおもしろがり、多くの語りを聞かせてくれたことは、談話分析の労苦を償って余りある歓びとなった。なかでも私を魅惑したのが、鳥たちを主人公とする夥しい神話であった。それらの分析に没入することから、グイにおいて神話的想像力と動物への精緻な観察のまなざしとは相互的な補強関係にある、という重要な洞察に達した。この洞察こそ、人類学につきまとってきた文化／自然の二元論を乗り超える通路を私の前に拓いたのである。

毎日みかけるムナジロガラスは日本のカラスとは異なる独特な鳴き方をする。グイはその鳴き声を「イカオ・カワ・キャ・アー」（おまえたち［男複数］は今におれを知るだろう）という発話になぞらえる。このカラスは妖術師であり、「おれの力を思い知るだろう」と嘯《うそぶ》いているのだ。日本でも私はカラスの声に耳を澄ます習性を身につけるようになった。巣造りをしているカラスが嘴をカチカチと打ち合わせるのに気づいた。「カアカア」としか聞こえなかった声に、独特の情感や陰翳《いんえい》が籠《こ》められていることにも気づくようになった。

フィールドワークとは調査者の身体をゆっくり変容させる過程である。そんな変容を経ても、出世や金儲けができるわけではない。逆に、この変容こそが、社会を覆い尽くす競争原理や支配的な価値規範からの逃走線を穿ち、世界の謎に触れなおす力能《キャパシティ》を私たちに与えるのだ。そのような力をもたなければ、貨幣や資本という物神《フェティッシュ》にひれ伏すこと以外に生の意味を見出しえないこの社会で、挫けずに生き続けることは難しいだろう。

世界の謎と輝き——その二：異質なロジック——

異文化に身を浸すことから得られる最大の歓びは、母国を支配する科学的合理主義とは異質な「考え方／感じ方」を徐々に「わかる」ようになることである。それらを一括して私は「不可視の作用主《インヴィジブル・エージェント》」と名づけたことがある。その一つは「酔う／感づく／予感する」などと訳せるナレという動詞に籠められた〈感応〉の働きである。人間どうしだけでなく、人間と動物、動物どうし、さらには人間と道具、等々、森羅万象に〈感応〉の回路が張りめぐらされている。たとえば、乾季の終わりに雨を待ち焦がれる男が原野で焚き火を熾し、一筋の煙を青空に立ちのぼらせる。すると上空にぽっかりと真っ白な雲ができることがある。それを遠望した別の男が言う。「[空が]あの男の幼子の乳歯を感づいて雲を造っている」。雨をこいねがう男の家には愛らしい幼子がいるだろう。その子のピンク色の歯茎にぽつんと白い歯が生え始めている。その可憐な白さはあの雲の白さと同じだ。この美しいイメージの連鎖は私を陶然とさせる。だが、グイにとってこれは隠喩ではない。空は文字どおり幼子の乳歯に感応しているのである。

もう一つの作用はズィウという名詞に凝縮される。便宜的に「凶兆」と訳そう。日ごろ仲の良い二人がひどい口論をする。あるいは、原野で動物の奇妙な行動をみたり、その姿の異常さに気づいたりする。たとえば、夜行性のセンザンコウが真っ昼間に穴の外で眠っていたり、仕留めたツチブタの毛が丸く禿げていたりする。これらの異変に遭遇したあと、別のキャンプで親族が死んだという知らせがもたらされる。「ああ、あの変事こそが、おれ（私）に［死んだ人の］ズィウを告げていたのだ」。すなわち、社会的または自然的な異変が、「立ち会えなかった死」のお告げとして、回顧的に再解釈されるのである。このロジックを理解することに私は長い歳月を費やした。このような「わかり」の過程は、調査者自身の世界との向き合い方をゆっくりと変えてゆく。

二〇一四年二月中旬、私の兄に引き取られ水戸（茨城県）で暮らしていた母が体調をくずして入院し、ほどなく九七歳で永眠した。私はある会議のため東京で二日間缶詰状態になっていて、母の臨終に立ち会うこともできなかった。葬儀を済ませたあと、ふと、入院の知らせを受け取ってから間もなく自宅で経験した出来事を思い出した。私は昼食の雑炊を作るため一人用の土鍋に水を満たし蓋をした。そのとたん土鍋がぽかっと割れ、あたりは水びたしになった。そのとき私は「アエッ、ズィウだ。ばあちゃん大丈夫かな？」と独りごちた。だが、ただちに水戸に駆けつけるどころか、その「変事」をすぐに忘れてしまった。それは「立ち会えなかった死」のあとになって回顧的に照らされたのである。私はべつに迷信ぶかくなったわけではない。ズィウを「わかろう」とする長い過程が、合理的な推論とは異質なロジックに共鳴するセンスを磨いたにすぎない。そうしたセンスをもって日常生活を送るとき、いろんなことが気がかりになってくる。俗に「逆カルチャーショック」と呼ばれる自文化への違和感はフィールドワークの避けえない副産物なのである。

生のハリウッド化に抗えるのか——反グローバリゼーションへ向けて——

葬儀の場から

二〇〇九年八月二八日の朝、私は二七年来の知己であったマーホ（ガナ人）の埋葬の場にいた。再定住村の端にある広大な墓地の一画に掘られた穴に棺は降ろされた。四人の男女がスコップを持ち、砂を穴に放りこんだ。めかしこんだ女たちの一団が賛美歌を歌い続けた。私はビデオカメラを回しながら、その旋律を美しいと感じ、そう感じたことが悔しかった。

最初の調査を始めて間もなく、私はマーホを調査助手として雇った。彼にまつわる幾つかの大切な記憶はあるが、小論はそれを語る場ではない。あの葬儀の朝、賛美歌が歌われるのを聞き、地球上の数えきれない場所でこれに類した歌によって人の死が弔われていることを思い、私は暗澹《あんたん》とした気分になったのである。人類学者が母国の民衆に対して帯びているもっとも重い責任は、「人間には別の生きかたもある」と伝えることである。言いかえれば、「文化の多様性」こそが、人類学的な思考の依って立つ土台だ。だが、私が敬愛してやまないグイとガナの人たちを含めて、人類の生の形は恐ろしい勢いで均質化しつつある。西欧から遠く離れたカラハリの大地で、西欧由来の旋律が歌われるのを聞きながら死者と別れを告げることに、やりきれなさを感じる。

生のハリウッド化。グローバリゼーションなどという小難しい用語よりも、こちらのほうが、ずっとしっくりくる。フィールドでの私の最大の娯楽は、夜、テントの中でウィスキーを啜りながら文庫版の小説を読むことだ。しかしこの年は、期待をもって読んだアメリカ現代ミステリーにうんざりしてしまった。登場人物の造形やその恋愛感情が類型的で、まさにハリウッド映画で何度となくみせられたパターンと同じだったのだ。

文化的スキーマへの従属

ある社会に生まれ落ち、文化を内面化して生きる以上、私たちの生の形がある程度パターン化することは避けられない。認知人類学では、思考・情動・行為の全域でこうしたパターンを生成させる心的な機制を文化的スキーマ（図式）と呼ぶ。こうしたスキーマなしに白紙状態で生きることは原理的に不可能だ。だが、スキーマへの過度の従属（または無自覚）は、生の感覚を鈍らせ、貧しくする。

この日本社会に蔓延するスキーマの多くがマスコミと呼ばれる強大な権力によって量産され、醜い言葉として流通することに、私は違和感を抱き続けてきた。無節操なまでの省略語の横行と外来語の濫用によって、みずからの経験を自分の言葉で語る民衆の力能は痩せ衰えている。私は別に若い世代を詰《なじ》っているわけではない。大江健三郎から引用すれば、われわれ人文系の研究者はそれぞれに「言葉の専門家」であるはずだ。だが、こうした専門家のなかにも、その意味の曖昧さによって思考を濁らせる言葉の用法に無自覚な人はたくさんいる。フィールドワーカーがこの混濁から免れる保証はどこにもない。彼ら／彼女らの多くは、フィールドに身をおくよりもずっと長い時間を自文化のなかで過ごすのだから。

母国での日常。地球上のどこにおいても、日常性のもっとも深い土台をなすのは、人それぞれに独自であると同時に、時代と社会に深く規定された感情生活である。ドイツの哲学者ハイデッガーはそれを「気分」あるいは「情態性」と名づけ、フランスの哲学者メルロ＝ポンティは無記名（匿名）の実存の流れと呼んだ。一五年以上前にグイの日常会話を分析するという困難な作業を終えたあと、わたしは感情という基盤からサルとヒトの連続性を照らす本を書きたいと思うようになった。それから数年を費やし『感情の猿＝人』という理論書を書きあげることに専念した。その過程で、わたし自身の感情生活にもっとも鋭い歓喜や苦悩をもたらす動機づけこそ「性的欲望《セクシュアリティ》」に他ならないと気づいた。フロイトが「無意識」の構造を擬似物理学的なメカニズムによって分析することには若い頃から違和感を抱いてきたが、欲動《リビドー》こそ無意識の最基層をなすという彼の中心教義《セントラル・ドグマ》に改めて惹きつけられるようになった。だからこそ、グイと暮らすなかで培われた私のセンスは、母国で支配的な性愛のスキーマにもっとも鋭く反撥するのである。そのことに焦点を絞ろう。

性愛のスキーマ

〈男性／女性〉。なぜわざわざ「性」をつけると、丁寧な響きをもつのか、論理的な根拠はないが、この用法はいつのまにか、私たちの感性を規定する語用論的な慣習になった。「三〇歳の女を逮捕しました。」アナウンサーが「男／女」という語を堂々と発するのは、犯罪の被疑者を報じるときだけだ。さらに「オンナ」という語自体が有標化される。「女体」という言葉はあるが、山の名前以外で「男体」という語が使われることはない。〈不倫〉。もともとは「人倫に反する」こと一般を意味していたはずだ。二〇代半ばの頃、過激な飲み会から逃げようとする私を、大学院の後輩が「不倫だなあ」と慨嘆した用例をハッキリ記憶している。それがいつのまにか「婚外性交」の婉曲表現になってしまった。〈愛人〉。既婚者が婚外性交を繰り返しているとき、その相手をこう呼ぶそうだ。私がこの言葉をキライだと洩らすと、多様な性関係を果敢に実践してきた二〇代前半（当時）の女は、「『愛する人』って読めるから、あたしは好きだヨ」と、のたもうた。これなどは、スキーマの押しつける暗黙の意味に対するささやかなレジスタンスである。

最後の例は、私たちの性愛の経験を根源的に支配する〈恋愛〉と〈結婚〉というスキーマを逆向きに照らす。明治維新以来、日本人を呪縛してきた〈恋愛〉スキーマは、西欧の〈ロマンティック・ラブ〉の輸入である。後者のモデルは「騎士の貴婦人への愛」であり、唯一性・永続性・無償性を特徴とする。だが、近・現代の〈恋愛結婚〉は、前者二項を希求しつつ、無償性という究極の理想は反古にせざるをえなかった。なぜなら、〈結婚〉と名づけられる生殖システムの制度化は、配偶ペアによって担われる生活実践の総体が〈相互利益〉〈ギブ・アンド・テイク〉という経済スキーマと結合することを避けえない条件とするからである。ブッシュマンの「性的分業」（男は狩猟／女は採集）はもっともわかりやすい例だ。「結婚は恋愛の終わりだ」という世間知が一定の説得力をもつ理由はここにある。

ある週刊誌の特集によれば、日本人の性交頻度は世界の「主要国」のなかでも最低ランクに位置するという。統計的にどれほど信頼できる調査なのか不明だが、こうした特集が組まれること自体が、私たちの社会に瀰漫する性愛に対するシラケた気分を反映している。一夫一妻制と癒合した〈恋愛〉スキーマの当否について「自分の言葉で」議論する機会などない。それと裏腹に、〈婚活〉という新造語に代表されるように、〈結婚〉は標準的なライフサイクルを実現するために必須な経済活動へと限りなく近づく。

それでは、私が営々とその語りを分析してきたグイの人たちはどうなのか。もっとも重要なことは、グイの社会では、結婚と相互補完的な性愛のありかたとして、婚外性交が強く希求されていることである。さらに、かれらの「誘惑のシナリオ」は、欲望の相称性への憧れと、即物的な見返りの追求という二つの同等な比重をもった軸によって組織されている。ある男は、自分のおずおずとした接触が初潮前の少女の好意を引き出したときの歓喜を生き生きと語った。騎馬猟の名手である別の男は、多くの女たちが彼のもたらす獲物の肉に魅惑されて彼の求愛を受け入れたことを得々と語った。ある既婚の女はスワッピングを提案した別の夫婦の誘惑に負けて相手の男に身を任せたが、彼女の夫のほうは相手の女に拒まれた。屈辱にまみれた夫は、生まれてきた女児に「だます」という名をつけた。この夫婦は、右の経緯を、かけ合い漫才よろしく、おもしろおかしく語ってくれた。

私たちの社会に戻ろう。現代の私たちの性愛を色濃く規定しているのは〈セクハラ〉というスキーマである。〈セクシュアル・ハラスメント〉という言葉は、一九七〇年代のアメリカで発明され、一九八〇年代に日本に輸入された。アメリカの女人類学者シュトラウスとクインは、こうした新しい「命名」はそれまで意識されなかった多様な記憶や想定のあいだに新たな連結を確立し、曖昧だった感情経験から重要な洞察を獲得することを可能にする、と指摘している。つまり新しく造られたスキーマは、抑圧されていた人びとがみずからの経験を組織しなおすための手がかりを与えるのである。

〈セクシャル・ハラスメント〉という語をはじめて知ったとき、私は、大きくあくびをして犬歯をむき出すオスのヒヒの姿を思い出した。ヒヒ類に関する霊長類学の野外研究では、オスが別のオスに対して犬歯を誇示する示威行動が〈ハラスメント〉と名づけられていたからである。〈セクシャル・ハラスメント〉のもとの意味は、強いストレスを異性に与える「嫌がらせ」なのである。だが、それは日本に輸入された途端、〈セクハラ〉という言葉に化けた。日本特有の語の省略が曖昧な意味の蔓延を助長した。さらに、この語を発端として、〈パワハラ〉、

〈アカハラ〉、〈マタハラ〉、等々目を覆いたくなるほど醜い省略語が増殖した。これらの安っぽい語彙は職場や教育の場で作動しているアクチュアルな権力の暴力性を冗談めかし、そこで進行している迫害の恐ろしさへの想像力をむしろ痩せ細らせる。

もちろんこの社会に権力の真空地帯など存在しないかぎり、どんな性愛も友愛も連帯も、具体的な権力関係との交渉を通じて生成するしかない。だが、母国での私の大切な友人の一人Pは、次のような形で〈セクハラ〉の告発を受けた。Pは権力関係のなかでは相対的に下位であるQと数年間〈恋愛〉状態にあったが、結局、この〈恋愛〉を解消した。別離のあと歳月が経過し、Qは自分が幸せでないことに気づいた。その原因をPとの過去の関係に帰属させたのである。このような〈セクハラ〉スキーマの実践的活用法を弱者の狡知として支持することも可能かもしれない。だが、私はこの種のルサンチマンの正当化こそが、私たちの性愛の貧困化の端的な現われであると考える。その理由は以下のとおりだ。

二つの身体が性器を介して接触することは、文化的スキーマを超えて、希有な特権性を帯びた経験領域であり、他に類をみない歓喜の源である。少なくとも私は、この確信をグイの人びとと共有している。性愛の深淵は断じて〈ロマンティック・ラブ〉のスキーマに回収されるものではない。習慣的反復から区別されるような「出来事」の本質は、その時間性である。恋愛という出来事も、いつか終わらざるをえないかもしれない。しかし、二つの離在した主観のあいだに偶発性を乗り超えて欲望の相称的な一致が成立したその「瞬間」を永遠の現在として肯定しないかぎり、生の総体は虚無に呑みこまれる。恋愛はときに反社会的だが、永遠の現在を遡及的に否定したり改竄したりすることは反倫理的である。

フィールドワークのめざすこと——関係性の革命——

小論は、少年期以来の動物への愛着や夢想癖を出発点とした。だが、フィールドワークは決して現実逃避ではない。たしかに大学闘争の渦に呑みこまれた私たちの世代は、母国社会の支配構造に対する反感を腹に溜めこんできた。霊長類学（のちに人類学）を専攻した私は、「いちばん世の中の役に立たない学問をするんだ！」と広言したことさえある。だが、グイとガナの生き方に深く魅惑されてから、私は、われわれがフィールドから持ち帰る思考が、私たちの社会を根本から変える可能性を、改めて夢想するようになった。小論の最後で性愛を主題化したのは、つい最近まで近代の局外にいたグイとガナの人びとの性の形が、私たちを蝕む感情生活のハリウッド化を揺さぶる力を秘めていると信じるからである。もちろん、性は、私たちが絡み取られている無数の関係性の一領域であるにすぎない。しかし、同時に、それはもっとも深く身体に根ざした関係性でもある。それを暗黙裡に支配する文化スキーマをフィールドからの思考によって相対化することは、私たちの生き方の総体を組み変えること——すなわち新しいタイプの革命の契機になるはずである。

【参考文献】


ベイトソン、グレゴリー『精神と自然——生きた世界の認識論（普及版）』佐藤良明訳、新思索社、二〇〇六年。

北杜夫『幽霊——或る幼年と青春の物語』新潮社、一九六五年。

メルロ・ポンティ、モーリス『知覚の現象学 1』竹内芳郎・小木貞孝訳、みすず書房、一九六七年。

——『知覚の現象学 2』竹内芳郎・木田元・宮本忠雄訳、みすず書房、一九七四年。

大江健三郎『洪水はわが魂に及び（上）（下）』新潮社、一九七三年。

Strauss, Claudia & Naomi Quinn. *A Cognitive Theory of Cultural Meaning*, Cambridge: Cambridge University Press, 1997.

菅原和孝『身体の人類学——カラハリ狩猟採集民グウィの日常行動』河出書房新社、一九九三年。

——『もし、みんながブッシュマンだったら』福音館書店、一九九九年。

——『感情の猿＝人』弘文堂、二〇〇二年。

——『ブッシュマンとして生きる——原野で考えることばと身体』中央公論新社（中公新書）、二〇〇四年。

——「動物と人間の接触領域における不可視の作用主——狩猟採集民グイの談話分析から」『コンタクト・ゾーン』五、二〇一二年、一九～六一頁。

——（編著）『フィールドワークへの挑戦——〈実践〉人類学入門』世界思想社、二〇〇六年。

田中二郎『最後の狩猟採集民——歴史の流れとブッシュマン』どうぶつ社、一九九四年。

第3部

つきあい続けること

Why Do Researchers Go into the Field? : An Invitation to Fieldwork

第9章

フィールドワークから現実ができる

菅豊
Yutaka Suga

フィールドワークで掬《すく》い取るもの

フィールドワークは、文化人類学や民俗学、社会学、地理学などの十八番であるが、しかしこの方法は、そうした人文・社会科学だけに独占されているわけではない。生態学や地球物理学などの自然科学の諸分野でも、それは当然のように行われている。生態学者や地球物理学者たちは、一般に非・人間的存在=自然を研究対象としており、その対象をより深く知りたいがためにフィールドへと赴く。彼ら彼女らは、フィールドに出かけなければ知り得ないことが多いために、フィールドワークを行うのである。そのような研究者たちにとってフィールドは、や

はり一義的にデータ収集の場、そしてフィールドワークはデータを収集し、ある事象を「知る」ための手段でしかないはずである。

もちろん保全生態学のように、人間というアクターを抜きにしては研究し得ない自然科学の分野では、フィールドワークを単なるデータ収集の手段とみなすだけではなく、そのプロセスを、人びとともに価値を創造する過程とみなすようになってきている。だが、それはやはり例外といってよいだろう。自然科学者の多くは、実験室では得ることのできないデータ、知り得ない事象を求めて、フィールドに出かけるのである。

そのような状況を省みると、フィールドワークという行為、あるいは方法に、特別な意味を見出すことはできないのではないかと思えてくる。「そもそもフィールドワークをすることに意味があるのか？」と問われれば、合理的な研究者ならば「自分の研究に必要なデータが、別の方法で十分に得られるのならば、フィールドワークをすることは特に意味がない」と答えるだろう。山野を歩き、動植物の跡を追い、記録し、サンプルを採集して、研究室に帰って解析するようなフィールドワークに基づく研究は、それでしかデータが集まらないから、そうしているだけに過ぎない——そのプロセスを研究者は存外楽しんでいるのだが——。そして、その程度であるからといって、その方法は何ら貶められるものでもない。

もし、フィールドワークを、データをかき集めるためだけの手段であると純粋に位置づけてしまったら、それに抜きんでた本源的価値や、方法的優位性は見出せないのではなかろうか。それは研究対象を知るための、多様なデータ収集法のひとつに過ぎない。また、それは他者の現実、それも文献やその他の情報メディアからは知ることのできないような現実を「知る」、ひとつの方法に過ぎない。そして、その「知る」ことこそが、フィールドワークの第一義の目的であった（はずである）。

ただしここで確認しておくが、フィールドワークで「知る」ことのできるアクチュアルな現実は、硬い石の如く、そこに実体として転がっているのではない。まだ、フィールドワークという行為の客観性が無邪気に信じられていた頃は、観察やインタビューによって、人びとの現実がまさに現実のものとして拾い上げられると信じられていた。そして、フィールドの人びとの傍らで、あたかも透明人間の如くその人びとや文化、社会を観察し、その「真正な」現実をとらえられるという幻想に浸っていられた。しかし、すでにフィールドワークで拾い上げられる現実が、フィールドワーカーも含めた多くのアクターの交わりによって変化させられる――再構築や脱文脈化や創造の過程を経て――ことが自明となって、そこでいう現実という言葉は柔らかく、移ろいやすいものとしてとらえられるようになった。つまり、フィールドワークによって描かれる現実は、フィールドに所与にあるのではなく、フィールドワークによって浮かび上がらされ、そしてフィールドワーカーによって幾分なりとも揺さぶられているのである。

たとえば、フィールドワークで行われるインタビューは、単にインタビュアー（聞き手）がインタビュイー（話し手）から一方向的に現実を聞き取っているのではなく、両者が対話するなかで、その現実を形作っている（共創する）のだと、いまでは考えられている。フィールドの人びとが語った言葉は、じつはフィールドワーカーの発話によって促されたものであり、またフィールドワーカーの言葉も、フィールドの人びとが語った言葉に導かれたものである。対話のなかで一緒になって無意識に紡ぎ上げた言葉によって表現される現実も、やはり変えられたもの、創られたものと考えなければならない。

また、フィールドの人びとが行う行為は、ときにフィールドワーカーがみること、あるいはそこにいることによって、微妙に変わっていくのである。フィールドの文化や社会にフィールドワーカーが参加しながら観察をする「参与観察」という方法があるが、この方法を採用するとフィールドワーカーの存在や言動が、人びとの現実に直接影響を与えてしまうのは当然のことである。まずは、フィールドワークによってとらえられる、このような現実の構築性を確認しておきたい。

しかし、ここで私が考えたい問題は、このようなありきたりの現実の構築主義的解釈ではない。私が考えたい問題はその先にある。そして、私たちはその先のステージを考えなければならない。もし、フィールドワークという行為が、現実を大なり小なり再構築してしまう行為であるとしたら、私たちはそれを自覚しながら、向き合った人びとと一緒に、ある現実を創り上げることができるのではないか。そして、その共創のプロセスに他者だけではなく自己――フィールドワーカー自身――も含めながら研究できるのではないか。私は、フィールドワークのこの部分にこそ、単なるデータ収集法がもたない、方法としての大きな「力」があるのではないかと考えている。

私のフィールドワークの変化

私には、一〇年ほど前から毎月のように通い続けている大事な場所がある。そこは傍目には、研究者としての私の「フィールド」とみえることだろう。私自身も研究者仲間と話すときには、そこを「私のフィールド」と表現するし、そこでフィールドワークをしているのだから、確かにフィールドであることに間違いない。しかし、あたりまえではあるが、そこに暮らしている親しい人びとに向かって、「ここは私のフィールドだ」という表現をする機会はない。また、もしそういう機会があったとしても、そう表現することは私にとって、とても躊躇させられることでもある。親しい人びとが生きる場をフィールドと表現することに、単純にそれを物象化、客体化してしまうような冷たさやよそよそしさ、ぎこちなさを感じてしまうのは私だけであろうか。いや、私に限らず多くの人文・社会科学系のフィールドワーカーたちが、フィールドに対し、少なからず思い入れと愛着をもっていて、フィールドを単なる研究のフィールドではなく、それ以上の「場」としてとらえているはずである。「フィールド」という物象的な言葉で、ある場所を認識し、表現し、画定することは、よく考えてみると、かなり変わった行為である。フィールドという表現は、「研究する」人間が、「研究される」人間の居場所に貼り付けたラベルに過ぎない。それはフィールドワークをベースとして研究するという特殊な職業についている人間が、その特殊な内輪の社会で使ってしまう、ちょっと突き放したような表現である。フィールドワーカーなどと自負しない普通の人間ならば、訪れた場所をフィールドと表現することはないし、認識することもない。

新潟県小千谷市東山――そこは私にとって、いま大切な場所となってしまった。そこには、「越後の牛の角突き」と呼ばれる闘牛が地域伝統文化として継承されている。地元の人が普通「角突き」と呼び習わすその文化は、二〇〇年以上もの歴史をもち、国指定の重要無形民俗文化財にも指定されている。

もともとヒトと動物の関係史を研究してきた私は、二〇〇一年にはじめてこの地を訪れた。偶然知り合ったこの地の人の招待で、はじめて角突きをみる機会を得た。それをきっかけとして、伝統的な動物文化を調査するために東山を訪れるようになった。当然ではあるが、最初は角突きに関するデータを収集する「フィールドワーク」を行うために、この東山の地を「フィールド」として選定し、訪れたのである。

私はこれまで、データ収集の手段としてのフィールドワークを、いろいろなところで行ってきたし、いまでもそれを行っている。関心のある特定の文化事象を追い求め、いろいろなフィールドを渡り歩く。そこで論文をいくつか書けるだけのデータが集まれば、また次の興味関心のある文化事象を求めて、フィールドを取り替える。そういうことは日常茶飯事である。ところがある出来事をきっかけとして、この東山だけは取り替え不可能なフィールドになってしまった。さらに、私はその出来事をきっかけとして、東山での、データを収集するためだけのフィールドワークを止めることにした。

愛牛・天神と私の入場風景（室井康成撮影）

その変化のきっかけとなった出来事とは、二〇〇四年にこの地を襲った新潟中越地震である。マグニチュード六・八の内陸直下型の地震。小千谷市東山は、まさにその震源の真上であった。この地区では多くの家屋と財産が失われ、尊い人命が奪われ、そして家族同然に育てていた角突き牛が死んだ。フィールドワークを介してすでに親しくなっていた東山の人びとの悲劇を目の当たりにして、私は単なるデータ収集の手段としてのフィールドワークをここで継続することに少なからず罪悪感を抱いた。彼らの前でノートを開き、ICレコーダーを差し出し、カメラのシャッターを押すことが躊躇われた。それは、単純な感傷に過ぎないのであるが、その感傷に耽るなかで、自分が日頃、何も疑わずに無意識に習い性としてきたフィールドワークという行為の不自然さについて覚醒させられたのである。

私は震災を契機に、角突きを闘牛場の外側から観察するだけのフィールドワークを止めた代わりに、闘牛場のなかに入って牛たちに勢をかける「勢子」となった。そして、さらに一頭の角突きの牛――名前は天神、なかなか強い牛である――を所有する「牛持ち」となり、角突きを運営

天神は2012年度最優秀牛に選ばれた（平澤健光撮影）

する地元組織の小千谷闘牛振興協議会（通称、闘牛会）の会員に加わったのである。

　この私の行為は、先に述べた参与観察というフィールドワークの手法とよく似ている。参与観察とは、「相手の生活文化や社会に参加しながら、いわばインサイダーの視点や立場に身を置いて、しかし同時にアウトサイダーの視点で観察をしていこうとする方法」（富沢二〇一一：一一三）である。確かに、私は研究していた対象を単に外からみるのではなく、その担い手となることによって内側からみる立場に身を置くようになった。

　ただ、それは参与観察に酷似するものの、正直いって似て非なるものである。なぜならば、私は「知る」＝観察するということを目的として、角突きに参加したわけではないからである。私は、悲しみに打ち拉《ひし》がれた状況から一生懸命立ち上がろうとしている目の前の人びとが大切にしているもの――東山の人びとにとっての「ふるさと」の文化――を、私も一緒に大切にしたいという感傷的な思いから牛の角突きに加わっただけなのである。それは研究者の理性的な行動ではなく、ひとりの人間の情緒的な行動であった。また、それは文化を理解する手段である参与観察として、最初から意図的に仕組まれたものではなく、偶然に参加してしまったという程度の実践でしかなかった。ただし、牛の角突きという伝統文化の担い手の内側に片足なりとも踏み入れてしまったばかりに、地域の現実にほんの少しだが影響を与えてしまった。

それは当然である。私は角突きという伝統文化の担い手としての当事者性を、東山の人びとから幾分か分け与えてもらっている。闘牛場には自由に入れるし、闘牛会の総会にだって参加し発言することができる。角突きのときにご祝儀を上げてもらえるし、闘牛会の法被を着ることができる…。そういう角突きの仲間に受け入れてもらった結果、あくまで舞台の隅っこにいる脇役ではあるが、私自身が地域の現実を微かに動かす、あるいは僅かに創るアクターの一員となったのである。そして東山の人びとと共に、現実を創る責任を幾分か負ったのである。そのような状況を理解すると、自分の行動の一挙手一投足が気になり、自分の言動にかなり自覚的、あるいは敏感になってしまう。そういう自己を眺める眼をもち、自己を含めて現実をとらえ、他者のみならず自己も一緒に描くフィールドワークに、私はいま挑戦しているのである。

フィールドワークによる意図的な現実の再構築

震災後、私は牛を買って牛の角突きに参加した。このような私の「実践」に対し、非常時に暢気なものだ、不謹慎だと眉をしかめる向きもあるかもしれない。震災後の復興の時期に、そんな道楽をせずに、もっと被災地の役に立つことをやるべきだったのではないか。また、被災地の住宅再建や経済復興など生活の中核な部分に寄与する実践を行うべきだったのではないか…こんな批判を浴びそうである。

だが、文化の基礎研究しかやってこなかった私が、そのような被災者の生活そのものを支援するという「役

2005年に東京大学で開催された支援シンポジウム。東山の人びとと研究者が震災復興について語った（菅豊撮影）

に立つ」実践を、簡単にできるはずもない。私は地震後すぐに、この地域のために「何かできることはないか」と意気込んだ。見舞金配り、募金集め、支援のためのシンポジウムなどに取り組んだが、それは私がもつ学問的な専門性や技能を活かしたものではない。それは人間の反射的な行為でしかなかった。

正直いって私は、伝統文化の現在的価値とその復興過程での活用の可能性については確信していた。地域伝統文化は地域意識を高め、震災後壊れかけた人びとの紐帯を強めてくれる。文化資源は巧く使えば、低コストで大きな社会効果を生み出すことができる。実際、東山の人びとは「小千谷の復興は牛の角突きから！」を合言葉に、地域復興に取り組んでいた。しかし私は、それをみずから背負って立ち、切り盛りする技術や知識、そして経験に乏しかった。簡単に言えば、「知る」ためだけのフィールドワークしかしてこなかった私には、社会実践に挑戦できる力と勇気がなかったということである。

しかし、そうやって私が役に立つ実践に手を拱《こまね》いているとき、東山には被災者の支援を謳《うた》う専門家たちが押し寄せてきたのである。そして、フィールドワークをやり始めたのである。地震後、雨後の竹の子のように現れた多くの専門家は、多様な公的制度や公的資金を駆使して、角突きを中核とする復興活動を支援した。そして彼らは、専門的知見や技術をこの地で応用する前段階として、「知る」ためのフィールドワークをやり始めた。実践や施策のためには、地域住民の意見や意向、ニーズを「知る」ことが必要である。東山の人びとの復興に対する「民意」を汲み上げるためには、現地での調査は欠かせない。この専門家たちのフィールドワークは必要なものであり、当然、なされるべきものではあったが、実際にその現場を垣間見ると、同じくフィールドワークに勤しむものとして違和感を抱かずにはいられなかった。

東山の人びとは、地区の復興を推進するための種々の計画を練ったが、その立案過程では、市など行政の仲介のもと国交省系の外郭団体である土木建設関係の社団法人や、それと協働するNPOなど、多くの専門家が「支援」した。あるとき、復興デザインの基礎資料となる「復興マップ」が作成されることになり、専門家(NPOメンバーも含む)たちは、東山の一〇集落二団体に対し計二〇回のインタビュー調査を行った。さらに集落ごとに懇談会を開催して、各集落の現状や将来への展望について東山住民の意見を収集する場を設けた。ときには、住民に地域課題へ対応する意見を持ち寄ってもらい、相互に議論してもらうワークショップも開いた。専門家は、KJ法(整理カードを活用した問題解決のための発想法)なども駆使し、手際よく人びとの意見を集約していく。そこでみられたのは、いま日本各地で普通にみかけることができる、実践的、応用的な専門家が展開するシステマティックなフィールドワークの光景であった。

数カ月にわたってその専門家たちによるフィールドワークは継続され、復興計画の根拠となる人びとの意見が集められた。そこでは確かに、人びとの声は拾われていった。しかしそこでは、どんなに自由に発言することが認められていても、専門家たちによって準備された質問の方向性は、あらかじめ定まっていたように思われる。

そして、専門家の回答のとりまとめ方も型にはまっていたようだ。さらに公式の場という雰囲気が、東山の人びとに日常とは異なる緊張感を少なからずもたらしていた。一見、自然な形で人びとの「民意」を汲み上げるようにみえるインタビューは、無為ではない。そこには、専門家の介入による現実の再構築過程を読み取ることができる。もっときつくいうならば、このフィールドワークで導かれた現実には、じつは専門家たちのある目論見が埋め込まれていたようである。その現実は、東山の人びとの意志を汲み上げたインタビューから導かれたように装われているが、じつはそれは専門家の思惑によって組み立て直されているのである。

東山の人びとから聞いたことであるが、復興支援に積極的に関わったある専門家が所属していたのは政府系のコンサルタントで、当時、官僚の天下り先として世間を賑わせていた有名な団体であった。それは、復興事業の青写真を描くことにより、基金や補助金の一部をコミッション（手数料）として得ていたという。その団体にしてみれば、収益を上げることは仕事であり、事業を展開させることもその仕事の一部であった。そのため地域住民の希望をどんどん吸い上げながら、事業計画を膨らませていった。その活動はその専門家の任務なのであり、そのような事業を拡大することに、彼らは何ら疑いをもたなかったはずである。ただ、事業計画が大きくなればなるほど、その団体が得るコミッションも増えるという絡繰りになっていたという…。

このような専門家、さらにそれに随順するNPOの人びとが行った、東山の現実を「知る」ためのフィールドワークは、本当は「知る」ことを目的としていたのではなく、東山の人びとの思いとは必ずしも一致しない現実を民意の名目で「創る」ことを目的としていたのかもしれない。ある若者はインタビューの際、「義援金や補助金の獲得のために、欲しいものがあったら何でもかまわないからいって欲しい。東山、そして角突きの復興事業に何が必要か？」と、インタビューの際に問われたという。そこで彼が答えたのは、「冬の豪雪にも耐えるドーム型の屋根付き闘牛場建設」という、「夢」だった。本当に実現できるかどうかはさておいて、みんなは「夢」

をめぐって談論風発した。そのようなフィールドワークの結果、膨れあがった青写真は、東山の人びとですら容易に実現できるとは到底思えないような、絵に描いた餅になってしまったのである。

こういう応用系、政策系の専門家は、すべてとはいわないまでも、ときにフィールドワークを巧く利用して、意図的に地域の現実を自分たちの望む方向へ変えようとすることがある。私はフィールドにおける外部者の現実への介入と、その結果の現実の再構築を全否定するつもりはない。そのような行為が、向き合った人びとの幸福に資することもあるのだろう。ただ問題は、その現実への介入や地域の現実を変えていくことが、「誰のために」「何のために」なされているのかということである。フィールドワーカーは、この問題に敏感でなければならない。

フィールドへの私のささやかな介入

翻《ひるがえ》って、自分自身を振り返ってみる。

私もやはりフィールドワークを通じて東山の人びとの現実、あるいは東山の文化の現実に介入している。そして、確かにそこに影響を与え、地域の現実を変えているようである――たいした影響力はないが――。ただそれは、私が意図的に意気込んで地域の現実に介入しようとしたのではなく、あくまで角突き牛をもち、角突きに参加するなかで、自然と「立ち入ってしまった」といった程度のものである。

たとえば、こんなことがあった。

二〇〇九年、復興事業のひとつとして共同牛舎建設計画がもちあがった。これもまた、コンサルタントが青写真を描くものであった。それは牛数十頭が収容される集合式の大規模牛舎計画。私は、牛舎の必要性は熟知していたものの、集合式大規模牛舎という方式に違和感を抱かずにはいられなかった。

小千谷では、牛舎ごとに継承する牛の飼育の知識、技術、価値観が異なると考えられている。この差異を「厩柄《うまやがら》」と表現する。伝承的な飼育技術や知識は牛舎ごとに異なり、その差異が飼育する牛の気性や風格、そして角突き自体に大きな影響を与えると、牛飼いや牛持ちたちによって認識されている。厩柄があることによってそれぞれの牛に個性ができ、戦い方に違いが生まれ、それによって角突きの面白味が深まる。もし大規模共同牛舎で飼育すると、そこに入った牛たちは同じ性格の牛になって、角突きの醍醐味は失われてしまう…私は東山の人びとから、幾度となくそう教えられてきた。このような価値や思い入れは、フィールドに直に接しないとなかなか理解できないものである。

その価値は触れることができない（intangible）、数えることができない（uncountable）、置き換えることができない（irreplaceable）価値であり、その価値を大切にしてきたはずの人びとにとっても、その真価を論理立てて説明するのはなかなか困難な代物である。このような伝承的な価値は、東山の人たちも当然熟知していたが、牛舎建設という悲願をいち早く実現させるために、この価値を捨てて妥協するという現実的な選択肢を選ぼうとしていた。

私は、このような現実的な選択に僭越ながらも異論を唱えた。ただ異論を唱えるといっても、それは普通の専門家がやるような、公式の会議やワークショップといったフォーマルな場での専門家としての表明ではない。それはインフォーマルな場でなされる、仲間内のつぶやきといった程度の異議申立であった。角突き後の小さな宴で、復興活動が話題になったときに、角突きをやる仲間として私は酔いに任せて意見を述べた。この地の人びとは、フォーマルな場で自己の意見を主張することはあまり得意ではない。むしろ、彼らは日常のインフォーマルな場での対話のなかで、率直で積極的な意見交換をしており、そこで現実が形作られていた。会議の場ではなく、日常の場で対話を繰り返すことが、この土地の人びとが行っているローカルな伝統的ネゴシエーションの方法なのであり、私もそれにしたがっただけである。その方法の大切さは、この地に足繁く通うフィールドワークを行えば、誰にでもわかることである。私はインフォーマルな場で、復興活動の問題点について「柔らかに」訴え続けた。

私の言葉は、何かはっきりとした結論を要求するような提案ではなかった。普段ならば、誰も気にも留めないような私見であった。しかし、私の取るに足りない仄《ほの》かな抗弁の声は、偶然にも、ある闘牛会の仲間に届き、結果、牛舎建設計画は見直されたのである——大規模牛舎から複数の小規模牛舎へ——。そして、私には資金を獲得するための公式の書類・陳情書作りや、マスコミへ伝統文化の重要性を宣伝する役割が割り当てられた。このような役割というものは、私の方から積極的に売り込んで得た役割ではない。私が、企図しない参加型のフィールドワークを行い、東山の人びとと一緒に牛の角突きを楽しみ、彼らの体験に共感するなかで、彼らが私を理解した結果、彼らが私に与えてくれた役割なのである。そして、それはまた、新参の余所者であるのにもかかわらず、軽々しくも仄かな抗弁の言葉を吐いてしまった者が負わなければならない、一掬《いっきく》の言責でもあった。それは、介入した者が担わなければならない義務なのである。

このような私の介入は、些細なことではあるが、やはりそれによってフィールドの現実は僅かながらも変えられていったのである。

また、こんなこともあった。

二〇一三年、「動物の愛護及び管理に関する法律（通称、動物愛護管理法）」が改正された。この改正は、じつは新潟・小千谷の牛の角突きに限らず、全国の動物を闘わせる文化（闘犬、闘鶏、闘牛）などにとって、由々しき一大事だったのである。しかし、その一大事に気がつく闘牛会関係者はいなかった。

この法律を所管する環境省は、改正時に「市民」へパブリックコメントを求めた。結果、多くの動物愛護団体から、動物を闘わせる行為が動物虐待であり、それを法律で禁じるべきだという意見が寄せられたのである。そして、改正を審議する中央環境審議会動物愛護部会「動物愛護管理のあり方検討小委員会」で、その問題が検討され、そのなかで新潟の角突きも問題例として、ある委員から取り上げられた。第二〇回小委員会の席上、その委員は、新潟の角突きを実際にみたときの「自分の体験」をもとに、角突きを批判した。議事録（https://www.env.go.jp/council/14animal/y143-20a.html　アクセス日二〇一四・九・六）には、その小委員会でのやり取りが、以下のように記録されている（委員名は仮名）。

【Y委員】　…（中略）…医療行為に関して。これは基本的に、ちょっと都道府県名は言えないのですけれど、観客が、「この子、血を流してますね、これから病院ですか。」と聞いたら、牛のハンドラー（牛の持ち主の意味：引用者注）の方々は連れて行かないよというような返事をしました。実際に傷を負ったときに、どれだけの医療行為がなされているかということも、これは十分に動物愛護管理法に引っ掛かるものだというふうに思います。

【H委員長】　いまおっしゃっているのはどこの闘牛なのですか。私が知っている限り、小千谷とか山古志、あれは絶対残すべき文化だと思っているのですけれども、場所によってかなり違うかもしれませんので、どこの闘牛なのかというのをおっしゃっていただきたい。

【Y委員】　いまの病院に連れて行かないという発言は、まさに新潟です。

「これから病院ですか?」――なんと愚かな質問であろうか。牛を病院に連れて行くことは、たぶん全国各地をみてもほとんどあり得ないだろう。常識からいって、小型動物の犬猫と、大型動物の牛とでは、その扱いは全く異なる。牛を病院に連れて行くという処置が、非現実的な対応であることくらい、牛と密接に関わる闘牛関係者や畜産関係者ならずとも理解できることであろう。常識的にいって、牛が病気やけがのときは、獣医が牛舎を往診し、治療するはずである。実際、「新潟」でもそれがなされてきた。それゆえ、「これから病院ですか?」と、滑稽かつ的外れな愚問がなされたら、当然、「連れて行かないよ」と、「新潟」の人びとはその非現実的な対応を一笑に付すに違いない。その言葉尻をとらえて、医療行為の不備と責めるのは、お門違いというものだ。

また流血については、当然、牛飼い、牛持ちたちも日頃から配慮している。ただ、彼らが長い年月のなかで培ってきた経験により適切とする判断と、一見の観客がちょっとみで感覚的に適切とする意見とは、必ずしも一致するとは限らない。この委員は、観客の判断を正しいものと、短絡的に位置づけているが、それが本当に治療を要するものであったかどうか正しく検証していない。それをもって「動物愛護法に引っ掛かる」例として引き合いに出すのは、これもまた見当違いというものだ。このような「誤解」や「偏見」を含む議論が、角突き文化の継承を左右する東京の公式の場でなされていたのである。

しかし、そのような法律改正があったことすら、東山の人びとは誰も知らなかった。角突きが全否定されかねない「市民」の声が、環境省に寄せられたことも知らなかった。ましてや、法律改正を検討する委員会で発言した委員の誤解や偏見によって、自分たちの新潟の角突きが悪者扱いされていたことなど知る由もなかった。その後、この事の次第を私が東山の人びとに教えたとき、彼らが憤懣を漏らしたことはいうまでもない。

今般の法改正ではこの問題は議論されたものの、幸運なことに具体的な禁止措置までには至らずにすんだ。しかし、世界的な趨勢から言えば、この動物愛護の観点から闘牛などを否定する動きは、今後さらに活発化することが予想される。将来、この問題は再燃する可能性が高い。

周知の通り、パブリックコメントは、行政機関が政令や省令などを定めたり、改正したりするときに、事前に

角突き後、誰彼ともなく酒を持ち寄る。こういう場の自然な対話のなかで現実が創られる（古澤拓郎撮影）

社会から広く意見を募る制度であり、省庁のポータルサイトで公示される。しかし、一般に広く意見を募るといっても、一般の人びとがそのような省庁のポータルサイトに日常的にアクセスすることなど、ほとんど考えられない。パブリックコメントに参加するのは「一般」ではない、ある問題に深い関心や利害をもっている特定の団体や組織、人びとによってなされる場合が多い。つまり、偏った意見が集約されやすく、一歩間違えればその偏った意見が「市民」の意見、多数の意見としてまかり通る可能性もなきにしもあらずである。

私は、このような動物愛護管理法改正の動き、そしてこの問題が再燃する可能性があるという外の状況を、東山の人びとに伝えることにした。そのとき、ちょうど地元選出国会議員の国政報告会や、地元農協主催の文化講演会で講演する機会があった。私の肩書きや地位は、そのようなイベントに使いやすく、これまでも幾度となくそういう場に駆り出されたが、今回はその場を借りて、牛の角突きをめぐる外の状況を解説する好機を得たのである。さらに偶然ではあるが、動物愛護管理法改正の小委員会の委員長は私の知人であり、その彼が角突きを観覧してくれることになった。これもまたとない機会である。角突きが終わった後、闘牛会の役員に集まってもらい、その分野の専門家との意見交換の場を設けることができた。

その結果、この問題を重く受け止めた闘牛会の役員たちは、その次の年の総会で「動物愛護」の精神を確認。会則のなかに、動物愛護の文言を盛り込み、さらに獣医などを顧問に迎え、闘牛会場での牛のケアを進めることが決められたのである。また、新潟県の動物愛護センター職員の視察なども組まれた。そして、この問題をマスコミも取り上げた…。今回はフォーマルな場で言葉を伝えたためであろうか、予想以上に大ごととなってしまい、私はいささか驚かされた。現実への介入をあたりまえとするフィールドワークの場合、その介入の結果を事前に予測することは難しい。ひとつの小さな介入が、新しい現実を連鎖的に創り上げる動きを作動させてしまうのであるから、自己の介入的行為に対してやはり敏感であらねばならない。

このような私の行為、振る舞いに対し、よくやってくれたといってくれる好意的な人もいれば、また余計なことをしやがって、寝た子を起こすなと冷ややかにみる人もいる。私の介入に対する評価は、まだ定まっていない。そして、私のやったことがこの地域のためになったのかどうか、現時点では私も判断できない。ただ私は、東山の人びとによる私の評価が、将来変わりゆく状況へも寄り添い続ける意志をもっている。自分がやる実践の結果に対する評価を、長い年月をかけて引き受けること。これが私のフィールドワーカーとしての矜持である。

フィールドワークが果たせること

一般的な人文・社会科学の基礎研究は、応用を標榜する実学的な専門家たちのように、社会や人びとに直接貢献することはそれほど多くはないし、またそのような貢献を所与の目的として目指していない。しかし、一方で、応用を旨とし、往々にしてはじめから応用ありきとなりがちな研究とは異なる位相で、基礎研究は社会や人びと

代議士の地元国政報告会で、動物愛護をめぐる動きについて解説する私（平澤健光撮影）

に貢献することは可能である。そして、まずは人びとに間接的にでも貢献するためには、応用研究が粗笨《そほん》に扱いやすい人びとの現実を細部にわたって的確に「知る」ことが大事で、この局面においてフィールドワークという方法は有効であると考えられる。

　さらにもう一歩踏み込むならば、フィールドワークによって人びとの求める現実を「知る」だけではなく、フィールドワークによって人びとの求める現実を一緒に「創る」ということも可能だ。私は、むしろこのような実践を含む側面にこそ、フィールドワークをやる意義や、その方法としての独自性があるのだと思う。もし、フィールドワークが、研究対象——人やモノやコト——を「知る」だけではなく、フィールドの人びととみずからの間に再帰的な関係を保ちながら新しい現実を構築し、その構築された現実をフィールドの人びとのみならず、フィールドワーカー自身をも含めて研究することができる方法だとしたら、フィールドワークという方法は絶対的ではないにしろ、他の研究方法と比べて方法としての優位性を主張できるであろう。

　ただ、そうはいうものの、「現実を創り上げるために」「現実を変えるために」企図的なフィールドワークを試みるという作為は、かなり危険だ。軽挙は慎まなければならない。フィールドの現実が変わるのは、あくまでフィールドワークの結果であって、目的ではない。正しくいうならば、フィールドワークによって現実は「創られる」のではなく、「できる」のである。さらにその現実の創造や変化の道筋と影響の度合い、そして結果の評価は、誰も確実には予想できない。そのような不確実な状況に対応するには、他者のみならずみずからの行為をもふり返り、その結果を柔軟にみずからの行為に還元し、修正する順応的なフィールドワークの設計を行わなければならないだろう。

　私は、以前、現代社会における新しい知識生産と社会実践の方向性として、「終わりのない関わりのもと、定型化せず、規範化せず、マニュアル化せず、汎用化せず、手段化せず、さらに、その行為自体をアプリオリに目的化しない営為として継続する実践の必要性」を指摘したが（菅二〇一三：一〇〇）、フィールドワークにも同様の方向性が求められるのである。

［参考文献］

菅豊『「新しい野の学問」の時代へ——知識生産と社会実践をつなぐために』岩波書店、二〇一三年。

富沢寿勇「データの取り方 一　聞き取りをする」鏡味治也・関根康正・橋本和也・森山工編『フィールドワーカーズ・ハンドブック』世界思想社、二〇一一年、一〇九〜一二三頁。

第10章

彼我の狭間というフィールド

——村の分裂をめぐる調査の「失敗」から——

佐久間 寛

Yutaka Sakuma

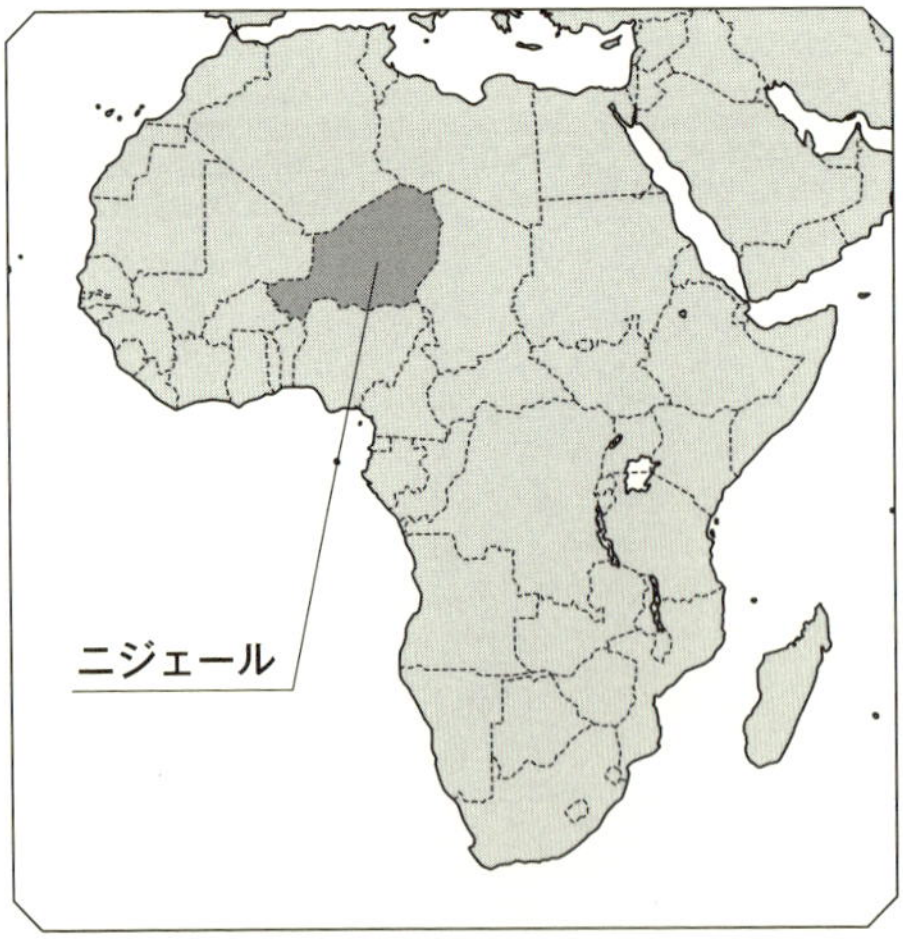

憧れと挫折

「研究者はなぜそもそもフィールドワークをするのか」。この問いにひとつの答えを出すことは難しい。本書を一読すればわかるように、ひとくちにフィールドワークといっても、地域やテーマ、手法や期間などによって、その内実はさまざまだからである。極端に言えば、それと気づかぬうちにフィールドワークをしてしまう者さえいるはずである。フィールドワークの魅力とは、こうした間口の広さにあり、だから「人はみなフィールドワーカーである」（西井編 二〇一四）、ということさえ可能なのかもしれない。

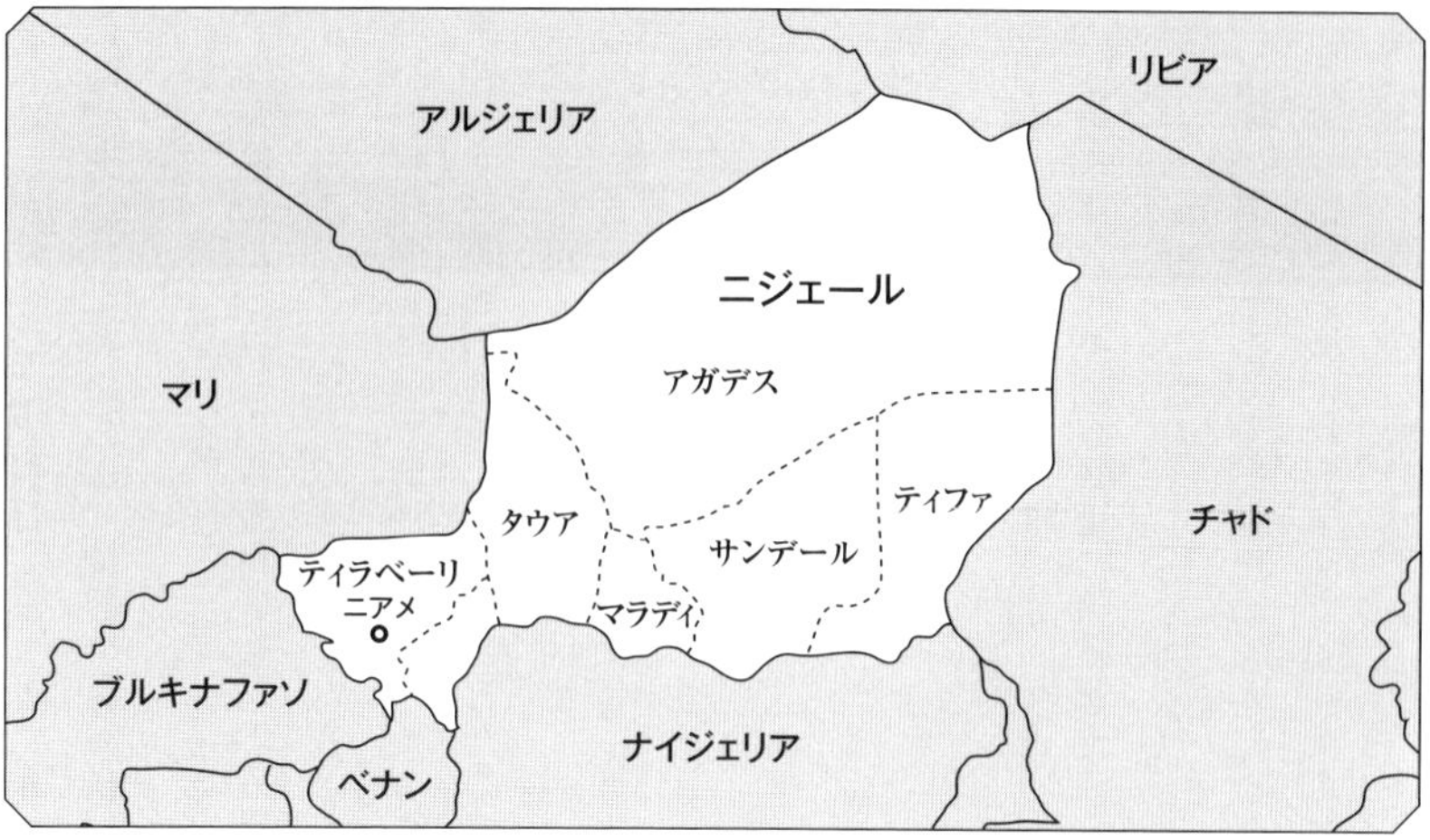

ニジェール地図

とはいえ、研究者がなすあらゆる行為がフィールドワークというわけでもちろんない。たとえばわたしは、大学院の修士課程まで経済学を専攻し、統計資料や文献資料によりつつ第三世界と呼ばれる地域の政治や経済を研究していたが、この時点でのわたしは、一般的な意味でのフィールドワーカーではなかった。むしろ当時のわたしにとり、フィールドワークとはひとつの憧れだった。現地で、現地について、現地の言葉で学ぶこと、それが理想のフィールドワークだった。

博士課程進学を機に、人類学へと専攻を移した。必要な資金を得たうえで、二〇〇四年六月から西アフリカのニジェール共和国西部の農村でフィールドワークを開始した。帰国したのは二〇〇七年三月のことだった。調査終了時のわたしにあったのは、憧れのフィールドワークをやり遂げたという達成感ではなかった。むしろそれとは逆の感覚、フィールドワークに失敗したという挫折感だった。土地の測量や漁獲量の記録、系譜や移住伝承の採録など、さまざまな資料の収集が中途半端なまま終わった。しかしそれ以上に深刻だったのは次の問題が生じたことだった。

わたしが住みこんだ村は、一九九六年に、行政上二つの単位に分裂するという出来事を経験した。その数年後に同村を訪れたわたしに、分裂の経緯は帰国間近まで語られず、それが語られたのも、どちらかと言えば偶然にすぎなかった。

帰国後わたしはこの行政村分裂という出来事を主題に民族誌を執筆した。出来事の経緯が十分に語れなかったというのに、どうやってそれを論じるのか。考えた末に最終的にたどり着いたのが、資料が得られないという事態を資料化するという方法論であった。つまり調査当時のわたしに、何が、いかに語られなかったかという点に注目して、問題を論述することにしたのである。

これら一連の研究成果は最終的に一冊の民族誌へとまとめた（佐久間 二〇一三）。本稿ではおおくを同書によりながら、一見したところ「失敗」に終わったかにもみえたフィールドワークからいかなる知見を引きだすことができるかを提示してみたい。

調査村について

問題の調査村ガーロコイレは、ニジェール北西部に位置する行政村である。同村一帯は、年間降雨量一五〇～三〇〇ミリ、もっとも乾燥に強いとされる穀物トウジンビエがなんとか栽培可能な乾燥地帯である。住民の大半はナイル・サハラ語族ソンガイ語を話す。「ソンガイ」とは一五～一六世紀に隆盛したブラック・アフリカ最大の帝国の名でもあるが、住民のなかにはこの帝国の王族の末裔を自認する者もいる。

さて、この地域の社会生活を記述するにあたっては、その背景としてふたつの制度にあらかじめふれておく必要がある。首長制と奴隷制である。

トウジンビエの播種

まず、ここでいう首長とは、村やその上位の単位「カントン」を統轄する行政的な地位であると同時に、特定の家系に連なる者のみが継承権をもつ、半世襲的な地位である。この種の特権的地位が一部の住民にのみ開かれていることは、数世紀前からつづく系譜・移住伝承によって正当化されていることが多い。ゆえにこの制度は、「伝統首長制」とも呼ばれる。

他方、奴隷とは、一般的には自分のために労働する権利をもたず、売買の対象となっていた人びとのことを指すが、こうした意味での奴隷制は、現代ニジェールに公的には存在しない。奴隷とはむしろ、かつてそうだったとされる人びとの子孫を指す。とはいえ、世界に「奴隷」と「貴族（首長一族と他の自由民）」が存在するということは、この地域を生きる人びとにとっていまなお自明とさえいえる事柄であり、貴族が優れていて奴隷が劣っているとの価値観は、日常生活の端々でしめされる。

出生によってある種の社会的優劣が決定づけられてしまう制度があることを、「不条理」で「差別的」だと感じる読者もいるかもしれない。かくいうわたしも、これらの制

天水（河水）稲作の除草

度をめぐってフィールドで直面した現実には、最後まで馴染めなかった。だが、ここで強調しておく必要があるのは、ニジェールに現存する首長制と奴隷制は約一世紀前に根本的な変化を経験していたという点である。端緒となったのは、一九世紀末からのフランスによる植民地化である。この過程で両制度は、ある部分を改変され、別の部分を解体され、さらに別の部分を積極的に温存された。一例をあげれば、植民地当局に非協力的な首長が処断され、協力的な人物にすげ替えられるケースなど珍しくなかった。つまり、「不条理」で「差別的」にみえる首長制と奴隷制は、それ自体が「不条理」で「差別的」な植民地支配の産物でもあったのである。

このように首長制や奴隷制が単なる伝統的制度というより近代的な構築物であることは、先行研究によってすでに明らかにされていた（Olivier de Sardan 1984）。したがって、わたしにとりそれらは、馴染むことはできないにせよ、理解できない現実ではなかった。ところがこの地域ではさらに近年、社会生活の根幹と関わる変化が生じていた。十分な先行研究があるわけでもないこの変化

灌漑農地の電動ポンプ

灌漑農地

こそが行政村分裂の一因であった。

稲作と灌漑農地

先述のようにニジェール北西部は、降雨量の少ない乾燥地帯である。ただしこの一帯にはニジェール川という大水源があり、そこでアフリカ原産のコメ、いわゆるグラベリマ稲が栽培されてきた。ニジェール川流域では雨期と増水期のあいだに半年ほどのズレが生じるが、このズレを利用すると、灌漑設備を用いることなく、雨まかせ川まかせで稲作が可能だったのである。

ところがガーロコイレ村を含むニジェール川流域では、一九七〇年代末から九〇年代初頭にかけて灌漑農地の整備がおしすすめられ、天水稲作から灌漑稲作への転換が促された。ここでいう灌漑農地とは、政府の公共投資・海外援助を通じてニジェール川流域に建設されたおもに稲作用の国有農地のことであり、電動ポンプ等の灌漑設備を備え、二期作が可能である点に特色がある。現在ニジェールのじつに七〇％のコメは、この灌漑農地で生産されているといわれる(IFDC 2008: 38)。

灌漑農地の整備は国家的な開発事業であった。この過程で土地は無補償で国有化された。耕作者からは農地使用料が徴収されるようになり、それを怠ると罰金、さらには農地の没収という制裁が科されることになった。つまり農地整備とは実質的な国家による土地収奪であった。ただし、整備された農地は国家が直接管理したわけではなく、耕作者から構成される協同組合、より厳密には、組合の下位組織ごとに選出される一〇名の代表によって管理される。彼らが制裁措置を決定し、農地内で起きる係争を調停し、没収された農地を再分配する。

首長に勝るとも劣らない権力が、あらたに誕生したわけである。

ガーロコイレ村では灌漑農地が整備された四年後の一九九五年、以下に記す大規模な騒動が生じた。通貨切下げにともない米価が高騰する最中、農地内の複数の土地が没収された。土地は、慣例どおり代表によって再分配されようとしたが、一部の組合員がこの没収・再分配措置を不正と主張し、代表に辞任を求めた。辞任に応じない代表にたいし、反代表派の組合員は、問題の土地を占拠し、農作業を開始した。代表派と反代表派の対立は暴力的衝突が懸念されるほど深刻化し、最終的には現地で「司令官」と呼ばれる人物（ここではひとまず「県知事」のこと）が介入し、裁判が行われた。結果、問題の土地は両陣営に分与されるものの、代表は留任することになった。その結果何が起きたか。反代表派に属した初老の男性マハマドゥ（仮名）は、次のように述べている。

> 裁判することになり、司令官たちが来た。〔…〕とうとう判決になった。〔…〕わたしたちは帰ってきて、集まりをした。ここの紙〔住民台帳〕から出ていこうと話した。紙を離れて、行こうと言った。〔「分裂後新設された行政村サーバ・テーラに？」とわたしが問うと〕いいや。サーバは当時まだなかった。〔…〕わたしたちはここの紙から出ていこうとしたのだ。

現地語で「クーデター」や「叛乱」と称されるこの騒動が、行政分裂のいわば「真相」である。司令官は、土地を代表派と反代表派に分与することを条件に新たなもめ事を禁じたが、ガーロコイレ村の村長が代表の後ろ盾であったと考えた反代表派は、この禁を破って行動を開始し、新村を創設したのである。

行政村分裂とは何か

ここで行政村の分裂が具体的にはいかなる事態かという点について説明しておこう。ガーロコイレは、ニジェール川島嶼部、東岸、西岸に分散して所在する行政村である。こうして個別に所在している地縁単位を村から区別して集落と呼ぶことにするが、この集落の分裂は、ふるくからガーロコイレ村で生じてきた事態であり、だからこそニジェール川を横断するかたちで複数の集落からひとつの行政村が構成されてきた。ところが一九九六年に生じた分裂とは、これとはまったく異なる事態である。次頁の地図にあるG5という集落に注目したい。この集落の名をサーバという。同集落は、行政村ガーロコイレの一部であると同時に、サーバ・テーラという行政村の所在地でもある。ニジェールの地方行政区分は、上から州――県――カントン(およびコミューン)――村という構成をとるが、サーバ集落に所在するふたつの村は、県およびカントンのレベルからして、行政上の帰属が異なる。これが行政村分裂の結果生じた事態である。分裂したのが集落であれば目でみてそれとわかるのであるが、集落としてはそのままでありながら、その中身が行政単位として分裂した。先述のマハマドゥの表現を借りるなら、分裂は「集まり」ではなく「紙」のレベルで生じたのである。

かくも奇妙な分裂が成った背景には、行政当局の事情も作用していた。後述するように、そもそもこの地域では、ニジェール川の東岸・島嶼部から西岸に向けた耕地の拡大と移住の流れが数十年間つづいていた。西岸に移住してきた人びとはティラベーリ県の住民として登録されてきたが、一九八〇年代半ばにはじまる行政再編政策の結果、ニジェール川西岸にある集落は隣接するテーラ県に帰属するとの方針が定められた。この方針が確定し

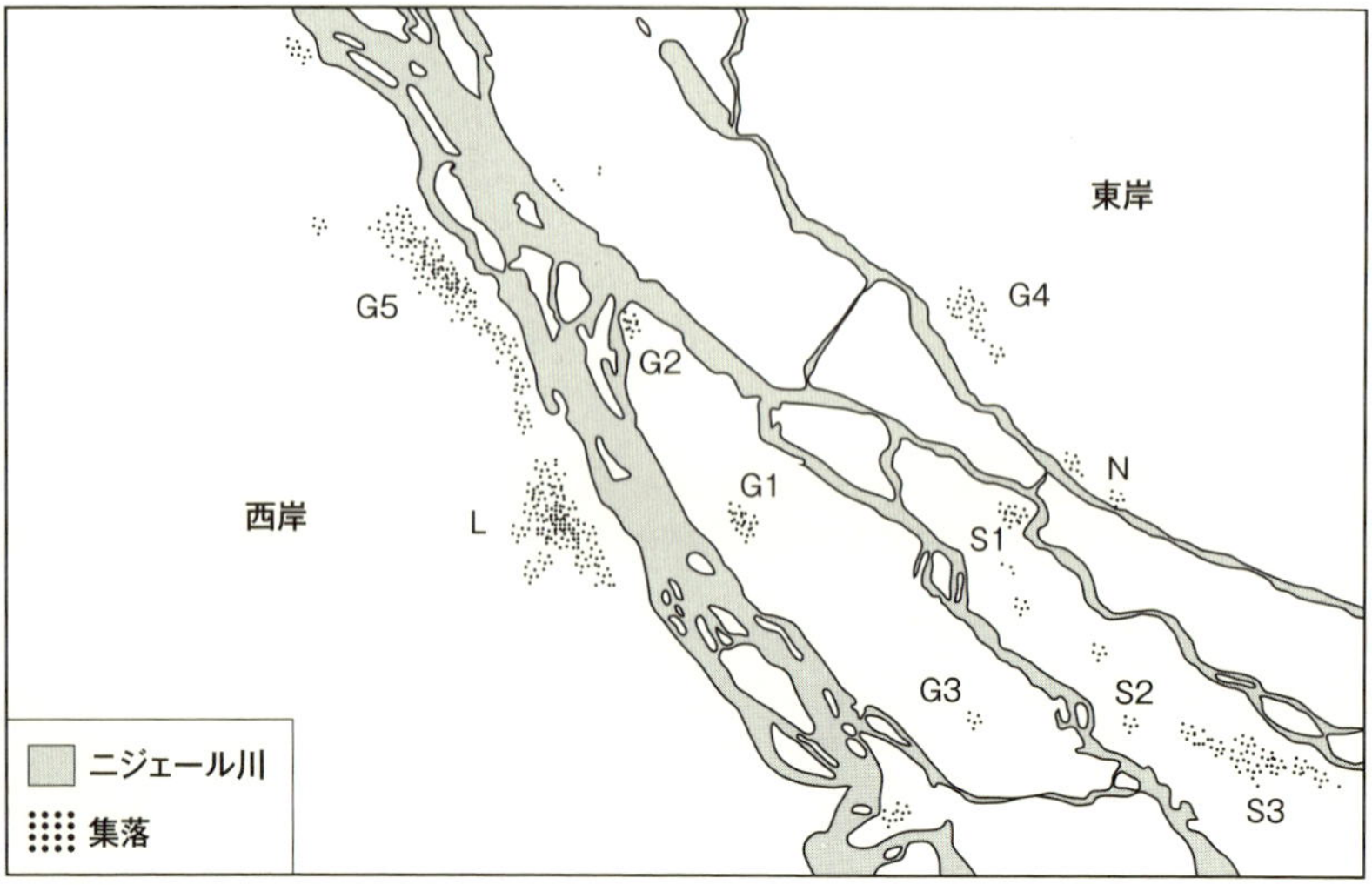

ガーロコイレ村および周辺域

州	ティラベーリ					
県	ティラベーリ			テーラ		
カントン	デーサ		スィンデール	ココル		
行政(村)	ガーロコイレ(フリアンデ)	ナースィレ	ソンソニ	ローガ	ジャーヤ	サーバ・テーラ
集落	(G1-G5)	(N)	(S1-S4)	(L)	(J)	(G5)

ガーロコイレ村および周辺域の行政区分

たのちもガーロコイレのサーバ集落は原則としてティラベーリ県に帰属しつづけていたのであるが、代表解任騒動時の反代表派は、この集落の一部をテーラ県の行政村として公認するよう同県の当局に働きかけたのである。騒動の翌年、新村創設が認められた。当局担当者の立ち会いの下、新村長の任命と住民登録地の変更手続が実施された。こうしてガーロコイレ村から分裂するかたちで、新村サーバ・テーラが創設されたのである。

この出来事から八年後、見知らぬ男がガーロコイレ村を訪れて、そのままそこに住み着いた。外来者の移住は同村においてかならずしも珍しいことではないが、その男は農業や漁業を営むでもなく、たどたどしいソンガイ語で何かを訊ねてまわっては、言葉を「紙」に書きつける日々をおくった。その男とはつまり、わたしだった。

寡黙と沈黙

フィールドワークをはじめた当初、わたしはサーバ集落にふたつの行政村があることに気づかなかった。傍目にはひとつの集落であるサーバに、じつはふたりの村長がいて、それぞれが税金を徴収し、民事裁判をとりおこなっていることに気づき、ようやく別個の行政村があることを理解した。だがそれを理解したとしても、より深刻な問題がのこされていた。すなわち、ひとつの集落にふたりの村長がいることを、人びとはあたかも植民地化以前からそこにふたつの地縁集団があった結果であるかのように語り、近年、代表解任騒動を経て行政村が分裂した結果であるとは語ろうとしなかったのである。

代表解任騒動から行政村分裂にいたる経緯をみずからわたしに語ったのは、ひとりしかいなかった。それが先ほどとりあげた語りの主マハマドゥである。彼は特別わたしと懇意にしていたわけではなく、また特別誠実な人物であるわけでもなかった。ただ、ふとした弾みで、「真相」を漏らしたにすぎなかった。

その後マハマドゥの説明の裏づけをとるための調査を進めてみると、これまでにない証言が次々に得られていった。だがその過程でも人びとは、みずから積極的に行政村分裂の経緯を語ろうとはしなかった。

たとえば新村サーバ・テーラの村長イスブにインタビューをしたときのことである。なぜ新村は創設されたのですか。そう訊ねると彼は、ガーロコイレ村の首長一族がフランス植民地期に不当に首長位を得てからというもの徴税業務などをめぐり住民を苦しめつづけてきた経緯を語り、そうした積年の問題があったからこそ、近年の行政再編政策を機に村が分かれることになったのだと語った。それは西アフリカの職能的伝承者グリオの話芸を彷彿とさせる見事な語りであり、技巧という点からすればじつに魅力的だった。だがその一方でイスブは、代表解任騒動については一言も語ろうとしなかった。やむをえずこちらから問いただすと、彼は「そう、その騒動はわたしが起こしたのだ」と応じ、それから手のひらをかえしたように詳細な経緯を語りはじめた。先の語りといかに矛盾しようがお構いなしであった。

行政村分裂をめぐる調査の過程では、万事がこのような調子であった。ゆえにわたしも、密室でタイミングを見計らって質問を切りだすといった措置をとるようになっていった。そうすることで、どうにか出来事の「真相」らしきものが浮かびあがってきた。だが調査当時のわたしは、そうして真相が明らかになるにつれ、ひとつの懐疑に捕らわれるようになった。二年半の調査生活を通じてそれなりに親密になったはずの人びとに、自分は欺かれていたのではないかという懐疑である。

この懐疑から解かれることはその後もなかった。ただ、帰国後に音声資料を整理していたところ、ひとつの興味深い現象に気がついた。同世代の友人ムーサにたいするインタビューの録音を転写していたときのことである。そこでムーサは、彼なりに代表解任騒動についての説明をしてくれたのだが、その説明はわたしの理解とは異なっていた。そこでこちらからあらためて騒動の概要を説明し、そういうことではなかったのかと彼に問うた。するとムーサはわたしの説明をほぼ全面的に肯定した後、ある一点だけを否定した

その日、土地について争ったんじゃなかったんだ。代表の交代について争ったんだ。

代表解任騒動は、代表による農地の再分配を不当と主張する組合員が引きおこしており、土地は最大の争点だった。ところがわたしの親友だったはずのムーサは、騒動が代表の地位をめぐる争いであり、土地をめぐる争

いではなかったと明言した。そこには「真実」とは異なる何か、たとえば「嘘」と呼びうるような何かが含まれていた。

ムーサの語り口はあくまで柔らかく、反論じみた調子ではなかったため、フィールドワーク中のわたしは、彼の「嘘」を聞き漏らしていた。これに気づいたことを機に、わたしの発言に相手がどのように対応しているかという点に留意して資料を読みこむようになった。すると、行政村分裂をめぐる語りでは同様の現象が頻繁に生じていることがわかった。とりわけ注目されたのは、ただ何も語られなかったわけではない点である。代表の地位といった人をめぐる争点は雄弁かつ多弁に語られる。だが、それが語られれば語られるほど、語られぬまま寡黙と沈黙のなかに閉ざされていく事柄があった。土地である。

土地をめぐる葛藤

じつは土地をめぐる情報が秘匿されることとは、この社会の土地制度のありかたそのものと密接に関わっている。かいつまんで説明すると、西欧近代的な法概念において土地は動産と同じく排他的な所有の対象であるのに対し、ニジェール西部農村社会では土地が他者からの贈与物、ゆえにいつか誰かに奪われるかもしれない危険性を秘めた財として想像されている。注意したいのは、ここでいう贈与が、所有権の永続的譲渡を意味しない点である。したがって、数世代にわたって相続され、わたしのような外部者には明らかに特定の人物の所有地にみえる土地であっても、当事者は、それが数世代前の祖先に贈与された土地と考えられる限り、いつか取りかえされるかもしれない土地であると感じるのだ。かつての与え手に土地を取りかえされること――奪われること――を、現地ソンガイ語で「受けとる *ta*」という。この土地の「受けとり」を人びとはつよく恐れている。興味深いことにニジェール西部農村研究では、すくなからぬ研究者が土地の所有／貸借関係をめぐる調査に失敗しており、しかも今から約半世紀前に人類学者オリヴィエ・ド・サルダンが指摘したところによれば、こうした失敗は、研究者による調査が土地の「受けとり」につながりかねないと人びとに解釈されたために生じていた（Olivier de Sardan 1969: 157-160）。失敗したのは、わたしだけではなかったのである。

ではいったい誰が土地を奪う者として想像されるのか。典型的にはふたつある。ひとつは奴隷にとっての主人である。奴隷は本来主人のために働くものであり、それだけに自分の土地（自分のために働く田や畑）をもたなかったとみなされる傾向がある。じっさいには現在奴隷とされる人びとの大半が自分の土地をもっているのだが、それはかつて主人が奴隷に土地を「贈与」した結果とみなされる。いまひとつは後着の異民族にとっての先着民族である。後着民は、本来ある地域の他所者であるがゆえに、その地域にみずからの土地を持たない。その彼らが現在みずからの土地を持つのは、彼らの祖先に惜しみなく土地を「贈与」した、先着民のおかげだとみなされる。

主人が奴隷に与えたとされる土地も、先着民が後着民に与えたとされる土地も、それが「贈与」された土地である以上、いつか本来の持主に「受けとられる」可能性があると想像される。そうした想像力の働きがあるために、主人や先着民は恐れられるのである。人類学・歴史学研究で論じられてきたところによれば、この地域の村長やカントン長は、土地にたいしていわゆる「伝統的」な権威をもってきたとされるが、それは首長が奴隷や後着民に惜しみなく土地を与えてきた先着の主人であり、ゆえに土地を奪う力をもつと人びとにみなされてきたからだと推定できる。かつてフランス当局はこの権威を植民地支配に利用したのである。

ただし、こうした土地をめぐる関係はかならずしも固定的であったわけではなく、むしろ時と場所に応じて刻々と変化してきたものである。一例に、ニジェール川島嶼部から西岸に向けた農地の拡大という現象がある。一九六〇年代末頃のニジェール川流域では、基幹作物の比重が稲作からトウジンビエ栽培に移行したことにともない、トウジンビエ栽培に適した西岸の畑をあらたに獲得しようという動きが本格化した。こうした動きの進展にともない発展を遂げたのが行政村分裂の焦点となったサーバ集落なのであるが、ここで重要なのは、耕地拡大の動きにいちはやく乗りだした人びとと、その動きから乗り遅れた人びととのあいだで明暗が分かれたという点である。

西岸というなじみのない土地に思いきって移住できるのは、もともと島嶼部に土地をもたなかった者、要するに、奴隷や異民族だった。しかも彼らは、西岸にふるくから住んできた人びとと結婚をくりかえしていた。それだけに島嶼部出身の奴隷や異民族は、西岸から嫁いできた母方の親族との関係を通じて、西岸の田畑を獲得できた。一方、首長一族はというと、彼らは島嶼部に土地を有するがゆえに、西岸の土地をもとめる動きに乗り遅れた。その彼らとて干ばつが重なり、また分割相続の結果島嶼部の土地が狭くなるにしたがい、やはり西岸の土地をもとめざるをえなくなっていったが、西岸とは、島嶼部の土地の支配者を自認する者こそが異民族となる空間であり、しかも彼らと西岸住民のあいだには、限られた親族関係しかなかった。つまりそこにおいては、島嶼部では土地を「受けとる」立場にある首長一族こそが土地を「受けとられる」後着の異民族となり、いちはやく西岸の土地を獲得することに成功した島嶼部出身の異民族や奴隷が土地を「受けとる」者になるという、逆転現象が生じたのである。

このように土地を「受けとる者／受けとられる者」の関係は流動的であり、首長であればつねにどの土地にたいしても無条件に権威をもつとか、奴隷はつねに土地なし農民で弱い立場におかれているといった単純化はできない。重要なのはむしろ、誰が誰の土地を「受けとる」かは変化するにせよ、「受けとる者／受けとられる者」という葛藤の構図だけは、つねに一貫しているという点である。

同様のことが近代的な国有農地内についてもいえる。そこでは、灌漑農地の整備とともに導入された協同組合制度の枠内で、土地を「受けとる者／受けとられる者」の関係が再生産され、協同組合員にとっての代表とは、規則の違反者から土地を呵責無く奪う制裁者とみなされるようになっていた。以下は協同組合員であるセイブ青年（仮名）が忠告をかねてわたしに語ったことである。

灌漑農地の持主は〔…〕代表の話をしていて、ある代表が来るのをみただけでも、家のなかにいたとしても、黙るか話題をかえる。きかれないように。きかれたら、彼は代表たちを罵っていると考え、その仲間に誰々が馬鹿にしてまわっているぞと言い、罰金を科すからだ。〔…〕払わないばあい、農地は受けとられる。そう、だからみな代表を恐れるんだ。〔…〕俺自身、俺がいまおまえに話してやったこと自体、俺は誰にも話したことがないんだぞ。

この語りのなかでとりわけ注目に値するのは、「俺がいまおまえに話してやったこと自体、俺は誰にも話したことがない」という末尾の一言が示唆するように、代表について噂することの恐れは、彼らによって土地を「受けと」られることへの恐れと直結している点である。つまり土地を奪う者について語ることと、現実に土地を奪われることとは連続しているのである。

「わたし」を読む

このようにみてくると、土地を争点とした騒動から行政村分裂にいたる経緯がわたしに語られなかったことにも、それなりに合点がいくようになるのではないだろうか。土地をめぐる社会内部の根深い葛藤が秘められていたからこそ、人はわたしのような他所者にそれを語らなかったというわけだ。ただ、それだけのことなら、わたしの個人的な調査の失敗を記す必要はなかったかもしれない。そもそも、世界中の誰にとっても他人に話したくない過去はある。それが現在につづく葛藤の記憶なら、なおさら語られないはずである。しかし、行政村ガーロコイレの分裂の真相が語られなかったことには、そうした一般論によっては回収しきれない問題があり、ゆえにより踏みこんだ考察をおこなう必要があった。じつは、行政村分裂の真相を追求していた当時、わたし自身が土地を奪う何者かとみなされていた節があったのだ。ただしその何者かとは、後着民にとっての先着民でも、奴隷にとっての主人でも、組合員にとっての代表でもない。ではいったい何者か。

そもそもわたしは、調査の開始からその最末期まで、「白人」、現地語で *annasaara* とよばれていた。これは「ナザレ人＝キリスト教徒」を意味するアラビア語 *al-Nasārā* に由来する語であるが、ここで重要なのは、それが身体形質の相違としてイメージされる「白人」というより、西欧近代的な生活を営む人びと全般を指す語として用いられる点である。したがってたとえ風貌は黒人であっても、都市住民や給与所得者なども脈絡によっては白人と呼ばれる。

そうした意味での白人の典型にあたるのが、前述の「司令官」である。これはフランス語 *commandant* に由来する多義的な語であるが、典型的にはフランス植民地期以来、カントンより上位の行政単位を統轄してきた外来の「白人」行政官を指し、独立後の州・県知事を指す。村やカントンといった伝統首長によって解決できない係争、とりわけ土地係争を解決してきたのは、この司令官である。そして代表解任騒動とは、この国家的審級による介入を招いたガーロコイレ村では前代未聞の出来事であった。

おそらくわたしは、行政村分裂の「真相」を追求する過程で、司令官にちかい何者かとみなされていった。先述のとおり、騒動の調停に訪れた司令官は、土地の分与を条件にそれ以上のもめ事を禁じた。行政村を分裂させ新村を創設することは、この禁をやぶって実行されたもめ事であり、それから八年後、同村をはじめて訪れた「白人」がわたしであった。そのうえ人類学徒を自認するこの白人は、司令官と同じく、村の外部からやってきて、「何があった」と「真相」を追求した後、村から去って行く何者かであり、村に住みつづける後着民のように贈与された土地で農耕を営むことはなく、ゆえにその土地を奪われる恐怖とも無縁であった。こうしてみると、人びとがわたしを司令官とおなじ社会の外部に位置する存在、なんの補償もないまま土地を奪い灌漑農地を整備した国家を体現する審級とみなしたとしても、特に不思議はなかったといえる。

つまるところこの研究者は、土地をめぐる社会的葛藤を外部から観察していたつもりが、いつの間にか土地をめぐる国家と社会の葛藤に巻きこまれていた。それこそが「わたし」という資料に書きこまれたニジェール西部農村社会というフィールドの現実だった。

彼我の狭間で

行政村分裂の真相を追求していく過程でわたしは、灌漑農地を整備した国家とおなじく、社会の外部から到来する土地の収奪者とみなされるようになっていった。もちろんこのことは、わたしにじっさいに土地を奪う意図があったことを意味しない。そんなことはできるはずがなかったし、したかったわけでもない。ただ、注意したいのは、だからといってわたしが土地収奪者とみなされていたことを、荒唐無稽な空想と切り捨てることはできないという点である。話しはわたしのケースにとどまらない。そもそも代表解任騒動は、協同組合代表にみずからの農地を奪われることを懸念した組合員によって引きおこされた出来事であるが、じつを言えば、代表がほんとうに農地を奪おうとしていたか否かなど誰にも分からない。たしかなのは組合員の側がこのままでは自分たちの土地が「受けとられる」と確信した点である。この確信を成りたたせていたのは、かならずしも現実化するわけではない将来にたいしての想像力である。想像力とは虚構ではなく、むしろ現実を構成する力であり、ニジェール西部の土地制度は現にこの力の働きを不可欠の部分として作動している。そうした人びとの想像力に捉えられている限り、たしかにわたしは司令官と同じ、土地収奪者だったといえる。行政村分裂をめぐる調査に「失敗」することで逆説的に浮かびあがってきたのは、こうした想像力の働きに媒介されたフィールドの実像だったのである。

冒頭の問いにたち戻ろう。「研究者はなぜそもそもフィールドワークをするのか」。繰りかえせば、この「なぜ」に確たる答えが出せるわけではない。ただ、本稿に記してきたのが「いかなる」フィールドワークだったかと言えば、人びとの想像する「わたし」を身体に刻みこまれ、フィールドを離れた後まで、この「わたし」との対話を余儀なくされていく過程であったといえる。ところで、ここでいう「わたし」とはいったい誰なのか。それは、フィールドの人びとによって土地収奪者と想像される何者か、フィールドワークを開始する以前から調査に失敗する可能性を埋めこまれていた何者か、今拙文を読んでいる「あなた」でもありえた何者かにほかならない。

人類学のフィールドは、かならずしも地理的に離れた異郷にあるわけではなく、むしろ彼我をめぐる想像力と現実の狭間にこそある。その狭間から彼の地と此の地を同時代の同一地平で考えぬくこと。そのためにこれからもわたしは、フィールドワークをつづける。

［参考文献］

IFDC (International Fertilizer Development Center). *Study of the Domestic Rice Value Chains in the Niger Basin of Mali, Niger, and Nigeria, West Africa*, Alabama: IFDC, 2008.

西井凉子編『人はみなフィールドワーカーである――人文学のフィールドワークのすすめ』東京外国語大学出版会、二〇一四年。

Olivier de Sardan, J.-P. *Système des relations économiques et sociales chez les Wogo*（*Niger*）, Paris: Institut d'ethnologie, 1969.

――― *Sociétés Songhay-Zarma*（*Niger-Mali*）: *Chefs, guerriers, esclaves, paysans*…, Paris: Karthala, 1984.

佐久間寛『ガーロコイレ――ニジェール西部農村社会をめぐるモラルと叛乱の民族誌』平凡社、二〇一三年。

第11章

ある女性の生によりそって

——フィールドにおける二〇年の「問い」のゆくえ——

西井涼子
Ryoko Nishii

人類学者にとってのフィールドワーク

フィールドワークにおいては、二〇年の歳月を経てはじめて氷解する問いがある。それは本人に尋ねても答えが得られない問いであり、共にすごし、生を共有することで得られた手がかりをもとに、はじめてその答えがほのかにみえてくるたぐいの問いであったことに後で気づく。それも二〇年の歳月を経た後《のち》に。

人類学者にとってフィールドワークは、そこを通過することではじめて一人前となることができる精神的にも肉体的にも苛酷な試練であり、必要不可欠な過程であるといわれている。

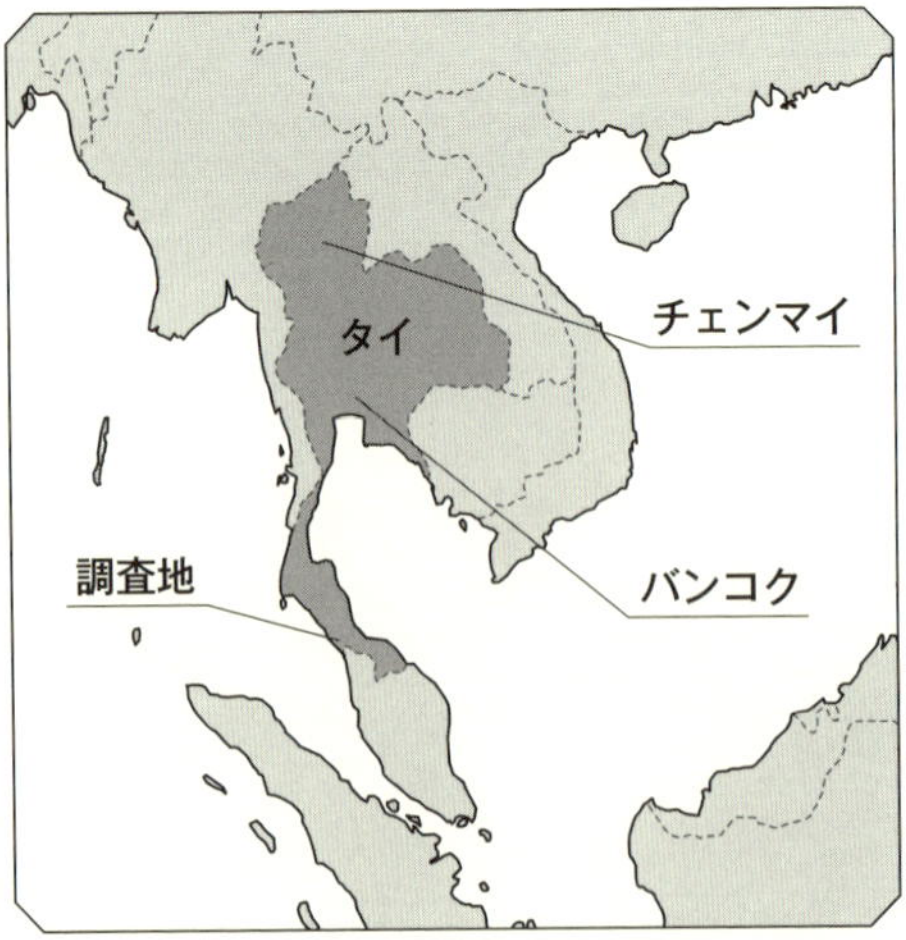

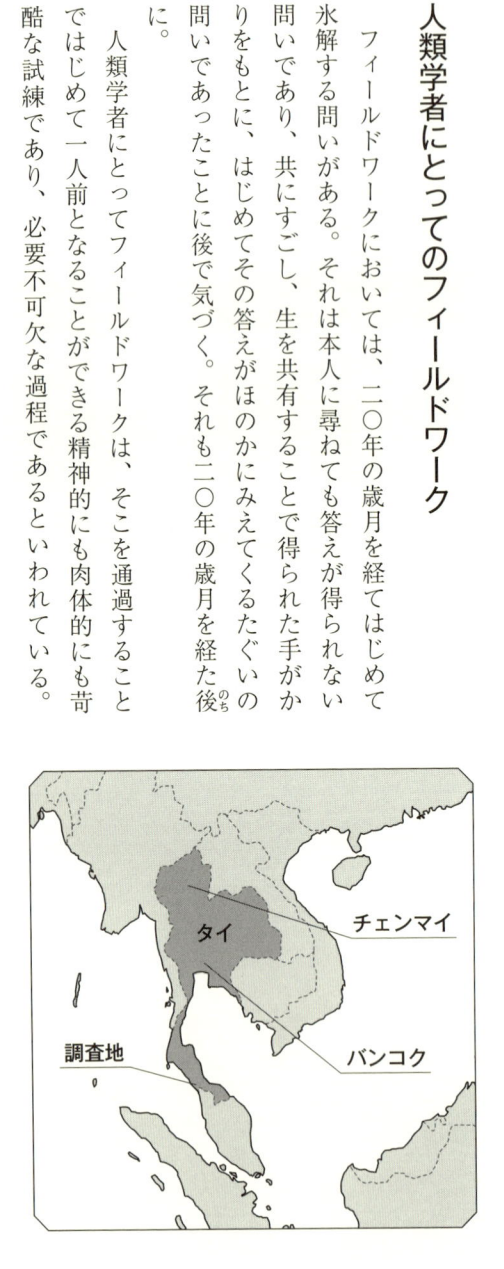

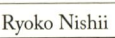

もっともその苛酷さの程度はさまざまである。たとえば、同僚の東アフリカ牧畜民の研究者の調査地のように、水を手に入れることさえ大変な努力を強いられる厳しい生活環境のフィールドもあれば、食事は申し分なくおいしく、居心地のいい住まいで生活しながらのフィールドワークもある。私の調査地はどちらかと言えば後者にあたるであろう。はじめの調査時には、電気やガス、水道はなかったものの、新鮮なエビやカニのとれる漁村である。ただ、どのフィールドワークにも共通するのは、生まれ育ったところで当たり前だと思っている関係のとり方や、考え方が通じない状況のなかで生活することで、さまざまな困難に直面し、そのことによって逆に自分の「常識」の根底を問い直すことになるという点である。そこから人が生きるという現実についての「知」をはぐくむことを目指すのである。「知」はたんなる頭で理解する知識ではない。私にとっては、フィールドワークによって得られる「知」は、体で感じ、これまで生まれ育つ中でいつのまにか被ってきた殻、つまりさまざまな自分の考えや行動を縛ってきたものごとを認識し、生身の生きようとしている自分に正直に問いかける方法を学ぶということである。

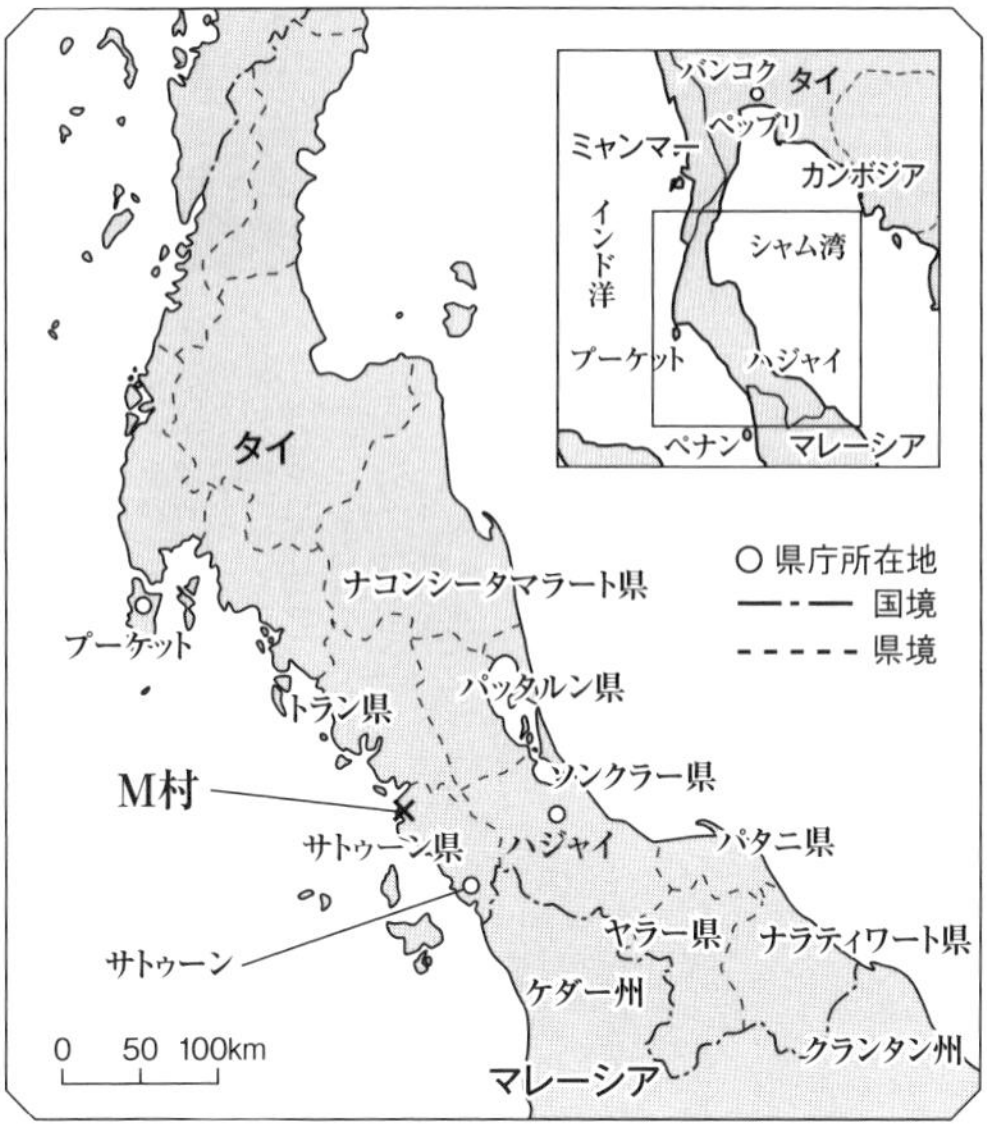

【図1】南タイ地域図

こうしたフィールドワークは、通常一年ないし二年、長くても数年でいったんきりあげる。帰国後、フィールドワーク中に得たデータと格闘して論文を書くという過程を経ることが「人類学者になる」ルートである。あまりに長く現地に滞在すると今度は、そこでの経験を身から離して対象化し、論文とすることが難しくなるといわれる。私の最初のフィールドワークもタイのバンコクで語学学習と準備に一年、村で一年四カ月、合計二年四カ月のフィールドワークを終えた後、日本に帰国し、その後数年かかって博士論文としてまとめた。その間二度ほどそれぞれ約二カ月の間補足調査に村を訪れている。

しかし、本章で扱うのは、ある目的にそって調査地に住み込んで集中的にデータを集め、何ごとかを明らかにするフィールドワークの過程そのものではない。むしろそうした調査においては、データを集めるために必要な技法のひとつにも数えられるような、調査地における関係性（昔の文化人類学の教科書では「ラポール」と称して、調査においてまず現地の人と築くことが重要とされている信頼関係である）の変遷に焦点をあてる。その変遷は、たんに、調査者—被調査者といったフィールドワークにおける関係性を越えて、一人の人間としての生の軌跡に関わる関係性となっていった。

調査地を決める

私の調査地は南タイの西海岸、タイとマレーシアの国境に近い漁村である。なぜその村で調査をすることになったのか、そもそもなぜタイでフィールドワークをすることになったのかということ自体が、偶然の出来事や出会いの積み重ねである。

今では、学部時代から海外研修や調査の機会をもつ人は多いだろうが、二〇数年前の私の大学院時代には、修士課程まではまずは理論的な勉強をし、博士課程に入ったときにはじめて海外に調査に出かけるということが当たり前だった。私の大学はそもその当時は文化・社会人類学の専攻もなく、社会学に在籍しつつ博士課程になったらフィールドワークに出ることを夢みているという状況だった。偶然、大学構内で出会った先輩からロータリー財団の奨学金の締切が迫っていることをきき、来年きちんと準備して受ける前に試しに受けてみることにした。そこで、一日かそこらであわてて申請書を準備して、じっくり考える時間もないまま、たまたま受けていて面白かった（故）石井米雄先生（タイの歴史学の泰斗）の授業の内容の受け売りをそのまま申請書に書いて応募した。じつはそれまで本当に行きたかった調査地はタイではなく、また東南アジアのどこかでさえなかったのだが、まあどうせ様子をみにいくだけだからと軽い気持ちだった。ところが、欧米諸国への留学を希望する応募者が多い中で、タイを希望する者は珍しかったということもあり、すんなり合格してしまった。受かってからわかったのだが、行き先は変えられないということだったので、そのままタイに留学するか、辞退するかどちらかの道を選ばなければならなくなった。結局、せっかくの機会を逸するのももったいない、来年受けても受かるかどうかわからない、ましてや昨年受かったのにそれを辞退してまた今度は別の国で応募するわけにはいかないだろう、などと悩んだあげくに、タイに留学することになってしまった。

そんなわけだから、語学の勉強も含めてタイに留学する準備などできているはずもなく、留学してからタイ語学校に通うという泥縄式のフィールドワークの始まりだった。調査地は、それまでほとんど人類学的研究のなかった南タイがいいのではないかという石井米雄先生のアドバイスも念頭に置きつつ、それでも自分の目でみてみようとさまざまなエスニック・グループの宝庫で多くの研究の蓄積のある北タイや、もち米文化圏で食事が気に入った東北タイなど半年ほどかけて見て回った。修士課程でエスニシティ論をテーマに論文を書いたので、フィールドワークでは民族間関係に関する調査をしようと思っていた。北タイの多様な言葉を話し、それぞれに色鮮やかな民族衣装が特徴的な人々の姿はとても魅力的だった。ただ、こうした民族集団の関係をきちんとみるには、やはり相当多くの言葉を理解する必要があり、タイ語さえできないのに、さらにいったいどれだけ語学学習に時間を費やす必要があるのだろうと絶望的な気持ちになった。やはりここは、素直に石井先生の助言に従って南タイで調査をしてみようと南タイに向かった。ただ、南タイといっても東海岸と西海岸ではムスリムが現地で話す言葉も異なっている。東海岸では、国境を接するマレーシアのクランタン地方の言葉に近いマレー語を話す。一方西海岸では、ムスリムも仏教徒と同じ南タイ方言を話す。

タイは上座仏教徒が九四％以上を占め、ムスリムはマイノリテイの中でも最大の人口規模の約五％である。その中でも約四分の三あまりが南タイに居住し、中でも南部国境県と呼ばれるマレーシアとの国境に近い四つの県ではムスリム人口が県人口の六割から八割以上を占める。四つの県のうち三つが東海岸のマレー語圏であり、サトゥーン県のみが西海岸に位置している。東海岸では、ムスリムと仏教徒は異なる村落で暮らすことが多く、互いに結婚することも少ないのに対し、西海岸の、特にサトゥーン県北部では同じ生活圏を共有してムスリムと仏教徒が混住している。異なる民族集団ではないが、異なる宗教をもつ人々が、いったい日常生活においてどのような関係を保っているのかということに興味を抱いた。

バンコクで知り合いになった学生から紹介されてサトゥーン市内のNGOを訪ね、そこからさらに紹介されてサトゥーン県内の一〇数ヶ所の村を回り、最後にムスリムと仏教徒が半々で住んでいるM村に行きついた。ちょうど訪ねた家は母親が元ムスリムで、仏教徒に改宗している家族だった。その家のお母さんは、この家に住めるか、と言ってくれた。家は竹で編んだ壁にニッパ椰子の葉で屋根をふいた高床式の家で快適そうだった。その家で一年四カ月の間お世話になることになった。当時同居していたのは、お父さんとお母さん、漁業に従事する一〇代後半の息子二人、中学二年生の娘だった。道を挟んだ向かいに、長男が川の中に杭をたてた高床式の家に、妻と一人娘と一緒に住んでいた。いまから二〇数年前の一九八七年のことだ。

台所に立つナー・チュア(2003年)

ナー・チュアとの出会い

ナー・チュアは、はじめに同居させてもらった家から五〇メートルほど離れた小学校に隣接した家に一人で住んでいた。独身の仏教徒女性で、当時五〇歳くらいだった。私がナー・チュアの家に住み込むようになったのは、二度目の調査時からである。ちょうど補足調査に訪れたときに、はじめの調査時にお世話になった家は、息子の一人が妻と生まれたばかりの子供をつれて帰省していたため手狭になっていた。そこで、一人暮らしだったナー・チュアの家に居候することにしたのである。

はじめの調査のときから、私は朝のひとときをナー・チュアの家で過ごすのが日課となっていた。ナー・チュアも朝、コーヒーを飲む。今ではどの家でもガスコンロを使っているが、この頃は村ではどの家でもまだ炭で煮炊きをしていた。当時同居していた家では、朝誰もコーヒーを飲まなかった。湯を沸かすのも、炭をおこすところからはじめるので、時間もかかり一苦労だ。自分のためだけに湯を沸かしてもらうのも気がひけるので、そのうち、一人暮らしで、毎朝魔法瓶にすでに沸かした湯が溜めてあるナー・チュアの家に、インスタント・コーヒーの

家の周りを掃くナー・チュア（2003年）

台所で料理をつくるナー・チュア（2003年）

ビンを預けて、朝のコーヒーを飲みながらくつろぐようになった。そして、一九八九年の二度目の調査時以降、現在に至るまで二〇数年にわたり、村に調査に行くときには、ときには二カ月、ここ一〇年ほどは一～二週間の間ナー・チュアの家に居候するようになったのだ。

ナー・チュアは一人暮らしゆえに、それまでも親族もそうでない人も含めてさまざまな人を家に受け入れて同居してきた。ナー・チュアの家は、彼女が服を売ったり、裁縫をしたり、美容師として働いたりして貯めたお金で三五年前に建てたものだ。当時はほとんどの家が竹を編んだ壁とニッパ椰子で葺いた屋根の高床の家だったにも関わらず、その家は、コンクリートの床としっかりした木の壁、それにトタン屋根のモダンな家だった。二〇年ほど前には、タイ政府が主催した「美しい家コンテスト」で村から選出されたこともある。数年前に転んで足が不自由になる前は、毎日家の周りを掃き清め、草取りをしていた。いつも家の中はきちんと整頓され、料理も上手で仏教徒なので豚肉を料理することもできた。

その頃、ナー・チュアは豚を飼って生計を立てていたが、裏庭の海沿いにある豚小屋の床はコンクリートが張ってあり、いつも水をかけて磨かれ、臭いと感じたことはなかった。この頃、ムスリムも多く住む村で豚を飼っていたのはナー・チュア一人であった。村のムスリムから彼女の豚に関する非難めいた話はきいたことがない。村では当時は酒飲みのムスリムも多く、酔っ払うと仏教

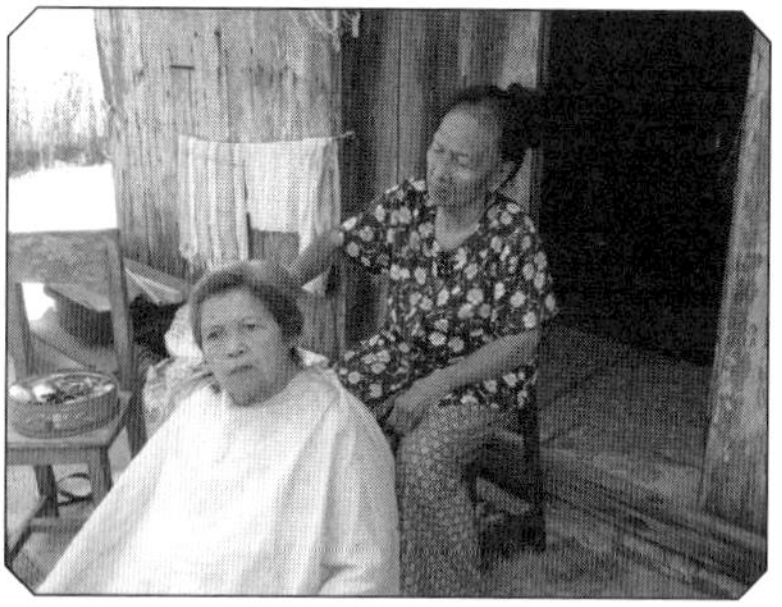

家の裏で村人にパーマをかける（2011年）

徒の祭りの時には家にあがりこんで酒のつまみに豚を食べる人さえあったという（その後はイスラーム復興運動に関与する人がでてきて、ムスリムは村では公然とはお酒を飲むことはなくなった。相変わらず裏でこっそり飲み続けている人はいるが）。

村は海辺にあり、生業が漁業という世帯が圧倒的に多い。沖に出て漁を行うのは男性が多いが、女性も蟹や貝などを日常的にとって、主要な食材としている。しかし、ナー・チュアは、若い頃から海に入ってそうした漁業に従事したことは一度もないという。陸で水揚げしたエビの仕分けを手伝ったりしても、みずから舟を漕ぎ出したり、海岸から徒歩で海に入ったりして、蟹や貝や魚などを採ることはしない。それは、若い頃からやったことがないからというよりも、一つのナー・チュアの信条であるようだ。美容師、裁縫、商売や養豚とさまざまなことをやってきたが、漁業だけはやらなかった。海辺にずっと住みながら海に入らない、というのが裕福な生まれとその後の不遇なみずからの生において彼女が保ってきた矜持の顕れかもしれない。

ナー・チュアは一歳の時に父を、そして八歳で母を亡くし、母方の祖父母のもとで育った。祖父母は水田や畑を多く持ち、大きな家に大勢の従妹たちと十数人で住んだ。若いころは美しかったといわれ、二度婚約もしたが、その潔癖な性格のせいか、結局一度も結婚することなく現在に至っている。しかし、一方で男性と浮いた話もなく、貞操を守っていることで、ある種の尊敬の念ももたれている。ナー・チュア自身、妹が多くの男性から求められた話をするときに、そうした誰にでもなびくと思われる妹に対し、自分自身は「夫はいないけれど、名を汚してはいない」と胸を張る。

ナー・チュアの「功徳転送リスト」

一九九五年に、博士論文の最終的な補足調査に訪れたときに、ナー・チュアの功徳を送る死者の名前を記した「功徳の転送リスト」が飛びぬけて多いことに気づいた。それは南タイの仏教徒の最大の祭りである十月祭に参加したときのことだ。十月祭は、寺でタイ暦一〇月の黒分（下弦）の第一日と、その日から二週間おいた第一五日に二回行われる。これは、「もどってきた死者の魂」のために功徳を積む機会だとして、プレート（餓鬼）と呼ぶ直接身寄りのない祖先のために食物を寺の表の地面に並べて供えることが儀礼の主要部分をなしている。

その時に、プレート以外にも、直接功徳を送りたい親族の名前を書いた紙を燃やし、死者に功徳を「転送」するのである。私は、寺で誰の名前を書いたのかを数人の参加者に尋ねた。その時の調査目的は、イスラームから仏教への改宗者が、異なる宗教の親族にどのように功徳を送っているのかを調べることであった。その調査結果をまとめたのが**【図2】**である。五人の女性の調査結果からは、ナー・チュア以外の女性が書いたのは、四人から五人のすでに亡くなった両親や近しい親族の名前であり、みな生前に直接面識のあった人々であることがわかった。ナー・チュア一人が二五人の名前を書い

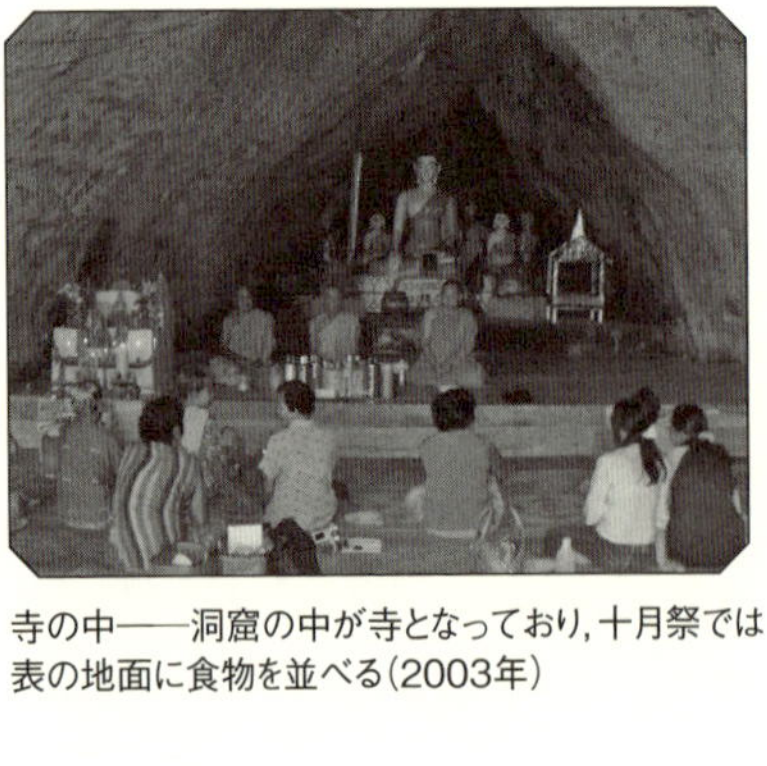

寺の中――洞窟の中が寺となっており，十月祭では表の地面に食物を並べる（2003年）

村の寺――洞窟の中に仏像が安置されている（2011年）

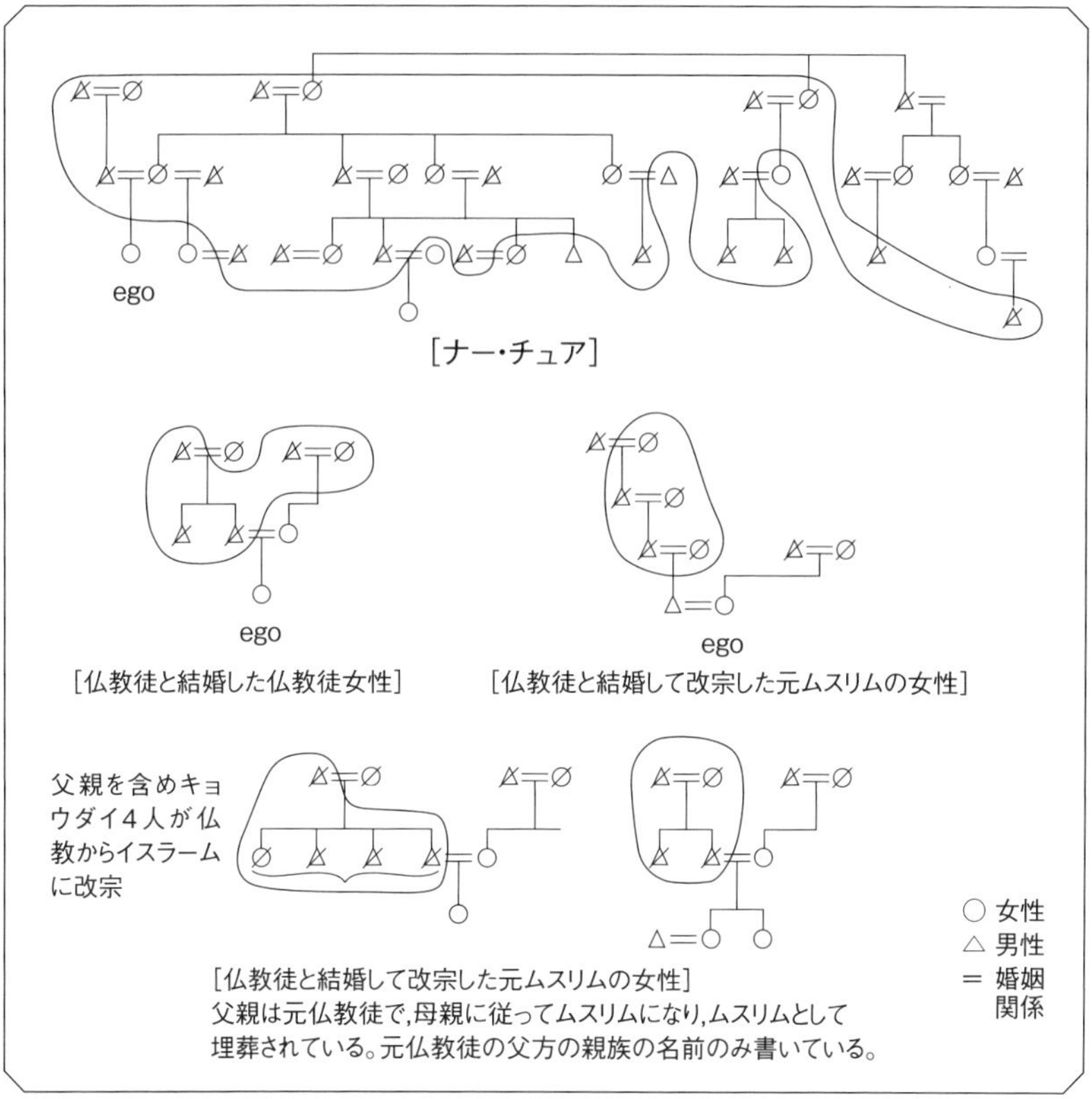

【図2】十月祭に功徳を送った死者の範囲（1995年）

ている。それらの人々は、生前同居したり、近しい関係にあった人々であるが、なぜ彼女は他の人に比べて群を抜いてこんなに大勢の死者の名前を書いたのであろうか。それは、ひとえに父母を早くに亡くし、祖父母や多くの親族とその都度同居してきたナー・チュアの複雑な生い立ちのせいであろうか。タイ人は結婚すると親の世帯とは別の家を建てて分出することが多い。しかし、ナー・チュアは、同じ家に父や母といったいわゆる核家族のみで同居した記憶もほとんどなく、また結婚して夫や子供と世帯を築いたこともない。彼女は、その都度特定の親族と密接な関わりをもって同居し、また自分の家に親族以外のさまざまな人をも受け入れて同居してきたのだ。ナー・チュア本人に、なぜこんなに多くの人に功徳を送るのかと尋ねても答えは出てこなかった。私も、その時の調査目的は、宗教間関係だったので、ナー・チュアの異例な「功徳転送リスト」の死者名の多さについては、なぜだろうと気にはなったが、それ自体をとりあげて掘り下げることもなく、そのままかすかな疑問として留まり続けていた。そのことが再び「問い」として浮かび上がり、そしてその「問い」の答えを見出すことができるかもしれないと思い始めたのは、ナー・チュアがつけていた援助記録ノートを目にしてからだ。

ナー・チュアの援助記録ノート

そのノートには、几帳面なナー・チュアの性格を表すように、彼女への援助が克明に記録されていた。記録は一九九一年からで、親族ではないニット先生という小学校の女性教師と、モー・ソーンという保健所の医師からの援助が最初の記載である。そこには、私が二〇一二年にノートを目にした時までの二〇年以上にわたり、誰がいつ、いくら渡したのかが記録されていた。ときには、隣人からもらった腰布一枚という記述まで見受けられる。記録を始めたのは、ナー・チュアが養豚をやめた時期、つまりみずから仕事をして稼ぐことをやめた時期にあたる。それは、彼女が六〇歳になる前のことである。

このノートは、ナー・チュアが二〇歳代の頃に、当時恋人だった人が贈ってくれたものである。その裏表紙には、彼女への思いを込めた自作の詩が書かれている。それは、白地に赤い花柄の大きなノートで、ナー・チュアはこれをとても大事にしていて、ノートの間に昔の銀行の貯金通帳もはさんである。それをナー・チュアが一九九七年にバンコクに行っている間に、当時同居していた小学一年生の妹の孫がもちだして学校で自慢し、つ

【表】ナー・チュアへの金銭援助者リスト

	1991年	1992年	1993年	1994年	1995年	1996年	1997年	1998年	1999年	2000年	2001年	2002年	2003年	2004年	2005年	2006年	2007年	2008年	2009年	2010年	2011年	2012年 2月まで	合計
① クー・ムアン			2500	1000 (2回)	500	500	500		2500 (4回)	500	900 (2回)	1500 (3回)	500	1400 (3回)	1000 (2回)	5500 (4回)	5500 (6回)	2500 (3回)	2500(3回) 500(5回)	2200 (2回)	3000 (3回)		34500
② キム					500				5300 (5回)	3500 (2回)	500	500	300	300	500	300	1000 (2回)	1700 (3回)	700 (2回)	1500 (3回)	1100 (2回)		17200
③ サック		1000	300	500				200	2000 (3回)	1000	1000		2000 (2回)	500		3500 (3回)	500	1000	1000		1000		15500
④ ウタイ		2000	700	200							200					1000 (2回)	1500 (2回)	2000 (2回)	2000 (2回)		1000	2000	12600
⑤ ソム																500	1000 (2回)		4000	3000 (3回)	3500 (4回)	500	12500
⑥ バーワン					1000	600	1000 (2回)			1500 (2回)	1500 (2回)												5600
⑦ スチャート	2000		300									500		200		800	300		100	500 (2回)	200		4900
⑧ チム・エーン											2000	500	200					400 (2回)	800				3900
⑨ アマラー						400				200,布	1300 (2回)		500	200		400		700 (2回)	200 (2回)				3900
⑩ ソムサック				200					600 (3回)				100	200	300	1000		300					2700
⑪ ケー																					600 (2回)	1500 (2回)	2100
⑫ ケーソン														1000	300	200	500						2000
⑬ チン			1200		600																		1800
⑭ ダム																	200 (2回)	100	400 (2回)	300 (2回)	200		1200
⑮ ソムシー																		200	200	300	300		1000
⑯ ティップ								200	200				200										600
⑰ サーイビン									400 (2回)														400
⑱ チンチャイ														200								200	400
⑲ チュアップ														100									100
小計（親族）																							122900
⑳ ニット	2000			1000	500	2200	500		5500 (4回)	2000 (2回)	500	800 (2回)	500	500		1500 (3回)	2500 (3回)	2700 (4回)	1000 (2回)	1500 (3回)	1500 (3回)	500	27200
㉑ モー・ソーン	2000															1000			200				3200
㉒ ルンウィチット（イアットのボス）																300		200	600 (2回)	200	300		1600
㉓ ソムソン						布	布、服 (2回)									200							200
㉔ トック								布 (2回)								150							150
合計																							155250
㉕ リョウコ			1000	4000	4200	4396	3000	10500	5000	25041	10239	7000 (2回)	15168 (2回)	8000 (2回)	35000	3000	4000	4500	1000	9091	4000		15135
合計																							313385

①〜⑲　親族　19／24(79.2%)　122900／155250(79.2%)　(+リョウコ)19／25(76.0%)　122900／313385(39.2%)

⑳、㉑、㉕ かつての同居人
㉓ 隣人
㉔ 子供あずかり

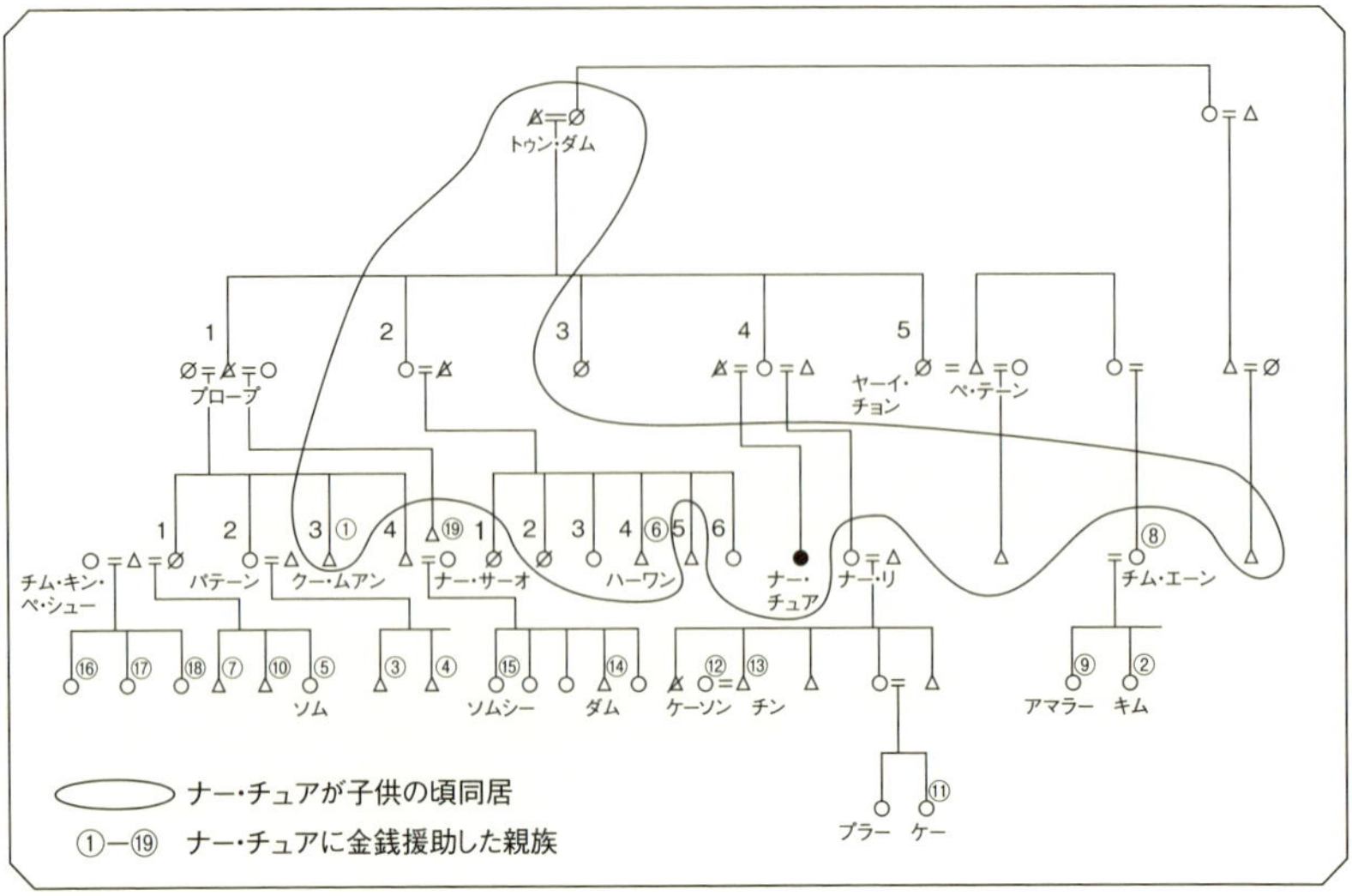

【図3】ナー・チュアの親族関係図

いでに落書きもした。ナー・チュアはバンコクから帰ってきてカンカンになって怒って、落書きのページを切り取った。小学一年生だからまだよく分からないのだからあまり怒ってもかわいそうだと言いつつも、分厚かったのに薄くなってしまったとなげいた。

公的な年金のないタイでは、働けなくなった老人は、通常は子供が支える。しかし、子供のいないナー・チュアのような場合には、親族が支えることが期待される。親族はタイ語ではピーノーン（*phi norng*：字義通りだと*phi*は年上の、*norng*年下の兄弟姉妹をさす）といい、ピーノーンは、本来助け合うのが当然とされる関係である。たとえば、甥のサックがバスの事故で足を骨折したときに、ナー・チュアはスラータニー県（南タイ東海岸）で二カ月にわたり看病した。誰か動ける人が助けなくてはならないという。その事故について、その甥の従兄弟が弁護士として交渉にあたった。サックは二万バーツを渡そうとしたけど受け取らなかった。「ピーノーン同士なのに、どうして受け取ることができよう」と、ナー・チュアはいう。

そうして助け合いの絆が堅固であると、外からはそのピーノーンは評判が高く、尊重される。一方、ピーノーンの中での不和や齟齬が外部に知られると、それはそのピーノーンの恥になるという。ちょうど二〇一二年の三月の調査時にナー・チュアの妹が突然体調を崩して入院した。そのときにも、「病気のときに、子や孫（*luk lan*）が看病しなくてはならない。もし誰もつけなかったら村人に恥ずかしい（*ai chao ban*）、噂になる」とナー・チュアは言った。ある人の親族の中で誰も老人の世話をしないというのも、またそのピーノーンの恥になるのである。

ナー・チュアのように子供のいないケースでは、必ずしも近い親族から順に面倒をみるというわけではなく、誰が支えるのかは、その人との生の共有の度合いによって左右される。それは具体的には、かつて一緒に暮らしたことがあるか、どれほど助け合ったことがあるのか、といったことが現在のナー・チュアへの援助の仕方を決定づけている。しかし、ナー・チュアのノートからは、援助しているのは親族のみではないことがわかる。親族以外では、彼女と同居したことがあるという経験が、援助するかどうかに決定的に影響していると思われる。たとえば、ニット先生は隣の小学校に教師として赴任していたときに、五年間ナー・チュアと同居している。

ノートの援助記録をまとめた【表】と【図3】から、ナー・チュアといかなる関係にある人がどのくらい援助しているのかをみてみる。すると、私を除くと、親族が七九・二％、それ以外の関係が二〇・八％となる。ナー・チュアに援助している親族と同居者という関係のタイプは、必ずしも排他的であるわけではない。親族間関係をみると、必ずしも関係の近い親族が援助者であるとは限らない。

チム・エーンという人物は、母の兄弟の配偶者（つまり叔父）の妹の子供である。その子供のキムは、親族の中でも二番目に多い額をナー・チュアに援助しているが、関係はかなり離れている。しかし、かつてチム・エーンが小さな子供を大勢抱えて困難だった時期に、ナー・チュアの家でしばしば食事をし、お世話になったということで、その後ナー・チュアが困窮するとしばしば援助の手を差し伸べている。チム・エーンはその後商売で成功し今は裕福になっている。

親族の中で最大の援助者であるクー・ムアンは軍人であったが、子供の頃に同じ家に同居し、クー・ムアンが軍人となってからもナー・チュアが身の回りの世話をして二年にわたって同居している。現在はプーケットに住むクー・ムアンは、中国正月など祭事がある度に年に二回はナー・チュアを訪問し泊まっていく。そのときに、ナー・チュアに五〇〇バーツや一〇〇〇バーツを渡している。こうしてみると、親族といってもやはりナー・チュアと共に生活するという経験が、その後の関係の深さに結びついていることがわかる。

また、二一年間にわたる援助記録を年代順に見直してみると、前半の一〇年と後半では、最大の援助者上位五人は変わらないが、ここ数年で援助を新たにはじめた人も数人いる（**【表】**の⑤⑪⑫⑭⑮㉒）ことがみてとれる。中には、二〇〇九年から、年に三〇〇〇から四〇〇〇バーツの援助をはじめた人もいる。こうした人は、すでにこれまでナー・チュアの援助をしていた人の兄弟だったり、その子供だったりする。ナー・チュアが年老いるにつれて、みずからが稼ぐようになった姪や、他のＮＧＯ団体などを援助していた親族が、自分が誰を援助しているのかわかった方がいいと、ナー・チュアの援助を開始しているのである。

ナー・チュアと私の関係性の変化

私はと言えば、ナー・チュアの家に居候をしはじめた後も、毎年のように南タイの村と日本を行き来してきた。そして、一九九七年四月に長男を出産した年の一二月、七カ月の長男を連れてバンコクに三カ月滞在した。その時には乳児を連れてまだ水道もガスもない村に滞在することは断念し、ナー・チュアに子守のためにバンコクまできてもらった。南タイの村はバンコクからは二〇〇〇キロの距離があり、その時ナー・チュアは生涯ではじめて飛行機に乗った。まだほとんどの村人は飛行機に乗ったことがなく、ナー・チュアが帰宅してからは、飛行機はどんなだったかと感想をさんざん聞かれたという。じつは、それが一九九七年の留守中に妹の孫にノートに落書きされたときのナー・チュアの不在の理由である。

その時、ナー・チュアは六〇歳くらいだったが、哺乳瓶をきっちりと熱湯消毒し、私が図書館などに出かけている間、息子の世話をし、抱いて近くを散歩したりしてくれた。私は安心してナー・チュアに息子をあずけて外出することができた。その頃バンコクでナー・チュアの甥が大学生活を送っていて、私が帰宅すると、しばしば息子が床に寝ころんだその甥の上にのって遊んでもらっている光景を目にした。ときにはその甥の友人たちも来ていて、大勢の若い男女の間で息子が遊び回っていることもあった。

そうした環境にあって、ちょうど言葉を理解し始めるかどうかの時期だった息子が、はじめて言葉を理解したとわかったのは、タクシーに乗った時のことだ。私の両手が荷物でいっぱいの状態だったので「トップ・ムー（手をたたく）」と口だけで言うと、息子は手をパチパチとたたいた。それまでも、ナー・チュアが息子の目の前でよく手をたたきながら「トップ・ムー」と言うと手をたたいていたが、それは動作をみて真似をしているのだろうと思っていたのだ。つまり、息子が人生ではじめて理解した言葉はタイ語だったということになる。

それから八年後、北タイのチェンマイに一年間、今度は二人の子供を連れて滞在することになった。その時も以前のようにナー・チュアにきてもらえればきっと安心だろうと、南タイからさらに遠いチェンマイまでナー・チュアに飛行機を乗り継いできてもらった。ただ、今回はナー・チュアにとっても私にとってもバンコクの時とは勝手が違った。チェンマイにはナー・チュアのピーノーンは誰もいなかった。私が出かけると、彼女はマンションの階下におりて事務所のタイ人と話をするくらいで、ほとんど一日中話をする相手もなく、子供たちがスクールバスで学校に出かけ、午後帰ってくるまでは一人で過ごすことになった。遊びに行けばいいのに、といっても歩くのも億劫となっていた。ナー・チュアは私が思ったよりもすでに歳をとっていたし、まわりにピーノーンがいない不安な状況にナー・チュアをおくことになったのだ。この時、バンコクでしょっちゅう来ていた甥の存在が、ナー・チュアにとっていかに重要であったのか、八年後になってはじめて実感した。

そのことに、一緒に暮らすうちにようやく気づいた私は、一年間きてもらう予定を急きょ半年できりあげて、ナー・チュアを南タイまで子供と一緒に送っていった。私とナー・チュアの仲に問題が生じたから予定を変えたわけではない、ということを村人に示すためにも、彼女と一緒に村にいくことは必要だと考えた。

こうしたナー・チュアと私の関係が、全体の約五〇%を私がナー・チュアに援助していることになる事情である。もちろん、タイの公務員の初任給が日本円にすると数万円に満たないというタイと日本の間の経済的な格差もある。これには、バンコクに三カ月間、チェンマイに六カ月間、私が子供を連れて滞在しているときに子守にきてもらった給料として支払った金額も含まれている。

それにしても、私はいつ調査者から、ナー・チュアの生活にここまで介入する生の同伴者になったのであろうか。はじめてのフィールドワークを終え、帰国した時には、次にはいつ村に行けるのかはわからないという感覚をもってその地を離れた。だから、帰国の途につくときに、村の人たちがピックアップトラック三台に分乗して二時間ほどの道のりを鉄道の駅まで送りにきてくれた時にも、今生の別れを惜しむかのように恥ずかしげもなく涙で顔をくしゃくしゃにして、列車の窓からみんなの姿がみえなくなるまで手をふった。別れのつらさとともに、長いフィールドワークが終わったのだという安堵感が押し寄せてきた。だからそのわずか二年後に村を再訪することになったときには、こんなにすぐ来るんだったらあんなに大げさな別れ方をしなければよかったと、ちょっと気恥ずかしかった。しかし、当分の間、日本の生活とタイの村での生活は、スイッチを切り替えるように別々の時間が流れているようだった。人間関係もそこで交差することもなく、私一人が日本とタイの間を行き来して、それぞれの世界に入っていくかのように。

そのうち、私は南タイとバンコクの間を列車で片道丸一日半かけて往復するのではなく、一時間二〇分でバンコクから南タイまでいける飛行機を使って往復するようになった。お金はかかっても時間の短縮の方が重要になってきたのだ。ナー・チュアは元気なときは私が毎年のように、もしくは二年に一度訪問すると、帰りは空港まで送りにきてくれた。バスなど村からの便はないので、村の車をチャーターして空港まで行く。以前に同居していたお母さんがきてくれることもあったし、ときには町への買い物ついでに便乗する人が一緒のときもあった。ナー・チュアはまた来年くるよといっても、いつもいよいよ別れるときには半泣きの顔になった。もっとも空港での別離で、ナー・チュアが一番つらかったのは、七カ月から一歳までみてもらった息子と別れたときだろう。ナー・チュアはだっこしていた息子を私に引き渡し、ゲートの中に入っていくのをいつまでも佇んで見送っていた。その後村を訪れると何度も、「(私の息子が) なんでナー・チュアが一緒に来ないんだろう」と不思議そうな顔でずっと自分をみていたと繰り返す。

村でナー・チュアと同居しはじめた頃は、泊めてもらっているお礼のつもりで帰るときに少しずつお金を渡していた。そして、私の援助がナー・チュアの生活にとって重要であることも理解はしていたが、それでもピーノーンに支えられているはずのナー・チュアの生活の根幹にかかわるような援助の仕方をすることには躊躇があった。しかし、子守にきてもらうという正当な理由ができたところで、その箍《たが》が外れてしまった。そこが調査者から生の同伴者への転換点だったかもしれない。

もしナー・チュアが一人で家に住んでいなければ、ナー・チュアと同居するということもなかったであろうし、その後、子守りにバンコクやチェンマイまで来てもらうこともなかったであろう。私が子供をもたなければ、同じタイの村を往復するよりも、もしかすると新しいフィールドに赴いたかもしれない。しかし、まだ幼い子供を日本に残していくがゆえに短期間しか調査に出ることができないという家庭生活の制約の中、それなりの成果を出すためには、すでに様子のわかっている同じフィールドに通い続けざるをえなかった。そして、私が子供たちをつれてタイに滞在しなければ、子供たちはナー・チュアと接点をもつこともなく、日本の私の家族とタイにおける居候先の家族であるナー・チュアは、私一人が日本とタイの間を往復するだけで、パラレル・ワールドのような別々の世界に生きていたかもしれない。しかし、こうした今を生きる関係性の交差のなかで、偶然はいつの間にか必然の関係になっていた。

ただ、そのことに気づくには、さらに私は自分のフィールドワークの意味について、自分のなかに問いかける必要があった。

「問い」のゆくえ

村では私は役立たずの人間である。漁ができるわけでもない、病気の治療ができるわけでもない。いつも人に教えてもらい、助けてもらってばかりだ。儀礼時に撮った写真などを渡して多少喜ばれることはあるといった程度だ。そうしたフィールドにおける関係に負い目を感じつつ、常に自分自身のフィールドワークの意味を捜し求めてきたような気がする。そして、調査の過程で、偶然に村を選び、ナー・チュアと同居し、ときに自分自身の家族も巻き込みながらフィールドワークを継続してきた。しかしそんな中、フィールドワークの意味を自分なりに知るには、偶然性に気づくこと、こうした出会いが僥倖であると気づくことが必要であった。そして、この偶然性＝僥倖を引き受けること、すなわちナー・チュアとの関係を引き受けることが、私のフィールドワークの意味なのだと、ようやく思い至ったのは二〇一二年三月の調査時の次のような会話である。

プラー（ナー・チュアの妹の孫でナー・チュアの家で育った女性）：（ナー・チュアは）葬式をするお金がないのを恐れている。

私：私が葬式をする。恐れる必要はない。

プラー：恐れる必要はないよね。一人一万、一人一万、四〇〇〇、五〇〇〇と出せばいい。

ナー・チュア：村人はみんな言っている。リョウコやニット先生（かつてナー・チュアと同居した女性）がいて、ナー・チュアは何の心配もしなくてもいい。ナー・チュアは運がいい。

ここでようやく、私に期待されている最大で最後のことは、葬式をきちんと出す手助けをすることであるとわかった。

タイ人の葬式は一週間、長いときには二週間も続く。その間訪れた客に出す食事や菓子の代金などさまざまな出費がかさむ。もっとも、客のもってくる死者への功徳のためのお金でその出費はかなり賄え、ときには収入の方が上回ることもあるのであるが、収入の寡多に関係なくピーノーンは恥ずかしくない葬式をあげる準備をしなくてはならない。

ナー・チュアが一人暮らしだったこと、子供がいなかったこと、それゆえ私が彼女をめぐる関係性の網のなかにいやおうなく巻き込まれざるを得なかったこと、これらすべての偶然性をみずからの中に必然として引き受けること。それが私自身の生とつながるフィールドワークの意味である。

二〇年前の「問い」、ナー・チュアは十月祭でなぜこんなに多くの人に功徳を送ったのかという疑問について、今ようやく答えが出せそうだ。それは、ナー・チュア自身が、さまざまな人の関わりから同居し、生の過程を共有してきたことに関わりがある。その答えは、私が援助記録ノートの記録を便宜的にわけた「ピーノーン」と「そうでない人」といった区分を無効化していくような、偶然の関わりをピーノーンとしてすべて受け入れていく生き方を彼女がしてきたゆえ、といえるのではないだろうか。二〇年前の「問い」の答えは、ナー・チュアのピーノーンの受容性の大きさを示していたのだと、今に至って思う。

それは、私自身がナー・チュアとの二〇年以上の関わりでようやく感得したことである。今の私は、ナー・チュアの生の最後を彼女のピーノーンとともにきちんと締め括ること、これが私に課せられた責務であると理解している。いや、むしろ私自身がいつの間にかナー・チュアのピーノーンのなかに引き込まれていることに、今更気づいただけだといえるのかもしれない。

私の子供たちは、チェンマイを離れて以来、ナー・チュアに会う機会はない。しかし、ナー・チュアに関する定番の笑い話はしばしば家族の間で語られる。つい先日も、パイナップルを食べているときだったか、一三歳になる下の子供がその話を口にした。もっとも、当時三、四歳だったその子が、どこまで実際に覚えているのか、それとも何度もきくうちに記憶にその情景が刻み込まれているのかはわからないのであるが。

その笑い話は次のような情景である。ナー・チュアとチェンマイで暮らしていたときに、寝る前にはいつも子供二人にナー・チュアが寝泊まりしていた部屋にタイ語で「お休みなさい」（ラートリー・サワット・カップ）を言いに行かせていた。ある日、六歳の上の子が元気よく、「パイナップルです」（サッパロット・カップ）と言っているのが聞こえた。どうやら発音のリズムが似ていたのか、勘違いしたらしい。いつもは子供のしつけに厳格だったナー・チュアのきょとんとしたその顔が可笑しくて、その話をしては子供たちと笑い転げる。ナー・チュアもいきなり寝るときに「パイナップルです」と言われてもねと。その後帰国し、何年たっても、その笑い話とともに、ナー・チュアと過ごした時間と情景へとつれ戻される。そうして、ナー・チュアの存在は私たち家族の中に忘れられない確かなものとして確認され続けている。

＊本章は、拙著『情動のエスノグラフィ——南タイの村で感じる＊つながる＊生きる』（京都大学学術出版会、二〇一三年）の第七章を、筆者とフィールドで出会ったある女性との関係に焦点化して改稿したものである。

第12章

果てしなき問いの連鎖を追いかけて

——実践を駆動する力としてのフィールドワーク——

大村敬一
Keiichi Omura

壮大な問いとささやかな経験の狭間で

人々について知りたければ、身のまわりを見まわすがよい。だが人間を知ろうとするなら、遠くを見ることを学ばなければならない。共通の本性を発見するためには、まず差異を観察する必要がある。

(Rousseau 1970：89・川田 一九七二：四二八より引用)

カナダ極北圏の先住民、イヌイトの人びとの間でフィールドワークをつづけてきた人類学者として、私がしばしば尋ねられる質問がある。何故フィールドへ行くのか、フィールドでいっ

たい何を明らかにしたいのか、フィールドでの問いとは何なのか。そもそも、何故イヌイトの調査と研究を志したのか。

こうした問いかけに、冒頭に挙げたルソーのことば、すなわち、フランスの構造主義人類学者であるレヴィ＝ストロース（レヴィ＝ストロース 一九六九）が人類学の起源としたことばを参照しながら、私がわざわざカナダ極北圏という遠く彼方の地でイヌイトの生き方について学ぶのは、自己とイヌイトの生き方の差異をみつめることを通して、人類に共通の本性を探るためであると答えることもできる。人類学とは、自己の生き方とは異質な人々の多様な生き方を知ることを通して、人類の社会・文化の多様性に通底する普遍的な特性を探りながら、人類の可能性と限界を問おうとする学問、つまり、「人類はどこから来て、どのような存在であり、どこに向かおうとしているのか」という人類の過去と現在と未来を問う学問だからである。

もちろん、私も人類学者の端くれを自認する以上、こうした人類についての問いを胸にフィールドに赴いていることに間違いはない。実際、フィールドワークを行う理由を尋ねられれば、そのように答えるし、その答えに偽りはない。また、そのフィールドワークでの経験に基づいて、人類の多様性の検討を通して人類の普遍性を探り、人類の可能性と限界を問う仕事を模索しつづけてきたつもりでもある。そして、そうした模索をつづけてきたことを誇りにさえ思う。しかし、また同時に、秘やかに自問してしまうこともたしかである。私がフィールドで経験することができる部分的で個人的な主観的な現実から、「人類とは何か」などという壮大な問いに取り組むことなどできるのか。私は誇大妄想しているにすぎないのではないだろうか。

『文化を書く』（クリフォード＆マーカス 一九九六）の指摘を待つまでもなく、一度でもフィールドワークを経験すれば、すぐに気がつくことがある。フィールドワークで私が実際に経験することができるのは、時空間的に限られた人々との社会関係だけであり、そのささやかな経験から、対象としている「民族」どころか、訪れてい

夏のクガールク村（1997年8月）

冬のクガールク村（2005年2月）

る共同体の全体像を把握することすら難しいことである。私の師にして上官のスチュアート ヘンリ先生から同行の機会を与えていただき、一九八九年にカナダ極北圏のヌナヴト準州クガールク村をはじめて訪れて以来、これまでほぼ毎年、その村を訪れつづけ、その村に暮らす八〇〇人ほどのイヌイトのほとんどと知り合いであるとはいえ、私が親しく日々の日常生活を共にするのは、そのごくごく一部、私がいつも下宿してお世話になっている三〇人ほどの拡大家族のイヌイトたちにすぎない。しかも、私が彼らを訪ねるのはせいぜい年間で一カ月ほど、私が訪れていないときに彼らがどんな生活を送っているかなど、知るよしもない。たとえ全数調査やタイム・アロケーション調査を行ったとしても、そこにずっと住みつづけているわけではない以上、対象とする人々の全体像を把握することなどできるわけがない。まして、「人類とは何か」などという壮大な問いに、いったい、どうやって迫ろうというのか。

このように壮大な野心を抱きつつも、それに比してあまりにもささやかな自己の能力に幻滅しながら彷徨する者たち、しかし、そうした己の無力さを抱きしめつつ、その壮大な問いに決して諦めることなく挑む者たち、これこそフィールドワークの只中にある人類学者の姿ではないだろうか。そして、そうした迷いの森を彷徨しながら、それぞれの人類学者が死すべき運命もつ人間としてのみずからの限界を超え、その共通の壮大な問いに挑むために編み出してゆく方法には、さまざまなものがあるに違いない。赤道直下から極北圏にまでいたる全地球上に、さらには地球衛星軌道上のISS（国際宇宙ステーション）にいたるまで、七〇億もの人類があまりにも多様な生活を営んでいる今日、その人類についてそれぞれの多様な状況下でフィールドワークを行っている人類学者が、その共通の問題に対してそれぞれに編み出す解も多様であってしかるべきだろう。

そうした人類学者の一人として、私のささやかなフィールドでの経験から「人類とは何か」という壮大な問いにアプローチするための私なりの方法を模索すること。それが本章の目的である。

自宅の前でアザラシを解体するイヌイト（2005年2月）

スノーモービルに乗るイヌイト（2005年2月）

そのために、本章では、私が調査地のクガールク村でフィールドワークを行っている間、ほぼ毎日と言ってよいほどの頻度で、私がお世話になっている古老と交わす冗談の相互行為を取り上げる。その相互行為はフィールドワークの限界と可能性の両方を教えてくれるからである。本章では、その限界と可能性を検討することで、フィールドワークとは、人類の普遍性と社会・文化的な多様性をめぐる問いに解が与えられるというよりも、むしろ、それらをめぐる問いが次々と拓かれてゆく場であることを明らかにする。そして、フィールドでのささやかな経験から連鎖的に立ち現れてくる問いを丁寧に辿りつづけることで、「人類とは何か」という問いに最終的な解を与えるのではなく、むしろ、人類の可能性を拓く実践を駆動してゆくことにこそ、人類学のフィールドワークの意義があることを示したい。

カナダ・イヌイトの現在——フィールドワークをめぐる状況

私がフィールドワークを行っているカナダ・イヌイトは、カナダ連邦政府による国民化政策の影響下、現在の行政村落に定住化するようになった一九六〇年代以後、近代国民国家と産業資本制経済の世界システムに同化・統合され、かつてない急激な社会・文化の変容を経験してきた。こうした今日のイヌイト社会に、かつて狩猟・採集民の典型として知られた生活様式の面影は薄い。

カリブーを仕留めたイヌイトの少年(1993年8月)

クガールク村のスーパーマーケットで買い物を楽しむイヌイトの古老(2012年3月)

イッカククジラの解体(2012年8月)

iPadでゲームを楽しむハンター(2011年3月)

飛行場の管制官として働くイヌイトのハンター(2009年3月)

獲物を追って季節周期的な移動生活を営んでいた時代は、古老の記憶を通して語られる過去の物語である。生業活動（狩猟・漁労・罠猟・採集）はスノーモービルや高性能ライフルで高度に機械化され、セントラル・ヒーティングで暖められた家屋には、冷凍庫や冷蔵庫、洗濯機や乾燥機をはじめ、パソコンやケーブル・テレビ、DVD、iPadやiPodなどの電化製品で溢れている。行政村落に設けられた発電所は二四時間稼働し、航空機や砕氷貨物船の定期便で、ハンバーガーやピザ、チップス、清涼飲料などの加工食品をはじめ、「南」（カナダ南部や合衆国をはじめとする先進国世界）で生産された物品が運び込まれ、スーパーマーケットでいつでも購入することができる。子どもたちは日本のアニメに夢中になり、若者たちはインターネットに狂奔する。多くのハンターは政府のオフィスや工事現場などでの賃金労働を兼業し、カナダ政府からの福祉金や交付金、公共事業に依存しており、ニュースで報じられるカナダの政治・経済、さらにはグローバルな政治・経済の動向に一喜一憂する。

しかし、こうした状況にあっても、極北人類学の調査が明らかにしてきたように（大村 二〇一三）、イヌイトの社会とエスニック・アイデンティティを支える狩猟や漁労は活発につづけられており、それらの活動を通した「大地」（*nuna*）との絆、社会の組織原理、価値観や世界観の構造、言語など、定住化以前の社会・文化のパターンが少なからず維持されつづけている。また、イヌイトも自分たちがカナダの主流社会に埋没してしまったとは考えていない。

たしかに今日では狩猟や漁労のやり方は大きく変わってしまっており、多くのハンターは賃金労働と生業を兼業している。生業は高性能ライフルやスノーモービル、四輪駆動バギー、船外機付の金属製ボートなどの装備によって高度に機械化されており、ガソリン代や弾薬費をはじめ、それら装備を調達して維持するための現金が必要だからである。それでもなお、狩猟や漁労などの生業活動は活発に実践されており、「狩猟や漁労をしないイヌイトはイヌイトではない」とまで言われる。また、現金収入による加工食品の購入が一般化しているとはいえ、生業で得られる野生動物の肉はエスニック・アイデンティティを維持するに必須の「真なる食物」（*niqinmarik*）として愛好され、その肉の分配は拡大家族をはじめとする社会関係を維持する要の一つとして機能しつづけている。

また、今日、ほぼすべてのイヌイトがキリスト教徒であり、テレビや学校教育を通して欧米近代の価値観が浸透しつつあるものの、イヌイトの世界観や価値観が完全に欧米化してしまったわけではない。特に狩猟や漁労の実践を通して「大地」（*nuna*）と呼ばれる極北圏の生態環境との絆を確認することの重要性は、イヌイト自身によって強く認識されており、「イヌイトのやり方」（*Inuktun*）と呼ばれる世界観や価値観は依然として維持されている。また、五〇代以下の世代はイヌイト語と英語のバイリンガルだが、イヌイト語は依然として日常語としての地位を保ち、イヌイトのエスニック・アイデンティティの確固とした基盤でありつづけている。

見果てぬ日常の生活世界——フィールドワークの限界

私が一九八九年にはじめて訪問して以来、今日にいたるまで、断続的にではあるものの、ほぼ毎年、フィールドワークをつづけてきたのが、こうしたイヌイト社会の一つ、クガールク村である。その際、その村に暮らす十数の拡大家族の一つのイヌイトたちにお世話になってきた。その拡大家族に属するいくつかの核家族のうちの一つの世帯に下宿し、他の拡大家族を訪問したり、古老たちにインタビューをしたり、村役場や学校で用事をしたりするとき以外は終日、狩猟や漁労に同行するのはもちろん、その拡大家族を束ねる古老やその息子の熟練ハンターたちと行動を伴にするのである。もちろん、フィールド・ノートに日誌をつけるのも、ラップトップ・コンピュータでイヌイト語辞書のためのデータベースや地名地図などをつくったり、古老たちのインタビューを書き

昼食を楽しむイヌイトの家族（2011年3月）

筆者がお世話になっているイヌイトの拡大家族の人びと（2009年2月）

下ろしたりする作業も、その拡大家族を束ねる古老の世帯の居間で、その拡大家族のイヌイトたちに囲まれながら行う。そのため、夜に寝るとき以外、私が独りになることはない。

ここで紹介する相互行為は、私が居間でそうした作業の合間にお茶を飲んで休憩していたり、イヌイトたちとテレビを観たり、ｉＰａｄのゲームで遊んだりしているときに、ほぼ毎日と言ってもよいほどの頻度で、私がその拡大家族の古老と交わす遊びの相互行為であり、シナリオはいつもほぼ同じである。

一〇人ほどの大人と子どもがいる居間で、電話代や家賃やガソリン代など、何らかの請求書をみていた古老が、一瞬いらいらした不機嫌な表情をしたあと、隣に座っている私に向かって「ケイチ（私の呼び名）、お金出せよ、これをおまえが払え」と言い出す。私が「お金はないよ」と言うと、古老は「おれは本気だぞ」と答える。そこで私は立ち上がり、「じゃあ、どうぞ」と言って、椅子に座っている古老の前で両手を広げて直立し、身体検査の姿勢をとる。すると、居間にいる皆は期待をもって面白そうに私と古老に注目する。彼は私の身体検査をするが、何も出てこない（毎日こうなることがわかっているので、私は一切金品を持ち歩かないようにしている）。古老は「部屋にあるのだろう?」と聞くので、

狩猟を調査する筆者(1997年8月)

イヌイトの古老と食事を楽しむ筆者(2010年3月)

「え〜、ないよ」と私は答える。すると古老は「じゃあ、ちょっとあっち向いていろ」(あるいは「おい、あれは何だ!」と窓の外を指さす)と言い、私は言われた通りに彼から目を離す。そのすきに古老は私の部屋へと大袈裟な身振りで突進する。それに気がついた私も大袈裟に慌てた素振りで追いかけて、古老に抱きつく。古老は笑いはじめ、私も一緒に笑いはじめ、居間の皆も笑い転げる。「え〜っ、そんなことすると泣いちゃうよ」と私が泣き面のふりをすると、古老も皆も爆笑し、古老が「泣けよ」と言う。私が大袈裟に泣いたふりをすると、皆はさらにいっそう笑い転げる。そして、「ああ、おもしろい、ケイチ、お前はいいやつだ、お前は本当におもしろい奴だ」と言い、皆でひとしきり笑い転げて終わりとなる。

これはかなり例外的な相互行為である。私がこのような相互行為を日本で誰かと交わすことがないのはもちろん、イヌイトたちが日常的にこのように極端な相互行為を交わしているわけではない。もちろん、彼らの間でも頻繁に冗談が交わされる。むしろ、このように決して怒ったり本気になったりせず、みずからに敵意がないことを示し合いながら共に笑い、その悦びを分かち合う冗談の相互行為は、「思慮」と「愛情」をバランスよくそなえた大人が交わす日常の社交の重要な要素である。しかし、彼らの間では直接に触れ

漁労と罠猟を調査する筆者（2009年2月）

イヌイトの子どもたちと一緒に（2002年8月）

られることがはばかられる「お金」という道徳的に深刻なテーマがあからさまなネタになるという意味で、ここまできわどく、極端な冗談は普通のことではない。あくまでも私という奇妙な居候に対してだけ行われる冗談であり、実際、居間に訪れていた他の拡大家族のイヌイトが、この相互行為を目にすると、明らかに驚いた表情でその様子を唖然と見ている。

じつは、この相互行為の場合と同じことは、私がフィールドワークで経験する出来事ほぼすべてに、多かれ少なかれ、あてはまる。私が滞在していないときに、彼らがかなり異なる生活を送っていることは想像に難くない。そのことは、私が滞在しているときには、私がいないときとは比較にならないほど楽しい時を過ごすことができると、彼らがしばしば私に語ることによくあらわれている。特に、私がお世話になってきた古老の妻が二〇一二年の一月に亡くなったとき、その翌々月に訪れた私はとても感謝された。私が訪れる前の二カ月間、悲嘆に暮れていた拡大家族に、私の訪問で笑いが戻ったと感謝されたのである。私が彼らに二〇年以上にわたって受け入れられてきた理由は、ここにあるのかもしれない。いずれにせよ、私が経験してきたのは彼らの日常生活ではない。

もちろん、このことは、インタビューにも、狩猟や漁労などの生業活動にもあてはまる。ドキュメンタリー映画作家や人類学者、報道関係者からのインタビューに慣れている彼らは、インタビューという相互行為の型をよく知っており、当然のことながら、彼らの受け答えのあり方は日常の会話の場合とは異なっている。狩猟や漁労などの生業活動にしても、私というお荷物を抱えている場合、その活動のあり方は通常とは異なることだろう。私に見せたくないところは見せないだろうし、私にいいところを見せようとすることさえあるにちがいない。実際、私が狩猟や漁労に同伴している間、私も彼らと一緒に作業をするとはいえ、その手際は若者の見習いハンターに毛が生えた程度であり、私と同年代の熟練ハンターたちはさりげなく何くれと私の世話をやき、ときにはシャッター・チャンスのために寄り道までしてくれる。そして、私がスノーモービルで春の雪解け河川に突っ込んでスタックしてしまったり、スノーモービルで横転して雪原に放り出されたりするなど、失態を繰り返すたび、世話を焼きつつも笑い転げて面白がる。

このように、私がフィールドワークで経験することは、私にとっても彼らにとっても日常的な出来事ではない。私という居候がクガールク村に滞在している間だけ生じ、私という奇妙な訪問者がそこにいることによってはじめて生じる非日常の出来事である。このことから私のフィールドワークの限界が自ずと明らかになるだろう。私がフィールドで経験しうるのは、私という奇妙な余所者がいることで生じる非日常的な出来事であって、私がどう頑張ってみたところで、彼らが送っている日常生活を直接に知りようがない。私にとって彼らの日常の生活世界は見果てぬ夢なのである。この意味で、『文化を書く』(クリフォード&マーカス 一九九六)以来、指摘されてきたように、私が私の限られたフィールド経験に基づいてイヌイトの日常の生活世界の全体を彼らの社会・文化として描き出すことには無理がある。

問いが拓かれる場──フィールドワークの可能性

しかし、このような限界があるからといって、私のフィールドワークに何の可能性もないわけではない。先にあげた冗談の相互行為はこうしたフィールドワークの限界を教えるだけではなく、その限界にもかかわらず、フィールドワークに秘められている可能性も教えてくれるからである。その可能性とは、次のように問いが連鎖的に立ち現れてくることである。

たとえば、先にあげた冗談の相互行為の場合、そこからはまず、ごく素朴な疑問として、その古老はそのような冗談をどうしてそんなに頻繁に私に仕掛けるのだろうという問いが生じる。ごく普通に考えれば、この問いに答えるためには、何故そのようなことをするのか、その古老に直接尋ねればよい。

しかし、じつは、私にはこの方法を採る道があらかじめ封じられてしまっている。それまでの約二〇年間、その古老と生活を共にするなかで、こうした冗談はもちろん、私には意図がよくわからない振る舞いの理由を彼に尋ねるたび、不機嫌な顔で無視されるか、せいぜいよくても「さあねえ」と聞き流されるか、「そうしたいから、そうしたのだよ」と言われて笑われたりするのが落ちであり、何の答えも得られないどころか、ときに気まずい思いをすることになることを思い知ってきたからである。同じことは、その行為をした古老以外の人びと、たとえば、古老の息子たちや娘たちにもあてはまる。こうして、ここで問いがもう一つ増える。どうして彼らは自己や他者の振る舞いの意図や理由を教えてくれないのだろうか。

もちろん、この問いを彼らに投げかけても何の意味もない。やはり同じように、不機嫌に無視されるか、聞き流されるか、笑われるだけである。また、たとえ彼らが答えてくれても、それを真に受けるわけにもいかない。その答えは私という余所者のためだけに用意されたものにすぎないかもしれない。そこで私は考えねばならなくなる。これらの問いに解を与えるためには、どうすればよいだろうか。その際、私に何の手がかりもないわけではない。これらの問いに直面してすぐに思い当たることがある。そういえば、先人の人類学者たちの民族誌や論文にも、私と似た経験が書いてあったはずである。そこで、私は彼らの記述と分析に助けを求めることになる。すると、イヌイトたちが自己や他者の振る舞いの意図や理由について語らない理由も、彼らが冗談を頻繁に交わす理由も、彼らの「思慮」や「愛情」の理念と関係があるらしいということがわかる。

それら先人の報告（Briggs 1968, 1970）によれば、イヌイトにとって理想的な人物とは、「思慮」と「愛情」をバランスよく保ちながら適切な社会関係を築く、つまり、みずから自律しつつ相手の自律性を重んじ、どんなときにも怒ったり慌てたりすることなく、その時々の事態に冷静に対処しながら、相互に相手に対して愛情を注ぎ合って悦びを分かち合うことができる大人のことらしい。そのため、相手の振る舞いの意図や理由を尋ねることは、良くても、相手が自律的な意志をもつことに疑いを示すもっとも不躾な振る舞い、悪ければ、相手の行為への非難になってしまい、社会的に不適切な行為として徹底して避けられる。また、そうした理念のもとでは、冗談の交わし合いは、どんなに挑発されても、その挑発を本気にして怒ったり慌てたりすることなく、むしろ、その挑発をうまく利用して互いに相手を悦ばせ合う絶好の機会になる。

こうしたことを思い起こし、私はなるほどと思う。先人が苦労して手にした洞察に基づいて考えれば、彼らの振る舞いの背後には、そうした理念があるのかもしれない。しかし、それで私の問いに決着がつくわけではない。彼らが本当にそうした理念に従っているかどうかはわからない。また、私に対する冗談が何故お金をめぐって展開されるのか、そうした冗談が彼らの日常の生活世界のなかでいかに機能しているのか、そもそも、相手の振る舞いの意図や理由を尋ねることもなく、いかに疑心暗鬼にならずにうまく社会生活を営むことができるのか、そうした具体的な細部について、先人の洞察が答えを与えてくるわけではない。むしろ、こうした先人の洞察は、先の私の二つの問いを探求するうえでの手がかりを与えてくれつつも、私の問いを増殖させてしまう。そこで、こうした先人の洞察を参考にしながら、私はさらに探求をつづけることになる。

その際に採ることができる一つの方法は、私がフィールドに滞在している間に経験することができる彼らのさまざまな行為を注意深く観察することであろう。もちろん、この方法では、先に検討したように、彼らの日常の生活世界に肉薄することはできない。また、二つ目の問い、つまり、どうして彼らが自己や他者の振る舞いの意図や理由を教えてくれないのかという問いに対しては、この方法はあまり有効ではない。せいぜい、彼らが自己や他者の行為の意図や理由について何も話さないということが確認されるだけだろう。

しかし、一つ目の冗談をめぐる問いについては、彼らが私に対して仕掛ける冗談のみならず、私の周囲で彼らが交わし合う冗談とおぼしき相互行為を注意深く観察することで、彼らの日常の生活世界での冗談を探る手がかりくらいは手に入れることができるだろう。この冗談が彼らの日常の生活世界とまったく無関係ではなく、その日常世界での生き方の延長線上にあると推定することができるからである。その際、私も含めた会話や社会生活の様子をビデオに録画することを彼らに許してもらえるならば、その様子を会話分析の手法で精密に分析してみることもできるだろう。

また、先人の洞察が与えてくれた手がかりに基づいて、彼らの振る舞いの背後にあると推定することができる理念についていくつかの問いを設定し、その問いについてインタビューすることもできるだろう。もちろん、出発点となった先の二つの問いを直接そのまま尋ねてみても無駄であり、先人の洞察をヒントに、それらの問いに関係しそうないくつもの問いを立てねばならない。たとえば、「理想的な大人とはどのような人物なのか」、「賢いということはどういうことなのか」、「これまでもっとも楽しかった冗談を教えて欲しい」、「大人と子どもの違いは何か」など、さまざまな問いが考えられるだろう。しかし、もちろん、それですぐにうまく答えが引き出されるわけではない。それらの問いを出発点に、相手の回答に合わせてさまざまな問いを次々と繰り出してゆかねばならないだろう。

たしかに、こうして次から次へと問いを重ね、その過程で何がしかの理解に到ったとしても、私が彼らの日常の生活世界の現実に到達することはありえない。たとえば、相手の気持ちに疑心暗鬼になるからこそ、相手の振る舞いの意図や理由を尋ねることでさらにその疑心の火に油を注ぐのではなく、むしろ冗談を通してその疑心を笑い飛ばし合い、その疑心に歯止めをかけようとする社交の装置として、冗談が機能しているのではないかと、暫定的な答えを出すことができたとしても、それが本当に彼らの生活世界でもそうなのかはわからない。

しかし、たとえ私という余所者の前で展開される現実のなかでしかないとしても、こうして問いから問いへと次々と連鎖的に問いが拓かれてゆく過程で、彼らが私の前で見せるさまざまな行為の背後にある彼らの日常の生活世界について、私は徐々に間接的に理解してゆくことができるかもしれない。こうしたフィールドワークの過程は、遠くおぼろげに霞んでみえる天守閣に到達することを夢見ながら、外堀から徐々に攻略してゆく城攻めにどこか似ている。違うのは、この城攻めに終わりはなく、彼らの日常の生活世界という天守閣を攻略することはありえない点である。

ここで重要なのは、先にあげた冗談の相互行為を出発点にはじまった問いの連鎖が、彼らの日常の生活世界をめぐる問いのみならず、私自身についての問い、さらには彼らと私を含む私たち人類の問いへと拡がり、彼らに対する問いと同じように終わりのない問いの連鎖を引き起こすことである。たとえば、先の冗談の相互行為から、そのような冗談が私にはどうして奇妙に感じられるのかという問いが引き起こされ、そこから私自身の理念や価値観に対する問いが生まれる。そして、たとえば、いったい私はどのような生き方を理想とし、何故その生き方を理想としているのだろうという問いから、私自身が営む日常の生活世界のあり方についてさまざまな問いが連鎖的に拓かれてゆくことだろう。

また、その相互行為を出発点に問いから問いへと渡り歩きつつ、彼らについて少しずつ理解してゆく過程で、いったいどこまで私は彼らを理解することができるのだろう、あるいは、彼らを理解することなど可能なのだろうか、そもそも、私たち人類が互いを理解することとはどういうことなのだろうという問いが次々と拓かれてゆくことだろう。こうした私自身についての問いも、人類についての問いも、彼らについての問いと同じように、ただ果てしなき問いの連鎖を生み出すだけで、私自身についても、人類についても、最終的な解を与えてはくれないかもしれない。しかし、見果てぬ彼らの日常の生活世界を理解してゆくのと同じように、そうして問いから問いへと渡り歩きながら、私自身と人類について少しずつでも理解をすすめてゆくことはできるかもしれない。

果てしなき問いの連鎖を追いかけて：実践を駆動する力としてのフィールドワーク

こうして私のフィールドワークは、彼らイヌイトの日常の生活世界に決して到達することはできないという限界のなかにありながらも、彼らについて、私自身について、そして人類について、終わりなき問いを次々と連鎖的に拓いてくれる。その問いに導かれながら、彼らと私自身と人類について、つまり人類の普遍性と多様性について、私は少しずつであっても理解してゆく旅をつづけることだろう。こうしてフィールドワークの実践が次々と拓いてくれる問いを丁寧に辿ること、それこそが私のフィールドワークの方法である。

ここで重要なのは、彼らの日常の生活世界が見果てぬ夢である故に、こうしたフィールドワークの過程に終わりがなくなることである。見果てぬ彼らの日常の生活世界の現実に到達し、彼らを理解したいという気持ちを私が抱きつづける限り、私は次々と拓かれる問いに導かれながら、フィールドに赴き、ときに先人が残してくれた手がかりを参照しつつ、そこで彼らと生活を伴にしながら注意深く観察し、さまざまに工夫したインタビューをすること、つまり、手を変え、品を変えながら、彼らと関わり合う実践を可能な限りどこまでもつづけることになるだろう。

その過程で、私はときに彼らと悦びを分かち合い、ときに彼らに無視されたり、互いに気まずい思いをしたりしながら、彼らとの悲喜こもごもの関係を紡いでゆく。もちろん、どこまでいっても、彼らについても、私自身についても、人類についても、わかったようでやっぱりわからないという気持ちは消えないだろう。しかし、それでも、私は彼らと私自身と人類を理解しようとし、彼らと共に生きてゆこうとするなかで、よくも悪しくも、彼らとの関係をどこまでも可能な限り紡いでゆくことだろう。

ここにこそ、フィールドワークが教えてくれるもっとも重要な人類の秘密が潜んでいる。相手についてわからないと思いながら、それでも、あるいはそれ故にこそ、相手を理解しようと相手と関わる実践をつづけることで、よくも悪しくも、相手との関係を紡ぎ出し、次から次へと問いを拓きながら、さらに相手との関係を紡ぎつづけてゆく。そうした人類の営みは、人類のどのような能力に支えられているのだろうか。おそらく、冒頭にあげたルソーのことばにあるように、互いに相手がわからないという意味で相互の距離が遠ければ遠いほど、この問いはより先鋭なものとなるだろう。

そして、私たちは果たしてどこまで相互に関係を紡ぎ合ってゆくことができるのだろうか。私とイヌイトたちの場合のようにせいぜいことばや生活習慣の違いがある程度ではなく、たとえば、これから先の未来、宇宙に進出して生活習慣どころか身体も心も大きく変容した未来の人類が、私には奇怪で不気味になってしまったとしても（岡田・木村・大村編 二〇一四）、その彼らと私はどこまで関係を紡いでゆくことができるのか。あるいは、その先で地球外生命体と出会ったとき、私たちはどこまで彼らと関係を築いてゆくことができるのだろうか。

人類学のフィールドワークは、こうして果てしなくつづく問いの連鎖を拓き、私たちが他者と関係を紡ぐ実践を駆動することで、私たちの限界と可能性を教えてくれるに違いない。私たち人類は、どこまで他者と関係を紡ぐことができるのか。その究極の問いに解を得ることは見果てぬ夢かもしれない。しかし、むしろそれが見果てぬ夢であるからこそ、その問いに導かれながら他者と関係を紡ぐ永遠の実践を通して、私たち人類の未来の可能性が無限に拓かれてゆくのではあるまいか。少なくとも私は、その未来の可能性に向けて挑戦してゆくために、フィールドに赴くのである。

［参考文献］

Briggs, J. L. *Utkuhikhalingmiut Eskimo Emotional Expression*, Department of Indian Affairs and Northern Development, Ottawa: Northern Science Research Group, 1968.

——— *Never in Anger: Portrait of an Eskimo Family*, Cambridge: Harvard University Press, 1970.

川田順造「人類学の視点と構造分析」レヴィ＝ストロース『構造人類学』荒川幾男・生松敬三・川田順造・佐々木明・田島節夫訳、みすず書房、一九七二年、四二七〜四五一頁。

クリフォード、J．＆G．E．マーカス編『文化を書く』春日直樹・足羽與志子・橋本和也・多和田裕司・西川麦子・和邇悦子訳、紀伊國屋書店、一九九六年。

レヴィ＝ストロース、クロード「人類学の創始者ルソー」塙嘉彦訳、山口昌男編『未開と文明（現代人の思想一五）』平凡社、一九六九年、五六〜六八頁。

大村敬一『カナダ・イヌイトの民族誌——日常的実践のダイナミクス』大阪大学出版会、二〇一三年。

岡田浩樹・木村大治・大村敬一編『宇宙人類学の挑戦——人類の未来を問う』昭和堂、二〇一四年。

Rousseau, Jean-Jacques. *Essai sur l'origine des langues où il est parlé de la mélodie et de l'imitation musicale,* (édition, introduction et notes par Charles Porset) Bordeaux: Ducros, 1970.

終章

〈通過儀礼〉から〈終わりなき旅〉へ

――「遅い知」としての人類学的フィールドワーク試(私)論――

床呂郁哉

Ikuya Tokoro

なぜフィールドへ行くのか
――暴力現象のフィールドワーク試(私)論

本書の最後となる本章では「なぜフィールドに行くのか」という本書全体の問いに改めて立ち戻って考えてみたい。私の場合は文化人類学を専門としているが、人類学者はなぜフィールドへ行くのだろうかという素朴な問いに明快な答えを出すのはじつはかなり難しい。一口に人類学と言ってもその内実は多様であり、いわゆる文化(社会)人類学に限っても、現在ではそのテーマや研究対象、地域などに応じて極めて細分化・多様化されており、およそ総論的に一般化して語るのは困難であろう。

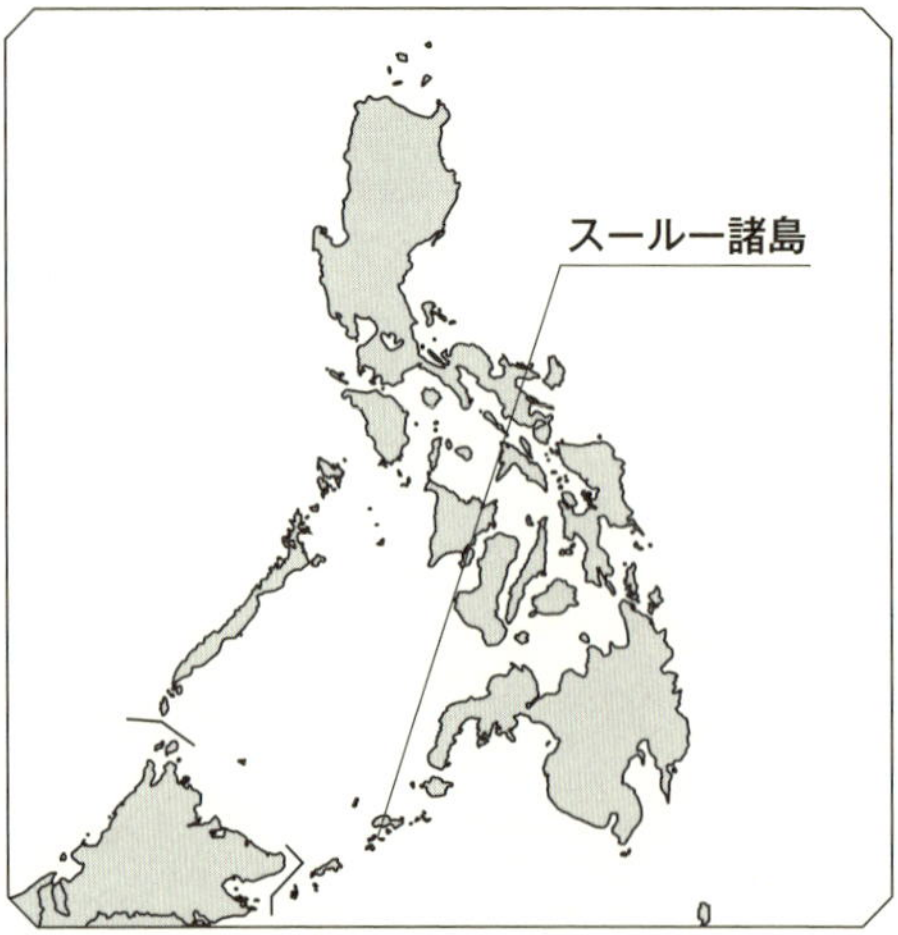

そのため、この章はあくまで筆者自身の個人的ケースに即して考えたいわば試（私）論である。

ここでは現地で遭遇する状況に応じて、研究者がフィールドワークを通じて当初の想定とは異なるテーマや研究対象に出会い、研究の問い自体を生成（ないし変化）させていくひとつの実例を紹介したい。取り上げるのは筆者の東南アジアのフィールドでの暴力に絡んだ現象、とりわけ「海賊（piracy）」と呼ばれる事象に関する調査研究の事例である。

さて、じつを言えば、暴力現象や紛争、そして海賊といった主題は、筆者が長期のフィールドワークを開始する際に当初から想定していた研究テーマではなかった。

もともと筆者は文化人類学の大学院に進学するにあたって、東南アジアの漁民をはじめとする海の民を研究したいと決めていた。これは学部生時代の卒業旅行でたまたま訪問した沖縄の糸満市の元漁師との出会いがひとつのきっかけだった。糸満で出会った元漁師の老人の一人は、小さな木造舟ひとつで現在のインドネシアやフィリピンにまで出漁していた戦前の時代の話を筆者に語ってくれた。こうしてまだ自分が行ったこともない東南アジアやその海で活躍していた海の民への興味に火がついた。

その後、少し調べてみると東南アジアの漁民については当時まださほど先行研究が多くないということを知り、自分自身でその研究をしてみたいと思うようになった。そして大学院時代の最初の長期（一九九二年から九五年初頭まで）のフィールドワークではフィリピン最南部のスールー諸島（Sulu Archipelago）をフィールドとして選んだ。

現地調査を実施したスールー諸島は、フィリピン最南部に位置し、東マレーシア・サバ州およびインドネシアとの国境地帯に隣接した海の世界である。人口構成上、タウスグ人およびサマ人（「サマ・デア（陸のサマ）」および「サマ・ディラウト（海のサマ）」）が主要な民族集団として語られることが多い。

なお今日ではタウスグおよびサマ語系集団のいずれも人口の九〇％以上がムスリムであり、またいずれも伝統的には一部の農業を除くと海上交易や漁労をはじめとする生業に従事する海の民として知られてきた。

このうち筆者はもともとの研究テーマとしては、移動性の高い海の民であるサマ人、特にサマ・ディラウト（海のサマ）人と呼ばれる移動性の高い漁民の漁撈活動や、それに伴う儀礼や宗教文化の研究をおもな調査目的としていた。そして実際、このテーマに関しては現地滞在中にさまざまなデータを集め、その後、論文などにまとめて発表してきた（たとえば［床呂 一九九九］）。なおサマ・ディラウト人自身は概して平和的な集団として知られており、暴力や紛争といったテーマは、少なくとも長期のフィールドワークを開始した当初では、さほど筆者の関心の中心ではなかった。

しかし筆者がサマ・ディラウト人の漁民とつきあい、現地語を覚えて日常的な会話ができるようになるにつれて、現地では海賊事件が頻発し、少なくない漁民が海賊の被害にあっているという事実を聞かされる機会が増えていった。

やがて、こうした海賊事件が頻発した背景として、フィリピン南部の政治的・社会的事情が大きくかかわっていることも知るようになった。しばしば「弱い国家」と形容されることの多いフィリピン共和国においても、特に周辺部（最南部）の国境地帯に位置するスールー諸島は中央政府からの治安・行政的統治が必ずしも実効的に及んでいるとは言えない状況下にあり、現地では以下に述べるように各種の集団的な暴力が頻発していることで知られる。

まずもっとも規模の大きな暴力としては、フィリピン国軍と各種のムスリム分離主義勢力とのあいだの武力衝突がある。一九七〇年代のはじめから二一世紀に入っても続く両者の武力衝突はいわゆる「ミンダナオ内戦」として知られている。他にもフィリピン南部では集団間の報復闘争（feud）などをはじめ暴力現象は珍しいもので

フィリピン南部スールー諸島の水上集落（床呂郁哉撮影。以下同）

はなく、いわゆる「海賊」事件もこうした文脈のなかで生起していた。

しかし、そうしたなかでも、フィールドワークを開始した当初の筆者の関心のなかでは、どちらかと言えば、海賊はフィールドで出会うさまざまな雑多な事件やエピソードのひとつといった認識であり、正面切って研究対象とするようなテーマだとは思っていなかったのも事実である。フィールド周辺で海賊事件が起きていることは事前に読んだ文献などを通じて「情報」や「データ」としては知っていたが、その意味や重要性を十分に認識していたとは言えなかった。

これが変わったきっかけのひとつは、きわめて個人的で主観的な経験談になってしまうのだが、海賊に襲撃されて殺された漁民の遺体をフィールドで筆者自身が目撃した事件を通じてであった。

フィールドで現地語も日常会話程度はできるようになり、現地の生活にも慣れてきたころのある日の夕方、島を散歩していると異様な人だかりが集まっているのを目にした。すぐにそばに寄ってみると、群衆が取り囲むように見守る

漁場に向かうサマ人の漁民

なかで、サマ人の漁民夫婦の遺体が小舟に安置されていた。服装や漁具などの持ち物から夫婦は漁に出ていたところだったようにみえた。取り囲む村人の話では夫婦は海賊に襲われ、エンジンを奪われ、最後に海賊に撃たれて殺されたという。そして舟はこの島の岸まで発見者によって曳航されてきたということだった。

その時点では、それが事実なのか、そうではないのかも判断できずにいたが、いずれにしても衝撃を受けた出来事であった。不思議と出血の少ない夫婦の遺体とその無機的な顔の表情が、かえって唐突な暴力の不条理さを示しているように感じられた。しばらくして涙で目を赤くした親族や、狭い島の市長自身と彼の引き連れた警官たちが到着して、遺体を現場から引き取っていった……。

この事件は自分にとってフィールドでの雑多なエピソードの一つとして日記に記して済ますだけにはいかない、言わば強度を帯びた体験であり、安易に「データ」や「情報」として処理して終わることができない経験であるように思われた。

ちなみにその後も、筆者は現場であるシャーマンの治病儀礼に参加したときなどにも、同様にある種の強度に満ちた出来事を経験しているという感覚に襲われることがあった。すなわち、目の前で何かとてつもなく重要な出来事が進行している、ないし語られていることだけは感知できるのであるが、それが何であるのか、安易な理解や「データ」としての要約ないし物語化が許されないというような感覚である。

いずれにしても、この殺された漁民の遺体を目撃した出来事は、単に現地での調査のルーチンのなかでの一つの変わったエピソードといった次元には留まらず、自分にとって研究テーマ自体を大きく見直す契機の一つになった。その後、現地のサマ・ディラウト人のあいだで調査を進めるうちに、自分が個人的によく知る複数のインフォーマント自身から、彼ら・彼女らが過去に（おもに漁をしているときなどに）海賊の被害にあった体験談を詳しく聞かされる機会もあった。そして実際に自分がおもな研究対象としているサマ・ディラウト人の移動（遊動）生活というテーマの上でも、その移動の背景の一つとして、魚や海産物などの資源を求めて移動するのと同時に（ないし、それに加えて）海賊などの危険を避けるため一カ所に住処を固定せず、ある場所から別の場所へと移動生活を続けているという事情も徐々にみえてきた。

こうした出来事の後では、自分にとって現地における海賊をはじめとする暴力の問題を無視して研究を進めることはできないと感じられるようになった。

こうして自分自身にとってフィールドでの暴力の問題はフィールドワークで遭遇する厄介なリスクやノイズであるというよりも、それ自体が研究テーマのひとつであると認識するようになった。その後、筆者は実際に、一九九〇年代の最初の長期調査が終了した後も、現地の海賊を手始めに報復闘争やミンダナオ紛争などの政治的紛争、あるいは暴力や紛争と密接に関連した主題である和解や平和構築といった主題に関してもフィールドワークを通じた調査研究を現在まで継続してきた（床呂二〇〇九、二〇一一、二〇一二、二〇一三参照）。

「海賊」調査の難しさ

話を海賊に戻せば、先に述べた事件などをきっかけに現地での海賊に関する調査研究に着手した筆者であったが、その調査研究には多くの困難や課題がつきまとっていた。

まず最初の困難は先行研究が極めて乏しいという点であった。一般的に考えてテーマ上、フィールドワークに基づいて海賊を研究することは非常に難しい。

これは本書の湖中が扱う紛争など他の暴力現象を研究するフィールドワークにも共通するが、まず何よりも調査者自身の安全性をどう確保するのか、といった問題もある。また海賊などの現象を扱う場合、そこで「参与観察」することは事実上、不可能に近く、また仮に可能だとして倫理的に許されるのかという問題もある。こうした難しさのため、フィールドワークを通じて海賊を扱った人類学的研究というのは極めて少ない。実際、筆者のフィールドであるスールー諸島に関しても、筆者が本格的に研究に取り掛かった一九九〇年代当時では、ジャーナリストによる報告などを除けば、現地の海賊に関する現地調査に基づく研究は皆無に等しかった。

一般的に言えば、ある研究テーマに関する調査研究を実施する場合、その主題に関する先行研究を詳しくレヴューした上で、先行研究での弱点を突いて研究を進めるというパターンが多くの分野で常道であろうが、当時の筆者の場合、海賊に関しては先行研究を参照するといっても、その先行研究自体がほとんど存在しないに等しかった。このことには新しいテーマをある意味では自分がパイオニアとして研究できるという利点もあるのだが、裏を返せば比較参照すべき先行研究が存在しないというのは、研究を進めるうえでかなり心許ない状況であるのも事実であった。

そうは言っても、文献資料に基づく歴史学的研究まで含めれば、特に前植民地期（一九世紀末頃まで）のスールー諸島の海賊について書かれた研究は一九九〇年代当時でもすでにそれなりの蓄積があった。このため、筆者は次善の策として、歴史学的研究を比較参照の対象としながら、自分自身のフィールドワークを通じた海賊に関する研究を行ってきた。

ここでは紙幅の都合で、あまり詳しく述べることはできないが、簡単にこれまでの歴史学的研究と対比させながら、筆者自身が研究をどう進めたのかを紹介してみたい。

まず、これまで歴史学的研究で語られていたことについて、「海賊」の歴史的概要を簡単に述べる（スールー諸島における海賊の歴史的背景と現状の詳細に関しては［床呂 一九九九］第一章、［床呂 二〇〇九］などを参照）。スールー諸島には一三世紀前後にはイスラームが到来し、一五世紀にはホロ島を中心にスールー王国が成立する。一六世紀にはスペイン人がフィリピン諸島に到来し、それ以降、フィリピン諸島の中・北部の植民地化と住民のカトリックへの改宗を進めていく。スペインはこの過程でフィリピン諸島南部のスールー諸島やミンダナオ島にも軍事遠征を実施して植民地化を目指すが、すでにイスラームを受容していたスールー王国のムスリムはミンダナオ島のムスリムとともに、スペインによる植民地化を拒否し、一六世紀から一九世紀に至るまで、「モロ戦争」と呼ばれる戦争がスペインとスールー諸島やミンダナオ島の現地ムスリム王権とのあいだで間歇的に持続することとなる（「モロ」Moroとはフィリピン諸島におけるムスリムを指す総称で、もとはスペイン人からの北アフリカのムスリムを指す蔑称であったが、二〇世紀以降にはムスリム自身の自称として定着する）。

この過程でミンダナオ島やスールー諸島のムスリムは、おもにスペイン統治下のビサヤ諸島やルソン島のキリスト教徒居住区の村などを艦隊で襲撃し、住民を略奪して連れ帰り奴隷として使役するという行為を繰り返し、この行為はスペインやスペイン統治下のフィリピン諸島住民側からは悪名高いモロの海賊として恐れられた。

この一九世紀末までの歴史上のスールー諸島の海賊をめぐっては、これまで歴史学的研究を通じてどのように語られてきたのだろうか。結論から言えば、異なる立場に応じて極めて異なった歴史表象が語られてきた。ここでは紙幅の都合でごく雑駁にまとめれば、それは以下のような三つの立場で代表させることができるだろう。

まず第一の立場は英国やスペインなど当時（一九世紀頃まで）の「植民地歴史家」ないし同時代の実務家による視点からの記述や表象である（たとえば［Montero y Vidal 1888］）。

これは簡潔に言えば海賊行為を現地のムスリム住民の「野蛮」や後進性の象徴として語るといったものである。

第二に、いわばムスリムのエスノ・ナショナリズム的な立場からの海賊へのリビジョニズム（修正主義）的な歴史表象と言うことができる。これはマフールをはじめ第二次大戦後のフィリピン人ムスリムの歴史家によるものである（たとえば［Majul 1973］）。スペイン側から野蛮な「海賊」として記述された行為は、実際にはスペイン植民地支配への「抵抗」であったとしてとらえ返すような立場であるとまとめることができる。

また近年における第三の立場として、ワレンらによる研究を挙げることができる。ワレンは前述の植民地主義史観とエスノ・ナショナリズム史観のいずれでもなく、スールー諸島における一八世紀から一九世紀の海賊遠征を当時の世界システムに連結したスールー王国の海産物交易のための労働力確保であったという視点から分析している（Warren 1981）。

このようにスールー諸島の海賊をめぐっては、それぞれ異なった立場の歴史家からの、ときに相互に対立する歴史表象が提出されてきた。筆者はこうした歴史学的研究の蓄積を参照し、大いに参考としながら、またフィールドワークを通じて、そうした歴史学的諸研究の枠組みには必ずしも回収できないような知見に出会うこともできた。それを次に簡単に紹介していきたい。

故アリンサラン。スリスリの名手として知られるシャーマン

現地の語りに耳を澄ます

スールー諸島におけるフィールドワークを通じて海賊に関して何がいえるのだろうか。現代（二〇世紀後半以降）の海賊については後で述べるとし、ここでは歴史学的な先行研究との違いを浮かび上がらせるために、まず前近代（前植民地期：スールー諸島では概して一九世紀末まで）の海賊に関して述べる。すなわち、現地において過去の海賊がどのように記憶され、語られているのかという点である。この点について筆者が調査することができたのは、偶然の要素も大きかった。先に述べたように筆者はサマ・ディラウト人の移動や、移動にまつわる宗教的実践を当初のテーマとしていた。その目的のため、現地の宗教職能者いわゆるシャーマンに会って話を聞くことは、現地の信仰や宗教的実践に関する研究テーマにとって大事な作業として継続していた。

結果から言うと、その過程で出会ったアリンサランという名の男性シャーマン（故人）がサマ・ディラウト人の前植民地時代を含む過去の歴史に関して非常に豊かな伝承を筆者に語ってくれることとなったのだが、そうした過去の歴史に関する語り、ないし伝承（現地ではスリスリ *sulisuli* と呼ばれる）のなかで、他ならぬ海賊に関する話は主要なトピックのひとつであった。

スリスリは日常的な文脈では、ある程度の長さの談話や会話一般を指すことも多いが、このアリンサランの場合を含めて、シャーマンによる一種の儀礼的な歴史語りのジャンルという性格を有すると同時に、現地の聞き手の住人にとってはエンターテイメント的な話芸としての性質も帯びているものだった。

筆者の一九九〇年代前半の滞在当時で推定六〇歳代のアリンサランは、現地の住民の間でシャーマンのリーダーとして尊敬を集めるとともに、過去の歴史上のさまざまな出来事に関するスリスリの名人として知られていた。その主題はそのつど異なっていたが、いずれも「祖先の時間（*waktu bai kamattoahan*）」、すなわち過去の祖先たちの時代の出来事に関するものであった。

スリスリの内容であるが、これは個別の語りに応じて多様な興味深いディティールに満ち、多様な文脈からの解釈が可能であるが、ここでは本章の関心に即して、歴史上の海賊を現地の住人がどう記憶しているのかという点に絞って、アリンサランの複数のスリスリのなかでも特に筆者が興味をひかれた二つの語りの概要をごく簡単に紹介したい（より詳細な語りの具体的内容と分析については［床呂 二〇一二］を参照）。便宜上、それをスリスリAとスリスリBと記す。

まず、スリスリAにおいては、それは大枠で言うと歴史上の海賊行為に対して、被害者側の視点から想起した語りであることが明瞭であった。具体的には、スールー諸島内で南部に位置するトンバンカオ島のサマ人（サマ・ディラウト）がオマーダル島（現在、東マレーシア・サバ州）などの他のサマ人（サマ・デア）の海賊によって奴隷狩りの対象にされて捕まったが、隙をみて逃走したというモチーフが語りの大きな粗筋になっているものだ。

そしてそれは現在の、スールー諸島内部のムスリム系の住民であっても異なる民族集団同士がときには緊張関係にあるという現代（「今の時代」*waktu buwat inaan*）の状況への一種の批評にもなっているものだった。

次にスリスリBにおいては、現地のサマ語系のムスリム住民（モロ）同士でも異なる島の住民同士が互いに襲撃、奴隷略奪していたという状況に関する集合的記憶となっているものだった。

つまりスリスリA、Bともに、総じて、海賊行為はスペインに対するムスリムの側の「抵抗」として想起されているのではなくて、むしろ他のムスリム集団の残酷性を示すものとして記憶され語られているという実態が調査の結果、次第に分かって来た。

こうしてスールー諸島の現地の住人の語りに耳を澄ますことを通じて、現地で過去の海賊は、先に挙げた歴史学的先行研究における植民地史観の立場やエスノ・ナショナリズム史観の立場など論争（「記憶の戦争」）中のいずれの歴史表象・物語にも完全には回収しえず、従来の外部の研究者の解釈をどこかで常に裏切るようなノイズや揺らぎに満ちた存在であることが次第に筆者に印象づけられていった。

スールー諸島においてはここで紹介したスリスリ以外にも、歴史上の海賊をめぐって場所や語り手ごとに極めて多様な語りが存在する。このなかで概してサマ・ディラウトのあいだでは海賊に関して被害者的な視点から想起するような語りが多い。そして、その後の現地調査を通じて、これはじつは現在における海賊の問題とも深く関係しているのではないかという仮説を筆者は抱くようになった。ここでは詳しく述べる余裕はないが、過去も現在もサマ・ディラウト人は他の民族集団による海賊の被害者となる事例が多い事実と無関係ではないという状況のなかで、こうした語りを位置付ける必要性がみえてきた。

(元) 海賊との出会い――当事者の視点を探る

さて、ここで紹介した歴史に関する語りは、どちらかと言えば海賊という一種の暴力現象の「被害者」の視点

武装した交易船

からの語りであったといえるだろう。暴力や紛争の研究調査に関しては、他方で利害の異なる立場、とりわけ「加害者」の側に関しても実際に関係者に会って調査研究をすることが望ましいといえるだろう。しかし、そうは言っても、しばしば紛争や犯罪などを研究する研究者も指摘するように、実際には暴力現象の加害者側に会って話を聞くのは、なかなか簡単ではない場合が少なくない。

海賊に関するフィールドワークを行ってきた筆者も、この点はまったく同様であった。特に現代の海賊事件に関する調査では、概して被害者側の漁民の証言は比較的、簡単に聞くことができたが、海賊の当事者に会って話を聞くというのは至難の業であり、最初の長期のフィールドワークの過程で筆者が海賊に関して積極的に調査テーマの一つにしようと思い立った後でも、なかなか当事者に会って話を聞くことはできないまま日々が流れていった。

そんななか、かつてフィリピンはもとより現在のマレーシアやインドネシアなどを股にかけて海賊として活動していた老人がいるという噂を耳にした。きっかけはやはり偶然であった。筆者が海賊のことを調べているという話を聞いた現地のキー・インフォーマントの一人が親戚や知人のネットワークを介してその老人（仮にサキブと呼ぶ）を紹介してくれたのだった。当初は筆者がサキブへインタビューする場（当時、筆者が生活していた島とはまた別の島のサキブの自宅）には、その知人がいつも付き添ってくれていたが、信頼関係が築けた後では筆者単独で彼の家を訪問して聞き書きをするようになった。

サキブというこの元海賊は、スールー諸島南部タウィタウィ島出身の「サマ・デア（陸のサマ）」人で、筆者が最初に出会った一九九〇年代前半当時で年齢は六〇歳半ば（推定）であった。筆者が出会った当時、サキブは現役の海賊を退き、家族とともにスールー諸島の某島で暮らしていた。

その後、筆者はサキブ自身の誘いもあって、当時、数人目の妻やその妻との間にできた子供ら家族と暮らす彼の家を何度も訪問し、ときには数週間ほど住み込みながら、彼の現在の様子はもとより、彼の過去の海賊活動に関する語りを繰り返し聞くことができた。現役ではないとはいえ海賊をしていた人の家に住み込むということで最初は筆者も緊張しながらの現地調査だったが、次第に打ち解け、ある時期からはまるで古くからの知人の家であるかのようにサキブの家を繰り返し訪問しては聞き書きをするという調査を行った。

その具体的な調査結果についてはすでにいろいろなところで発表してきたので、ここで繰り返すことは避ける（関心のある読者は［床呂 一九九九］第三章だとか［床呂 二〇〇九］などを参照）。

結果的には、総じてこのサキブという元海賊から詳しいライフヒストリーを聞くことを通じて、筆者は現代（二〇世紀後半以降）の海賊の当事者の活動パターンや、彼らが海賊行為をどう自分自身でとらえているのか、いわば当事者の視点について多くを学ぶことができたのだが、しかしそこにはまだ多くの課題や注意すべき点も残っているという事実を付け加えなくていけない。

その課題の一つは、こうした当時者の側の詳しい語りやインタビューを通じて述べられたことが、果たしてそのまま鵜呑みにして良いかどうかは別問題であり、できれば可能な限り他の手段も併せて確認した方が良いという点である。この点は何も海賊という特殊なテーマに限ったことではなく、およそ現地調査やインタビューを通

サマ人の自警団の男

じた研究手法に広く共通する問題であるが、特に海賊など広義の暴力や犯罪に絡んだ現象を調査する際には、普段にも増して注意すべき点であろう。ある程度、インフォーマントと信頼関係を築くことができた後でも、果たして当事者の語った内容が事実であるのかどうかという点に関しては、また他の者にも話を聞くとか、当人の過去の話と対照させて整合性があるかを分析することなどを含めて、いわば「裏を取る」ことが重要になってくる。

たとえば、ここで挙げたサキブの場合も、かつて自分が一九六〇年代に盛んに行った海賊遠征やそこでの襲撃行為に関して「ムスリム同胞は襲わない。襲うのは異教徒だけ」といった言説を強調する傾向があった。それは海賊行為を単なる犯罪行為として捉えるのではなく、いわば一種の「聖戦」や「抵抗」として理解するような（先の歴史学的先行研究等の一部にあるような）視点と一見するとうまく合致するかのようにもみえた。

実際、サキブの海賊活動においても、ボルネオ島沿岸の村などへの襲撃遠征の際は確かに相対的に豊かな華人（異教徒のクリスチャンや仏教徒が多い）の店などが標的とされる傾向が認められた。ただし現代の海賊事件を全体としてみると実際にはムスリムの海賊による同じムスリムへの襲撃も頻発しており、サキブ自身も、その証言からムスリムのブギス人の交易船を何度も襲撃していることが判明している。

ちなみにサキブ以外の一般的な事情に目を転じれば、筆者が現地で聞くことができた海賊事件に関する関係者への聞き書きデータからの推定によれば、海賊事件の被害の圧倒的多数は華人やクリスチャンではなく、同じムスリムの漁民や密輸業者であった。具体的には一九九二年から一九九四年までの海賊事件の全件数のうちじつに九五%以上が同じムスリム同士での襲撃であり、全件数の一三%以上が同じ民族集団〈内〉での海賊事件、つまり被害者と加害者が同じ民族集団に属するケースであった（床呂二〇〇九）。

このように、当事者の語りは貴重であるが、しかし同時に（特に一人の）当事者の語りの内容をすべて字義通りに鵜呑みにすることに少なからぬ落とし穴もあることは、他の調査テーマと同様に「海賊」をめぐる筆者のフィールドワークでも同様である。

また、さらに別の問題として、海賊などの暴力現象や違法行為を研究テーマとする場合には特にいえるのだが、研究対象との距離の取り方や倫理上の問題も大きな課題である。

教科書的に言えば、人類学者は概して現地で遭遇する出来事や現象を、それが当初、どんなに違和感や場合によっては嫌悪感を抱かせるようなものであっても、それを研究者の側が身に着けてきた価値観で一方的に断罪するのではなく、むしろ現地の住人の側の脈絡に沿ってその出来事や現象を解釈し、理解することに努めるのが理想的な態度とされるのだろう。

しかし、そうは言ってもなかなか理想通りにはいかない場合も少なくないし、特に紛争や暴力現象・犯罪行為など現地でも価値判断が分かれ、「現地の住人」同士が加害者と被害者に分かれて争うようなテーマでは、否応なく研究者の立場性が問われることも少なくないことは近年、よく指摘されている。

率直に告白すると「海賊」を研究テーマとしてから、筆者自身のなかでも研究対象との距離の取り方や、それをどう判断するかについては今も揺らぎ悩まされることが少なくない。たとえばサキブは人間としてはなかなか魅力的な人物であり、また居候をさせてもらって感じたのは、過去に海賊活動に従事したことがあるといっても、少なくとも現在の生活のなかでは、他の村人と変わらない、孫や家族をかわいがる、どこにでもいそうな老人としての側面であった。

他方で海賊行為の話それ自体には、筆者は興味深いがどこか最後まで倫理的には共感はできなかった点も残った反面、またその過去の海賊遠征に関するサキブの話は、まるで冒険話を聞いているように興奮させられることがあったのも事実である。

また筆者がフィールドで出会う村人の多くも、さすがに海賊行為の加害者である者は（少なくともそれを公然と認める者は）サキブなどごく一部の者に限られたが、しかし「密輸」や「不法越境」などの各種の「違法行為」に手を出す人は決して珍しくなかった。こうした行為も現在の国民国家の法規範に抵触することは明らかであり、つまり「犯罪」であるのだが、しかし現実には、そうした単純な善悪二項対立的な図式や安易な価値判断が通用しないものでもあった。

フィールドワークにおける〈通過儀礼〉から〈終わりなき旅〉へ

以上、駆け足で筆者のフィールドワークにまつわる事例を紹介してきた。ここで最後に、本書で最初に掲げた問いに戻りたい。すなわち、なぜ人類学者はわざわざコストや労力をかけて、ときには危険を冒してまでフィールドワークに従事しているのか、という問いである。

筆者の場合、なぜフィールドに行くのかと言えば、狭義の「データ」や「情報」を現場で収集に行くというよりは、現場に自分自身を投げ込むことにより、そこで「いったい何が問うべき問題なのか」「何が研究テーマなのか」という点それ自体を再発見ないし生成させ、あるいはフィールドに行く前に抱いていた問題設定を変化させるために行くというのが最初の答である。

たとえば本エッセイで示した例で言えば、当初、長期のフィールドワークに行く前には必ずしも重要視していなかった海賊をはじめとする暴力の問題に関して、筆者自身、現場で遭遇したある種の強度を帯びた経験を通じて否応なくその重要性に気がつかされたことを紹介した。つまりフィールドでは、善か悪か、有用か無用かといった価値判断を越えて経験の強度そのものが重要性を帯びることがしばしばある。そして、単に現場で「データ」を集めるというより、身体を否応なく現場におき、そこでの感覚や感情・情動を含めた身体的経験で把握した出来事を通じて、何がそもそも問うべき問題であるかを発見し、あるいは変化させることにフィールドワークの大きな意味があるように思える。

また第二に筆者の個人的な感触では、フィールドワークの効用ないし意味として（いささか逆説的な表現に聞こえるかもしれないが）その実践が研究者に「すぐには分からない」「すぐに答えがでない」、裏をかえせば「ゆっくり考えさせる」ことを強いるという点があるように思われる。

すなわち、フィールドで出会う現実はフィールドに身を投じた研究者にとって一筋縄でいかない複雑さを秘めており、また（海賊に関する事例などで示唆したように）俄かに安易な価値判断や解釈などを許さないようなものであることが少なくない。研究者がフィールドに入る前に想定した仮説や思い込みは、実際に現場に身を置いてみると、現場で遭遇する状況の複雑さ、不条理さなどによって粉々に打ち砕かれてしまうこともある。

また調査を進めるうちに、ある時点では妥当だと思っていたことが、じつはそれ自体が先入観に過ぎなかったと思い知らされることもある。効率的に「情報収集」するという方法とは対照的に、ある程度長期にわたって身体的なかかわりを含めてゆっくりと現地の状況のただなかに身を置いてみるということを通じて、現地の状況を五感を通じて「身に染みて」理解しようと努めることの意味がここにあるように思われる。

また、テーマや地域・研究者にもよるが、こうした「すぐには分からない」こと（逆に言えば「ゆっくりと理解する」こと）の意義は、ときには一回の長期の現地調査（ふつう一年から二年程度の現地滞在が多い）で終わるものではなく、その後のフィールドへの再訪問や再調査を含めて何十年にも及ぶ場合にもいっそう当てはまるだろう。

すなわち、ある程度長期のフィールドワークを終えて帰国して、論文にまとめたりした後でも、また時間を置いてフィールドを再訪する経験などを通じて、初期に研究者の側が考えた枠組みや問題設定は、時間の経過とともに改めて再設定されたり、全く新たな問いが生成したりするということがある。たとえば一〇年以上にわたる長期の時間の経過のなかで調査を進めるにつれて異なる側面がみえてくることがある。これは現地の状況自体が変化していくことはもちろん、それに応じて自分自身の問題関心が変化することも大きい。

こうして職業的な人類学者の場合、（これもテーマや研究者にもよるが）フィールドとの関わりは長期の調査を一回行って博士論文を書いて終わりという例に留まらず、その研究人生を通じて、場合によっては何十年にも渡って何度も一時的な再訪や再調査を繰り返すというパターンも少なくない（本論集の西井エッセイなども参照）。

かつて人類学では、フィールドワークは「通過儀礼」だと称されることがあった。すなわち、まだ「半人前」の若手研究者が現地に赴き、はじめて自分の長期（一年から二年ほど）のフィールドワークに従事し、現地の言葉を覚え、資料を集め、帰国してフィールドデータを博士論文などにまとめることで「一人前」の研究者として認められるという構図が、まさしく「子供（未成年）」から「大人」への通過儀礼のような一種の関門のように言われることがあった。

現在でも、この「通過儀礼」モデルは暗黙の裡に想定されている印象もあり、またこの図式は人類学者の研究人生を簡潔に表現する一種の比喩として必ずしも全面的に間違いとは言えないかもしれない。

ただし、他方で「通過儀礼」の比喩には、いささか不適切な点があるようにも筆者には感じられる。まず何よりも「通過儀礼」の比喩では、フィールドワークというのが(「儀礼」であると理解されることの副作用として)どちらかと言えば比較的、限定された空間や時間の枠内で完結した行為という印象を抱かせかねない。すなわち、ある段階で自分が普段暮らす場所(「ホーム」)を離れてフィールドへ赴き、一年なり二年なりの決まった特定の期間が終わればフィールドワークを終えてまた「ホーム」に帰還して、その成果を博士論文や著書にまとめる、といった構図だ。

しかしながら、現在の人類学ではフィールドワークは必ずしもここで描いたような図式に収まるようなものばかりではない。まず、フィールドワークにおける「フィールド」にしても、ますます多くの人類学者が、近代化された都市環境を含め、自分がふだん暮らす国の社会・文化環境などのなかでもフィールドワークを実施するようになっている。そうではない場合(異国の「異文化」を対象とする調査)でも、いわゆるグローバリゼーションと総称されるような状況下では、かつてのように「フィールド」と「ホーム」を明確で固定的な境界で区別することはますます難しいと考えられるようになっている。つまり、どこまでが「フィールド」で、どこからが「ホーム」なのかについて明瞭な境界を引くのは難しい。逆に言えば、至るところがフィールドになりうるのだ。

ここで筆者は、フィールドワークを言い表すに当たって、いささか古典的な「通過儀礼」の比喩に代えて、むしろそれを「終わりなき旅」を通じた「遅い知」(ゆっくりと知ること)の営みとして想像してみることを提案してみたい。

ここでいう「終わりなき旅」は通常の旅などと違って、どこまでが母国や故郷(ホーム)であり、どこからが旅先(フィールド)であるかはあらかじめ決められていないような旅である。また研究者はその研究人生のなかで、フィールドワークは一回きりの経験ではなく、まさに終わりなき旅のように何度も何度も旅に出かけ、フィールドとのつきあいを重ねていく。

そして、その過程で重要なのはこの旅路を通じた理解の「遅さ」である。言い換えれば手っ取り早い情報収集や効率優先主義的な研究手法（いわばファストフード的な知）ではなく、敢えて「遅さ」を美徳とし、単純な図式で把握できない複雑さを複雑なままじっくり考えていくこと。この場合、効率よく要約された「情報」を収集するという態度ではなく、現地で五感（や情動）を通じてゆっくりと考え、むしろ「すぐに分かってしまおうとしない」こと。こうした特徴をもつフィールドワークのあり方を、（「ファストフード的な知」と対照させて）「遅い知」と呼ぶこともできるだろう（この点について「スローサイエンス」という小田の表現も参照。［小田二〇一〇：一五〇］）。

さて、最後に再びエッセイ冒頭で挙げた問いに戻る。なぜ人類学などの研究者はフィールドワークへ行くのだろうか。繰り返し指摘したように、もしフィールドワークをいわゆる「データ収集」の手段とみるのであれば、それは苦労の割には効率の悪い行為でしかないようにも思える。一つの比較的、簡単な回答は「必要悪」としてフィールドワークをみる立場だろう。インターネットや文献では出ていない情報やデータを収集するために、いわば必要悪として仕方なくフィールドへ行くという回答だ。筆者に言わせれば、この答は半分正しいけれど、半分は何か実態にそぐわない感触が残る。

自分自身の経験をもとに本エッセイで示唆したように、フィールドワークは単にネットや文献にないデータを集めるために仕方なく実施する必要悪というよりも、むしろ効率的で安易な理解のあり方をいったん止めて、「すぐには分からない」、「ゆっくりと考える」ための行為ではないだろうか。

より詳しく言えば、自分にとってのフィールドワークは、現場で遭遇する他者（人間だけであるとは限らない）

との五感を通じた、ときに情動を帯びた関わりを通じて、問い自体が生成してくる実践でもある。そこでは、安易な言語化や「情報」への要約や、通念的な倫理的判断に還元できない要素を抱え込んだ、強度を帯びた体験に満ちている。

そうした一筋縄ではいかない、矛盾や複雑さに満ちた現実を、複雑さを無視しないままでゆっくりと理解するための実践が、自分にとってのフィールドワークの意味であるように思える。それは一回切りで終了の「通過儀礼」というよりは、むしろゆっくりと歩み、どこが最終目的地とも知れない「終わりなき旅」のような営みである。

さて、ここで述べたような知のあり方は、いわば「知のファストフード化」が席巻する現在の学問を取り巻く現状のなかでは、いかにも胡乱で時代遅れの態度のようにみえるかもしれない。ここでいう「知のファストフード化」とは、現在の学問の世界にも深甚な影響を及ぼしつつある知的生産における効率優先主義的な風潮を指す。すなわち、研究者はできるだけ被引用回数が多い論文をなるべく多く量産することが求められ、そのためには調査研究の過程でもなるべくムダなく研究を実施し、効率的に大量のデータを収集して手際よく分析結果を出すことが求められるといった風潮である。もちろん、こうした態度は必ずしも一概に否定すべきものではないだろう。

しかしながら、複雑な世界をその複雑さをそぎ落とさずに、それを根底的な次元から理解していくためには（さらに言えばその理解を通じて世界を変えていくためには）、本エッセイで示唆したような「終わりなき旅」を通じた「遅い知」にも、それなりの意味があり、それは先に述べた知のファストフード化が席巻しつつある現在こそ、ますます重要なのではないだろうか。

【参考文献】


小田博志『エスノグラフィー入門――〈現場〉を質的研究する』春秋社、二〇一〇年。

床呂郁哉『越境――スールー海域世界から』岩波書店、一九九九年。

――「暴力と集団の自己創出――海賊と報復の民族誌から」河合香吏編『集団――人類社会の進化』京都大学学術出版会、二〇〇九年、一二三～一四七頁。

――「複数の時間・重層する記憶――スールー海域世界における想起と忘却」西井凉子編『時間の人類学――情動・自然・社会空間』世界思想社、二〇一一年、二七八～三〇〇頁。

――「フィリピンにおけるムスリム分離主義運動とイスラームの現在」床呂郁哉・西井凉子・福島康博編『東南アジアのイスラーム』東京外国語大学出版会、二〇一二年、九七～一二〇頁。

――「野性の平和構築――スールーにおける紛争と平和の事例から制度を考える」河合香吏編『制度――人類社会の進化』京都大学学術出版会、二〇一三年、一九五～二一七頁。

Majul, Cesar, *Muslims in the Philippines*, Quezon City: University of the Philippines Press, 1973.

Montero y Vidal' D Jos, *Historia de la Pirateria Malayo Mahometano en Mindanao, Jolo y Borneo, 2 vols*, Madrid: Imprenta de M. Tello,1888.

Warren, James F., *The Sulu Zone 1768-1898: The Dynamics of External Trade, Slavery and Ethnicity in the Transformation of a Southeast Asian Maritime State*, Singapore: Singapore University Press,1981.

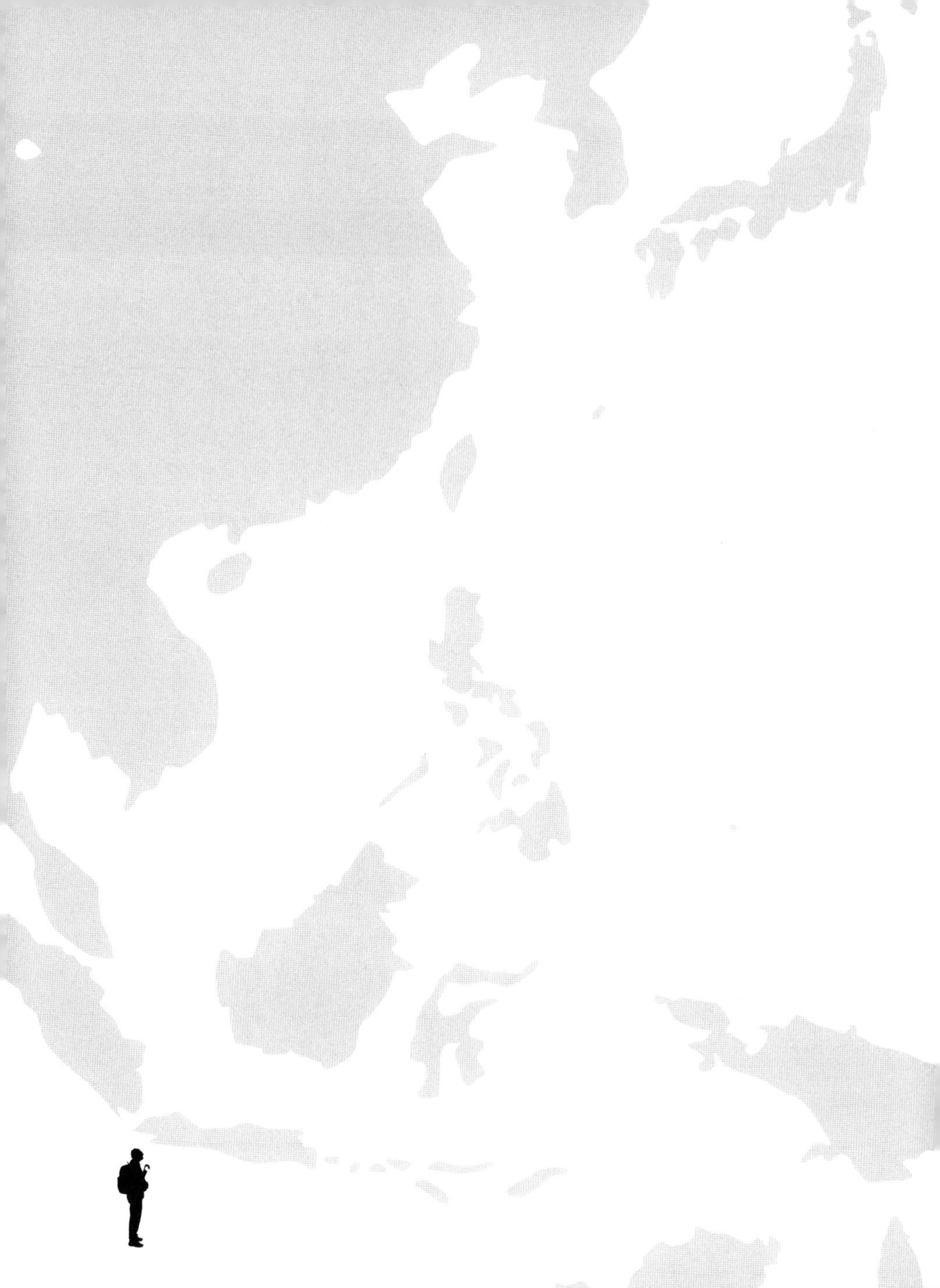

あとがき

本書は東京外国語大学アジア・アフリカ言語文化研究所（ＡＡ研）のフィールドサイエンス研究企画センター（ＦＳＣ）が実施している研究会「フィールドサイエンス・コロキアム」の成果論集である。フィールドサイエンス・コロキアムは、人類学や地域研究などフィールドワークや現地調査をその中心的営為に含む諸学を「フィールドサイエンス」（「臨地研究」「現地学」「フィールドの知」）として捉え、特にこうしたフィールド研究を中心とした諸学の研究手法についての知見を分野横断的に蓄積し、比較検討し関連する理論を構築することなどを目的としてＡＡ研で定期的に企画・開催されてきた。

フィールドサイエンス・コロキアムは二〇〇六年一二月から二〇一四年一二月時点までに計一四回ほど開催され、そこでは人類学、言語学、歴史学、地域研究、考古学、霊長類学、生物学など異なった分野で活躍する第一線の研究者・フィールドワーカーの方々をお招きして、フィールドサイエンスに関係するさまざまなテーマをめぐって各分野からの報告に加えて全参加者による分野の垣根を越えた熱心な議論が重ねられてきた（各回の詳細などに関してはＡＡ研ＦＳＣフィールドサイエンス・コロキアムのウェブサイト http://www.aa.tufs.ac.jp/fsc/colloquium.html を参照されたい）。

そしてＡＡ研創設五〇周年を記念する節目の年である二〇一四年度を迎えるに当たって、ＡＡ研ＦＳＣでは本書の姉妹編『人はみなフィールドワーカーである』（西井凉子編、二〇一四年、東京外国語大学出版会）とならんで、フィールドサイエンス・コロキアムについても今までの成果のとりまとめとして出版することを決めたのが、本書の出版に至る経緯である。このため本書ではフィールドサイエンス・コロキアムに直接、間接に関係してきた各分野で活躍中のフィールドワーカーの方々に執筆をお願いした次第である。教育や学務、フィールドワークなどの合間を縫うように寄稿していただいた各執筆者の方々に編者として改めてお礼を申し上げる次第です。

　また本書の出版に関しては多くの方々のお世話になった。特に下記の方々、ならびに研究助成金の関係者の方々には編者を代表して深くお礼を申し上げたい。すなわち東アフリカ牧畜社会の皆様、日本学術振興会科学研究費（以下「科研費」）基盤研究（Ｂ）課題番号：20401010、同挑戦的萌芽研究課題番号：24651275、同基盤研究（Ａ）課題番号：25257005（以上湖中）、科研費基盤研究（Ａ）課題番号25244043、同課題番号23251010（以上飯田）、ベトナム社会科学アカデミー中国研究所ドー・ティエン・サム（Do Tien Sam）教授、科研費基盤研究（Ａ）課題番号11691065、同基盤研究（Ｂ）20401006（以上栗原）インペックス教育交流財団、日本学術振興会（特別研究員奨励費）課題番号213209（以上吉田）、科研費基盤研究（Ａ）課題番号09041004、同課題番号25300054（以上川田）、the Sliammon community and especially to the native speakers: the late Mrs. Mary George, Mrs. Elsie Paul, and Mrs. Marion Harry（以上渡辺）、科研費基盤研究（Ａ）課題番号25257002（以上床呂）の関係者の皆様である。

　他にも本書の出版を企画段階から後押しいただいた三尾裕子所長をはじめとするＡＡ研企画運営委員会の方々、真島一郎ＦＳＣ長をはじめとするＡＡ研ＦＳＣの関係者の方々にはこの場を借りて深くお礼を申し上げたい。またＡＡ研西井涼子所員と佐久間寛所員、ＦＳＣ事務局の宮崎雪子さんには編集作業において多大なご協力をいただいた。三人の献身的な協力なくしては本書を編集することは文字通り不可能でした。小松かおりさん（静岡大学）をはじめとするコロキアム運営委員の方々にも本書の企画でご協力をいただいた。そして編集の具体的作業に関しては大内宏信さんをはじめとする東京外国語大学出版会の関係者の皆様に最後の最後までお世話になった。編者として深く感謝いたします。

二〇一五年三月　　床呂郁哉

執筆者一覧

①氏名
②所属
③最終学歴
④専攻（専門分野）
⑤主要業績（著書・訳書・論文等）

序章／終章

① 床呂 郁哉（ところ いくや）
② 東京外国語大学アジア・アフリカ言語文化研究所教授
③ 東京大学大学院総合文化研究科博士課程中退、博士（学術）
④ 人類学、東南アジア地域研究
⑤ ◆『越境——スールー海域世界から』岩波書店、一九九九年。
◆『ものの人類学』河合香吏・床呂郁哉編、京都大学学術出版会、二〇一一年。
◆『グローバリゼーションズ——人類学、歴史学、地域研究の現場から』三尾裕子・床呂郁哉編、弘文堂、二〇一二年。
◆『東南アジアのイスラーム』床呂郁哉・西井涼子・福島康博編、東京外国語大学出版会、二〇一二年。

第1部

第1章

① 湖中 真哉（こなか しんや）
② 静岡県立大学国際関係学部 教授
③ 筑波大学大学院博士課程歴史・人類学研究科文化人類専攻単位取得退学、博士（地域研究）
④ アフリカ地域研究、人類学
⑤ ◆『牧畜二重経済の人類学——ケニア・サンブルの民族誌的研究』世界思想社、二〇〇六年。

◆「身体と環境のインターフェイスとしての家畜——ケニア中北部・サンブルの認識世界」河合香吏・床呂郁哉編『ものの人類学』京都大学学術出版会、二〇一一年。
◆「ポスト・グローバリゼーション期への人類学的射程——東アフリカ牧畜社会における紛争の事例」三尾裕子・床呂郁哉編『グローバリゼーションズ——人類学、歴史学、地域研究の現場から』弘文堂、二〇一二年。

第2章

①渡辺 己（わたなべ おのれ）
②東京外国語大学アジア・アフリカ言語文化研究所教授
③京都大学大学院文学研究科博士後期課程研究指導認定退学、博士（文学）
④セイリッシュ語
⑤◆*A Morphological Description of Sliammon, Mainland Comox Salish, with a Sketch of Syntax.* Endangered Languages of the Pacific Rim Publication Series A2-040.Osaka: Osaka Gakuin University, 2003.
◆「スライアモン語の表記について——無文字危機言語を表記すること」塩原朝子・児玉茂昭編『表記の習慣のない言語の表記』東京外国語大学アジア・アフリカ言語文化研究所、二〇〇六年。
◆"A Look at Noun and Verb in Sliammon." In David Beck (ed.), *A Festschrift for Thomas M, Hess: On the Occasion of His Seventieth Birthday,* Whatcom Museum Publications No.21, Bellingham: Whatcom Museum Publications, 2010, pp. 179-196.

第3章

①栗原 浩英（くりはら ひろひで）
②東京外国語大学アジア・アフリカ言語文化研究所教授
③東京大学大学院総合文化研究科博士課程退学、博

士（学術）

④ベトナム現代史、ベトナム・中国関係（一九五〇年代〜現在）

⑤◆『コミンテルン・システムとインドシナ共産党』東京大学出版会、二〇〇五年。

◆『ニクソン訪中と冷戦構造の変容』増田弘編、慶応義塾大学出版会、二〇〇六年。

第4章

①飯田 卓（いいだ たく）

②国立民族学博物館　准教授

③京都大学大学院人間環境学研究科博士後期課程研究指導認定退学、博士（人間・環境学）

④人類学、漁民研究

⑤◆『海を生きる技術と知識の民族誌——マダガスカル漁撈社会の生態人類学』世界思想社、二〇〇八年。

◆『身をもって知る技法——マダガスカルの漁師に学ぶ』臨川書店、二〇一四年。

◆『リスクの人類学——不確実な世界を生きる』東賢太朗・市野澤潤平・木村周平・飯田卓編、世界思想社、二〇一四年。

第2部

第5章

①吉田ゆか子（よしだ ゆかこ）

②国立民族学博物館　先端人類科学研究部　機関研究員

③筑波大学大学院博士課程人文社会科学研究科修了、博士（学術）

④文化人類学、インドネシア地域研究

⑤◆「バリ島仮面舞踊劇トペン・ワリと『観客』——シアターと儀礼の狭間で」『東方学』一一七、二〇〇九年、一三九〜一五六頁。

◆「仮面が芸能を育む——バリ島トペン舞踊劇に注目して」床呂郁哉・河合香吏編『ものの人類学』京都大学学術出版会、二〇一一年、一九一〜二一〇頁。

◆「仮の面と仮の胴――バリ島仮面舞踊劇にみる人とモノのアッサンブラージュ」『文化人類学』七六（一）、二〇一一年、一一～三二頁。

第6章

① 黒田 末寿（くろだ すえひさ）
② 滋賀県立大学 名誉教授
③ 京都大学理学研究科博士課程修了、理学博士
④ 人類学、霊長類社会学、日本地域研究
⑤◆『新版ピグミーチンパンジー――未知の類人猿』以文社、一九九九年。
◆『人類進化再考――社会生成の考古学』以文社、一九九九年。
◆『自然学の未来――自然への共感』弘文堂、二〇〇二年。
◆『アフリカを歩く――フィールドノートの余白に』加納隆至・黒田末寿・橋本千絵編、以文社、二〇〇四年。

第7章

① 川田 牧人（かわだ まきと）
② 成城大学文芸学部 教授
③ 筑波大学大学院博士課程歴史・人類学研究科中退、博士（人間環境学、九州大学）
④ 文化人類学、宗教人類学
⑤◆『祈りと祀りの日常知――フィリピン・ビサヤ地方バンタヤン島民族誌』九州大学出版会、二〇〇三年。
◆『呪術の人類学』白川千尋・川田牧人編、人文書院、二〇一二年。
◆「「深い」多元性と文化相対主義」『文化人類学』七五（一）、二〇一〇年、八一～一〇〇頁。

第8章

① 菅原 和孝（すがわら かずよし）
② 京都大学大学院人間・環境学研究科 教授
③ 京都大学大学院理学研究科博士課程修了、京都大学理学博士

④ 人類学
⑤◆『ブッシュマンとして生きる――原野で考えることばと身体』中央公論新社、二〇〇四年。
◆『ことばと身体「言語の手前」の人類学』講談社、二〇一〇年。
◆『身体化の人類学――認知・記憶・言語・他者』世界思想社、二〇一三年。
◆『狩り狩られる経験の現象学――ブッシュマンの感応と変身』京都大学学術出版会、二〇一五年。

第3部

第9章

① 菅 豊（すが ゆたか）
② 東京大学東洋文化研究所　教授
③ 筑波大学大学院博士課程歴史・人類学研究科中退、博士（文学）
④ 民俗学
⑤◆『川は誰のものか――人と環境の民俗学』吉川弘文館、二〇〇六年。
◆『人と動物の日本史〈3〉動物と現代社会』吉川弘文館、二〇〇九年。
◆『「新しい野の学問」の時代へ――知識生産と社会実践をつなぐために』岩波書店、二〇一三年。

第10章

① 佐久間 寛（さくま ゆたか）
② 東京外国語大学アジア・アフリカ言語文化研究所助教
③ 東京外国語大学大学院博士後期課程中退、博士（学術）
④ 人類学、西アフリカ地域研究
⑤◆「交換、所有、生産――『贈与論』と同時代の経済思想」モース研究会編『マルセル・モースの世界』平凡社、二〇一一年、一八一～二一二頁。
◆『ガーロコイレ――ニジェール西部農村社会をめぐるモラルと叛乱の民族誌』平凡社、二〇一三年。

第11章

① 西井 涼子（にしい りょうこ）
② 東京外国語大学アジア・アフリカ言語文化研究所教授
③ 京都大学大学院文学研究科博士課程単位取得退学、総合研究大学院大学文化科学研究科博士課程中退、博士（文学）
④ 人類学（東南アジア大陸部の民族誌研究）
⑤ ◆『時間の人類学——情動・自然・社会空間』世界思想社、二〇一一年。
◆『情動のエスノグラフィ——南タイの村で感じる＊つながる＊生きる』京都大学学術出版会、二〇一三年。

第12章

① 大村 敬一（おおむら けいいち）
② 大阪大学大学院言語文化研究科　准教授
③ 早稲田大学文学研究科考古学専攻修了、博士（文学）
④ 文化人類学
⑤ ◆『カナダ・イヌイトの民族誌——日常的実践のダイナミクス』大阪大学出版会、二〇一三年。
◆ *Self and Other Images of Hunter-Gatherers.* Osaka: National Museum of Ethnology, 2002.
◆『文化人類学研究——先住民の世界』本多俊和（スチュアート ヘンリ）・大村敬一・葛野浩昭編、放送大学教育振興会、二〇〇五年。
◆『極北と森林の記憶——イヌイットと北西海岸インディアンの版画』齋藤玲子・岸上伸啓・大村敬一編、昭和堂、二〇一〇年。
◆『グローバリゼーションの人類学——争いと和解の諸相』本多俊和（スチュアート ヘンリ）・大村敬一編、放送大学教育振興会、二〇一一年。
◆『宇宙人類学の挑戦——人類の未来を問う』岡田浩樹・木村大治・大村敬一編、昭和堂、二〇一四年。
◆翻訳『プリミティヴアート』フランツ・ボアズ著、言叢社、二〇一一年。

人はなぜフィールドに行くのか
——フィールドワークへの誘い——

二〇一五年三月三一日　初版第一刷発行

編　者　床呂郁哉
発行者　立石博高
発行所　東京外国語大学出版会
東京都府中市朝日町三‐一一‐一
郵便番号　一八三‐八五三四
電話番号　〇四二‐三三〇‐五五五九
FAX番号　〇四二‐三三〇‐五一九九
e-mail　tufspub@tufs.ac.jp

印刷・製本　図書印刷株式会社

ISBN 978-4-904575-44-4